『新編武蔵風土記稿』を読む

重田正夫
白井哲哉 編

さきたま出版会

装幀　横山典子（ALO.）

はしがき　『新編武蔵風土記稿』への誘い

この本は、二一世紀の現代に暮らす私たちが『新編武蔵風土記稿』を読み直し、生かしていくためのガイドブックとして作られました。

『新編武蔵風土記稿』（以下、『風土記稿』と略す）は、江戸時代の武蔵国、すなわち現在の埼玉県全域と東京都の大部分（「御府内」を除く）、神奈川県川崎市と横浜市の一部に相当する地域の地誌です。江戸幕府の直営事業として文化七年（一八一〇）に編纂作業が始まり、天保元年（一八三〇）に完成しました。

全二六五巻からなる『風土記稿』の内容の大半は、武蔵国内にあった約三〇〇〇の村や町の地理・歴史・民俗・産業などに関する記録です。

編纂にあたっては、特命を受けた江戸幕府の役人が各地の村や町を訪れました。地元の人々から直接話を聞き、地元の古文書や遺物を探し、現地を歩いて地形や史跡を確認し、それらの成果をふまえて執筆されました。

こうして作られた『風土記稿』の記述は、豊富な内容を具体的かつシンプルに書いています。史実の考証は、当時の限界がありながらもおおむね的確です。特に、今はもう知ることのできない約二〇〇年前の郷土の姿を詳細に記す点で、この記録は旧武蔵国の地域にとって他に比類ない貴重な存在です。

これまでも『風土記稿』は、地方史研究や学校教育の現場で、また地方行政の参考資料などとして幅広く活用されてきました。しかし私たちは、今この記録を読み直すことで郷土の姿を改めて発見してほしいと考えました。

インターネットの普及で「文化と地理が切り離された」といわれる現在、私たちは世界各地の情報を直ちに入手できる一方、自分の周りで起きたこと、目の前に存在するものの知識に疎くなっています。

職住分離が当たり前になった近年は、地域を支えるコミュニティの絆が弱まり、過去の記憶も失われつつあります。東日本大震災では、過去の災害の記憶をもっていたか否かが生死を分けた場合もありました。

郷土の今を理解し未来を創っていくうえで、『新編武蔵風土記稿』に書かれた過去の記録が大きな力になると、私たちは確信しています。

この本は四部構成です。

まず、序章として大舘右喜氏に、『風土記稿』の歴史的意義について論じていただきました。ついで、第一章は『風土記稿』の成立と流布の過程をまとめています。第二章は『風土記稿』の記述から地域の姿を読み解く方法を案内します。第三章は『風土記稿』で豊富に掲載される挿図の見かたを案内します。第四章は『風土記稿』を現代にどう生かせるか、現場の実践を紹介します。

この本を手に取ったみなさんが、『風土記稿』にさまざまな興味を抱いてくだされば幸いです。自分の郷土や知らない土地の記録を読んで、散歩に出かけたり、ひそかな名所旧跡を訪ねたり、町おこしのネタを見つけたりして、ぜひ『新編武蔵風土記稿』を使い込んでください。

二〇一四年十二月

重田正夫
白井哲哉

〈武蔵国　郡名〉

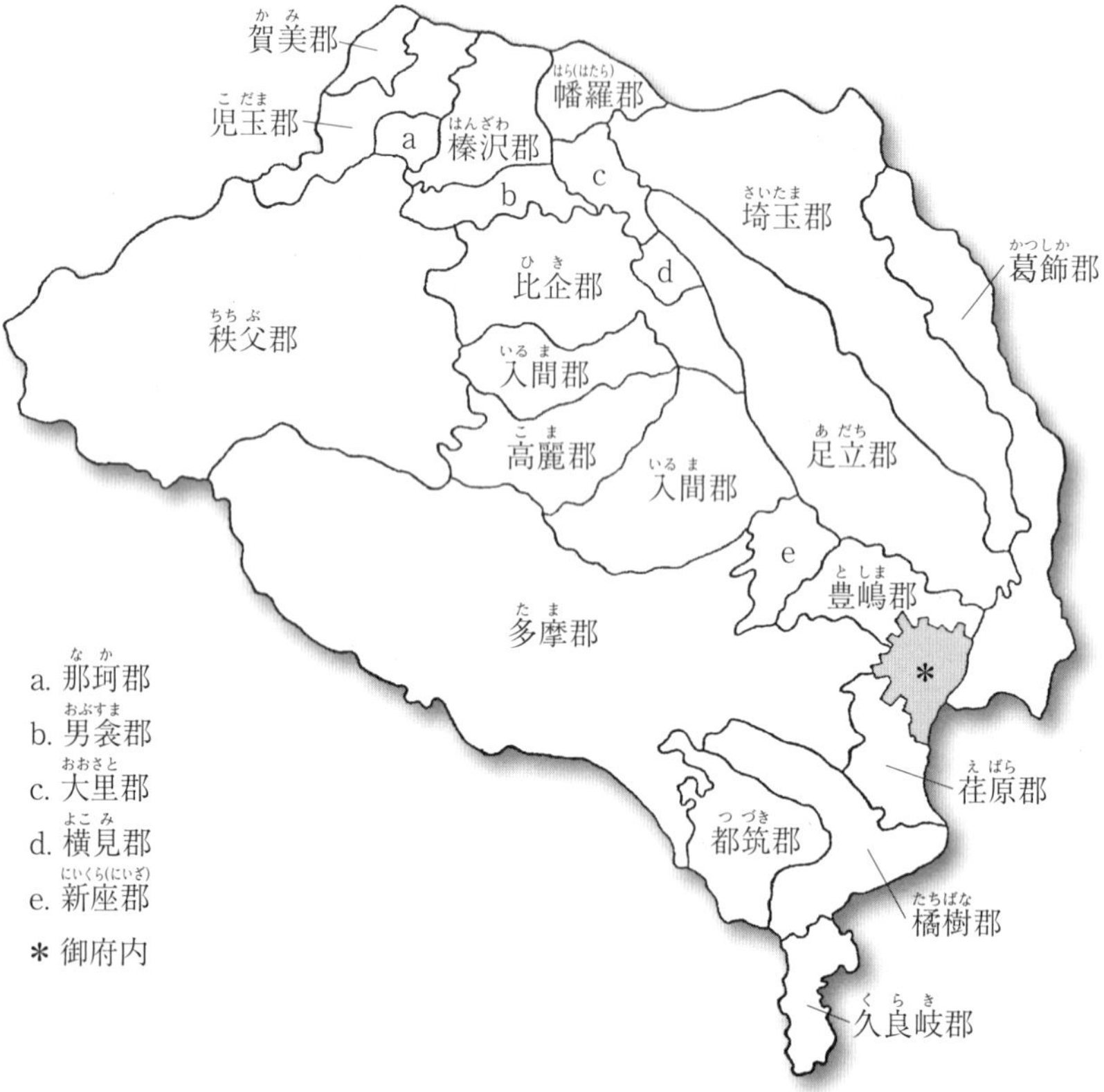

a. 那珂《なか》郡
b. 男衾《おぶすま》郡
c. 大里《おおさと》郡
d. 横見《よこみ》郡
e. 新座《にいくら(にいざ)》郡
* 御府内

〈目　次〉

第三章　『新編武蔵風土記稿』の挿図に郷土を観る

序章　『新編武蔵風土記稿』を読む

大舘　右喜

地方史の調査・研究は「地域」を根底に持つものである。地方史に興味を持つ者は「地域」に関わる資・史料の探索を試み、その深さにはまり遂には無限の呪縛に陥ることになる。しかし、『新編武蔵風土記稿』の世界を知る人は、たちまち解放されて燭光を手にすることができる。『風土記稿』は歴史的情報の量と質を兼ね備えた宝庫である。そして読む者に感性の覚醒を与えてくれる。

このたび企画された『新編武蔵風土記稿の世界』の構成はその道標として、新しき酒を新しき革嚢《かわふくろ》に入れるものである。

武州幡羅郡三ヶ尻村と渡辺崋山

『新編武蔵風土記稿』巻之二二七によれば、天正一八年（一五九〇）、徳川家康の関東入国にともない、幡《は》羅《ら》郡《ごうり》三ケ尻《みかじり》村（熊谷市）は三河国より入府した三宅惣右衛門康貞の知行地となった。康貞は幡羅郡において采地《さいち》五千石を賜り、また弟の弥次兵衛は同国足立郡指扇《さしおうぎ》領（さいたま市西区）で采地五千石を給されている。中古三ケ尻（瓺尻《みかじり》）は寿永二年（一一八三）二月二七日、源頼朝より鎌倉鶴岡八幡社への寄進状や、『吾妻鏡』によって知られるように、武蔵北部の重要な拠点であった。家康は関東入国にあたり、上級家臣団を小田原北条氏の旧支城に配置したが、それに継ぐ家臣団は、中世以来の豪族層の居館跡を陣屋とし、知行地形成の中核としたのである。甌尻氏の居館跡へ三宅康貞が陣屋を構えたのもその一環であった。康貞は五千石の新領主として入府すると、直ちに家臣団の編成と、領内における社会的分業の確立をはかり、切迫した情況に対処する。

その一は、年貢徴収制の確立。その二は、家臣の田畑名請《なうけ》制による自給体制。その三は、職能による分業編成。その四は、中世的世界の刷新と宗教者などの把握である。これらの達成は、まず知行主としての私検地（地頭検地）の断行により着手され、その結果、本百姓の把握・家臣による地方知行の遂行・職能集団や宗教者の把握等がおのおのなされたのである。

研究史上、その一・その二などは周知されており、ここでは言及しない。その三以下の名請けを紹介しよう。天正一九年、三宅康貞は次のように把握した。

①鷹匠《たかじょう》・鷹屋・餌差《えさし》・催促、以上四人（名請地二町四反六歩）。領主的儀礼に不可欠な鷹の保持育成。
②紺屋　二人（名請地二町三反五畝二六歩）。武装のための被服技術の保持。
③鍛冶　二人（名請地一町三反三畝一六歩）。武具武器技術と農具の保持。
④博労　一人（名請地一町五反一畝八歩）。軍馬と農耕馬の保持。
⑤とんび（鳶）二人（名請地九反三畝一歩）。陣屋の防火保持。
⑥下男・中間　五人その他（名請地二町六反九畝二歩）。地方知行家臣団の賦役や非人統制。
⑦その他宗教者一七人（名請地六町九反五畝四歩）。僧侶・別当・禰宜《ねぎ》・修験・芸人等。

右の編成は上級領主支配にとって不可欠な職能集団であり、なおかつ住民すべてを農民身分とし、手作り耕作による再生産構造を維持させていたことである。

以上のほか、三宅康貞家と所縁一族の名請の存在である。この私検地の最高名請反別を持つ紀伊守（三町六反八畝六歩）は、小笠原運派という在地土豪の子と推測され、康貞は領主としての「家」を維持するため、この小笠原氏一族より夫人を選び由縁をなしたと思われる。いわゆる現地妻である。その他、運派のばばあ・おさあの局《つぼね》の従者などが（二町七反二歩）を名請している。

関東入国当時、臨戦態勢の下で、三河より武具・家財・糧秣《りょうまつ》運送など繁忙をきわめ、旗本相互の情報も乏しく、また続縁も定かでなかったから、旗本は在地の土豪や戦国大名の旧臣と、おのおの縁を結ぶのである。

この点について、三河国（愛知県）田原藩渡辺崋山の『全楽堂日録』・『毛武遊記』などによれば、天保元年（一七八一）正月、および翌二年の晩秋一一月、三ヶ尻村に滞在した崋山は、藩祖康貞の事跡を精査し、「訪瓿録《ほうちょうろく》」を藩主に提出したことが知られている。調査は「上祖ノ列蹟ヲ録スルヲ主トナ」すものであった。田原藩においては「大檀越《だいだんおつ》御先祖由来記」・「三宅氏由来並系譜」・「三宅康直自筆御家禄写」・「三宅氏御系図之事」・「三宅氏御系譜」などの記録に、康貞の父政貞以降、各夫人の記載を見るが、康貞についてのみ記載を欠く。この一事こそ崋山が究明すべき課題であった。

崋山藩祖を調査（訪瓿録）右中央が登＝崋山である

渡辺崋山は三ヶ尻村の古記録を採訪したが、紀伊守家の子孫は逼迫し、銭五百文で文書を売却した後のことであった。しかし、崋山は上祖（藩祖）康貞が知行した、天正一八年から慶長九年（一六〇四）までの事跡について村民より聞き取り、矢立を片手に古碑を調べたが（前頁図）、上祖の夫人については確証が得られなかった。史眼の鋭さと考証の正確さにおいて、当代随一の碩学であった崋山が「謹按スルニ小笠原運派其子紀伊守等上祖御親家ト申伝フルコトハ　御家記ニ考フル所ナシ（系譜に記録がない）去レト夫人ハ即チ小笠原佐渡守ノ女ニヲハシマセハ全ク御外戚ニテモアルヘキカ」と推断したが、資料不足もあって歯切れが悪い。崋山が旗本三宅氏の天正検地帳と遭遇したならば、事実を確認できたと思われるゆえ、残念なことであった。

武州入間郡北野村の地頭花井氏

『新編武蔵風土記稿』巻之一五八によれば、入間郡北野村（所沢市）は家康による知行割により、旗本三給の村落となった。そのうち青木杢右衛門の知行は、慶長八年より旗本花井庄右衛門の知行分に替わった。花井家の祖は『寛政重修諸家譜』や「御地頭花井庄右衛門様系図写」によれば、尾張国愛知郡鳴海村（名古屋市緑区）において家康に拾われた赤子であった。家康は戦勝を祝し、赤子を酒井左衛門尉忠次に預け養育を命じた。桔梗の花の傍らに置かれていた赤子は元服し、花井源次郎（桔梗の家紋）と名を与えられ家康の直臣となった。その子庄右衛門吉高は家康の小姓、一三歳にして大和において采地を給い、その後、天正一八年に関東へ入国し、知行替えにより、前掲慶長八年七月二八日、武蔵国北野村三〇〇石、蔵米三〇〇俵合わせて六〇〇石を知行した。この間、大坂両度の陣に出兵し御使番、また寛永（一六二六）三年秀忠の上洛に供奉したが、同一六年一一月に病没し、江戸四谷南寺町（新宿区）勝興寺に葬られている。

吉高の子は一男一女、長男は庄五郎吉政と称した。慶長期の花井家は他の旗本と同様に地方知行であり、吉高は北野村海谷に住み、勤役にあたり江戸に出府した。しかし、長男の吉政は病弱のため在所に蟄居。吉高の女子が旗本浅井七平元吉の三男を養子として継嗣した。これが庄右衛門吉久である。

吉政は同村の名主助右衛門の娘を現地妻とし男子をもうけたが、「万治元戊戌年九月廿七日病死仕候、年齢相知不申候、法名前翁松岩、同所北野村無量寺ニ葬申候」と居村で死去した。『風土記稿』も同様に記載している。吉政は花井家の菩提寺である江戸勝興寺には葬られず、在地の海谷無量寺を葬地としたのである。また、吉政が没すると妻は剃髪し、玖庵上坐《くあんしょうざ》と称した。尼となった妻女は万治元年（一六五八）九月、小さな合掌像を吉政の墓塔の前に立てて菩提を弔った。

吉政に替わり北野村を知行し、江戸に出府した養子の庄右衛門吉久は、慶安四年（一六五一）九月二七日、知行の本拠である同村で旗本私検地（地頭検地）を実施し、財政の基盤確立を試みている。この検地で三〇石を打ち出し、同村花井分は三三〇石となったのである。吉久は義兄を弔い、無量寺に墓石を立て「帰元前翁松岩居士」と刻んでいる（所沢市指定文化財）。帰元とは、涅槃の世界に赴いたという意味で、多数の墓石に刻まれた通例である。

この検地名寄帳に旗本の家人、関口根次兵衛が黒印を捺し、花井氏との関係を示した名請人の喜兵衛（一町一畝七歩）は、帰農した吉政と玖庵上坐の子であった。関口根次兵衛はこれを証して捺印したのである。

花井庄右衛門墓石（所沢市指定文化財・無量寺）

武州児玉郡下浅見村の地頭朝日氏

『新編武蔵風土記稿』巻之二四〇によれば、「児玉郡下浅見村は民戸四五、東西七町余・南北十町、当所は寛永二年七月、朝日重郎兵衛に賜り、今に其子孫八十五郎知行せり」と記されている。下浅見は一村一給だった。しかも『正保田園簿』によれば同村五〇〇石（田畑各二五〇石）である。ところで旗本朝日家は『寛政重修諸家譜』に清和源氏頼親流に属し、同じ氏姓は他に見られない。初代近路《ちかみち》（号寿永）が武田家滅亡の時東照宮・台徳院殿に拝謁し児玉郡のうちにおいて五〇〇石の采地を賜り、信州の郡代を務め、慶長八年死すという。朝日氏は武田の旧臣だった。二代近次《ちかつぐ》は、十三郎・十右衛門と称した。近次は大番を務め、慶長・元和の大坂両陣に出陣したが、寛永二年、三五歳で病死した。知行地の下浅見村真福寺に葬られた近次の墓に「寛永二稔（年）」と判読できる宝篋印塔がある。また並んで立つ墓塔は「寛文三癸卯暦卍縁慶良園大禅定尼」と刻まれている。

朝日近次宝篋印塔　寛永２年（1625）
（本庄市　真福寺）

朝日氏６代近明と二男近方の墓
（本庄市　真福寺）

永田弥左衛門重直家より嫁いだ近次の妻であろう。

朝日氏は下浅見村（本庄市）に残る中世居館跡を陣屋とし、地方知行を行っている。入府と同時に旗本私検地を実施したのは前掲の事例と同様である。采地を給された時、一村一給、五〇〇石（田畑半々）の宛行はみなし高であろう。しかも家康・秀忠に扈従《こじゅう》し、以後、維新まで変化無く知行の終末を迎えたわけである。堀の凹地を残す陣屋跡の南隅に、おあちゃ稲荷がある（本庄市下浅見関根家）。あちゃの局という哀しい女性を祀っている。下浅見村を知行した初代の朝日寿永に仕えたのがあちゃである。

いつのことであろうか、知る術もないが、あちゃは夫の無体に抗して、衣服に多数の縫い針を入れ傷害を試み、そのため、古井戸に吊るされ仕置きを加えられたという。歌舞伎の実録先代萩（早苗鳥伊達聞書《ほととぎすだてのききがき》）と同じような、行為がなされたのであろうか。

朝日氏の地頭検地帳は、おそらく慶長年間に作成されたものであろう。元和・寛永の新開部分に若干の後筆がある。同帳の最高名請は四町六反三畝九歩の平右衛門である。総人数五八を数え、朝日近次の葬地、曹洞宗真福寺も一町四反三畝歩を名請し、真言宗成就院は一町五反五畝余である。なお地頭御手作場も四反五畝一三歩存在する。また「あちゃ」は田畑合わせて二反八畝一七歩を名請していたのである。菜園は女性が手作りして、日々惣菜の工夫を重

おあちゃ稲荷　古井戸跡の傍に祀られている（関根家屋敷）

ねていたのであろう。

地頭陣屋跡に残る伝承は史実であった。

戦国時代から徳川平和への開幕は、武士身分と百姓身分が織りなす、村の歴史によって始まるのである。

【参考文献】

・『寛政重修諸家譜』第五・一一・一六・一八巻（続群書類従完成会、一九六四〜一九六七）
・『新編埼玉県史』資料編一〇・近世一・地誌（埼玉県、一九八〇）
・『田原町史』中巻（田原町教育委員会、一九七五）
・『田原の文化』第一一号（田原町教育委員会、一九七八）
・『所沢市史』近世史料一・二巻（所沢市、一九七九・八〇）
・『所沢市史』検地帳集成三巻（所沢市、一九九〇）
・『所沢市史研究』一〇号「慶安期の村落構成」（所沢市、一九八六）
・大舘右喜『幕藩制社会形成過程の研究』（校倉書房刊、一九八七）

第一章

『新編武蔵風土記稿』のなりたち

編纂の工程と活動　――　着手から完成まで

書名をめぐって

『新編武蔵国風土記稿』は、江戸時代に編纂された地誌の代表作である。ここで言う「地誌」は現在の地理学における地誌とは異なる。中国の地方志から大きな影響を受けて編纂された、一定の領域の地理および歴史に関する書物を指す。古代中国の政治思想では地方志を編纂することが地域掌握の手段であり、領土支配の象徴でもあった。

日本でも奈良時代の風土記編纂が知られるが、それが大規模に行われたのは江戸時代後期から明治時代前期に至る一九世紀である。特に『風土記稿』が編纂された一九世紀前半は、江戸幕府による大規模な地誌編纂事業が進められた。会津藩の『新編会津風土記』、水戸藩の『水府志料』、尾張藩の『尾張志』、紀州藩の『続紀伊風土記』、広島藩の『芸藩通志』などは、この事業で編纂された大部の地誌である。

ここでは『風土記稿』の編纂着手から完成までの工程や具体的な活動を述べる。だがその前に『風土記稿』の書名をめぐる問題を整理しておこう。

国立公文書館が所蔵する『風土記稿』の原本（献

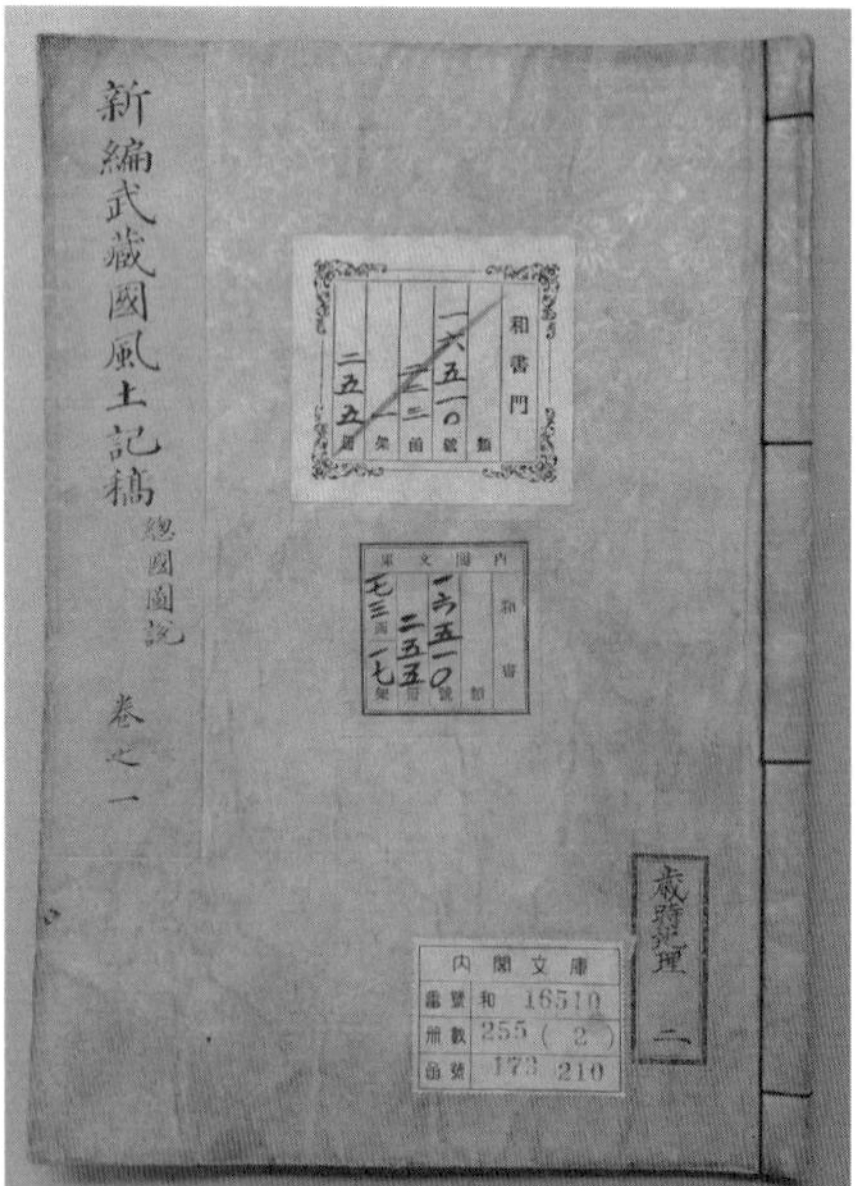

『風土記稿』浄書稿本 巻之一　表紙

上本、浄書稿本などと呼ばれる）では、書名が外題に「新編武蔵国風土記稿」、内題に「新編武蔵風土記」と書かれている。しかし、江戸幕府が天保一二年（一八四一）に完成させた『新編相模国風土記稿』の凡例に「武蔵国風土記稿」の文言が見えることなどから、当時は「新編武蔵国風土記稿」が正式な書名だったと判断できる。

しかし次節で述べる、明治一七年（一八八四）に根岸武香らが刊行した『風土記稿』の書名は「新編武蔵風土記稿」と名付けられた。その経緯はわからない。ただし、刊行に関与した内務省地理局の公文書を見ていると「国」が付かない表記が少数ながらあるので、明治期には両方の書名で呼ばれていたとも思われる。

今『風土記稿』の刊本で最も入手しやすい雄山閣本は、昭和四年（一九二九）に大日本地誌大系シリーズとして刊行されもので、その後何度も復刻された。これは右の刊本を底本として書名も踏襲したので、今では「新編武蔵風土記稿」の名が普及している。

したがって、この本のタイトルは「新編武蔵風土記稿」を名乗っている。だが執筆者によっては「新編武蔵国風土記稿」を使っており、この本全体で書名を統一させてない点を読者各位に御了承いただきたい。

『風土記稿』を編纂した地誌調所

『風土記稿』の編纂に携わったのは、地誌調所の所員と、地誌調所から一部の編纂を委託された八王子千人同心の選抜スタッフである。地誌調所は、享和三年（一八〇三）に江戸湯島の昌平黌（昌平坂学問所）の学寮区域（現在の東京医科歯科大学構内）へ設置され、その組織は幕末まで存続した。

地誌調所の仕事は大きく二つあった。一つは、日本全国の地誌や絵図など地理関係書籍を収集して目録を作成すること。この成果が『編脩地誌備用典籍解題』や『地誌目録』である。地誌の収集は当時の幕府が取り組んでいた施策で、幕閣から全国の大名に対し領内の地誌を編纂するよう内命が出された。

先に挙げた各藩の地誌はこの内命を受けて編纂されたものである。もう一つは、江戸幕府の直轄領が多い関東で地誌を編纂すること。その成果は『新編武蔵国風土記稿』『御府内備考』『御府内備考続編』『新編相模国風土記稿』の四つの地誌で、中断したものの伊豆国の地誌編纂にも着手していた。

幕府の地誌編纂事業を担当した幕閣は、老中の松《まつ》平《だいら》信明《のぶあきら》と若年寄の堀田《ほった》正敦《まさあつ》である。そして昌平黌に置かれた地誌調所は、大学頭の林述斎《はやしじゅっさい》が総裁を務め、学問所勤番支配の筑紫孝門《つくしたかかど》が担当した。所員は、本属の役所から派遣される「出役《しゅつやく》」で構成され、頭取、取締、出役、手伝の職名があった。

地誌調所の活動を主導したのは、頭取の職にあった間宮士信《まみやことのぶ》・松崎純庸《まつざきすみつね》・三島政行《みしままさゆき》らである。彼らは当代の知識人で、『小田原編年録』（間宮）、『小石川志料』（松崎）、『葛西志』（三島）などの著作をもっていた。頭取の下で編纂の実務に携わったのが出役（地誌調出役）である。手伝は『風土記稿』草稿の浄書などを行った。

地誌調出役の活動

『風土記稿』の編纂は文化七年（一八一〇）の冬に着手され、二つの作業が進められた。一つは、過去から現在までの各種文献や資料を調査して必要事項を抽出し、執筆の参考資料とすること。もう一つは、三〇八〇に及ぶ武蔵国内の町村について調査を行いデータを収集することである。

このうち町村の調査について、当初は所員が現地へは赴かずに村明細帳の類を村々から提出させていた。だが後に、地誌調出役が二人一組で直接村々を廻って現地調査を行い、その調査結果を書き上げた文書を提出させる方法へ変更された。この時村が提出した文書は一般に「地誌御調書上帳」と呼ばれ、第二章で紹介する。

町村の調査は最も南に位置する久良岐郡から、武蔵国内をおおむね時計回りに進めていった。地誌調出役による現地調査は文化一一年の橘樹郡から確認でき、現在の東京都および埼玉県の町村の大半で現地調査が実施されたと思われる。この調査は一〇年以上かかって文政七年（一八二四）に一通り終わる。その後は江戸府内の各町や相模国鎌倉郡内の現地調査と併行して追加調査を実施し、武蔵国内の調査がすべて終了したのは文政一二年だった。

一回の現地調査で、地誌調出役は往復日程のほか一週間程度をかけて多くの村々を廻った。現地に到着すると旅籠や名主の家などに宿泊し、そこへ近隣の村から村役人を集めて調査の趣旨を説明した。そして翌日から各村を廻って村内の巡見、村役人や古老からの聞き取り、関係資料の閲覧などを行い、調査事項について「地誌御調書上帳」の提出を求めたのち、次の村へ移動していった。

八王子千人同心の活動

地誌調出役とは別に、多摩・高麗・秩父の三郡では八王子千人同心の選抜スタッフが編纂活動に携わった。八王子千人同心（以下「千人同心」と略す）は、江戸入府後の徳川氏が武田家旧臣などの浪人を編成して関ヶ原の戦や大坂の陣などに動員した、長柄の槍部隊に始まる。関ヶ原の戦に際して一〇〇〇人の部隊となり、関東支配の拠点だった八王子に配置されたところから、後に八王子千人同心と呼ばれるようになった。日常は農業に従事し、交代で日光火の番役（日光東照宮の防火警備）を務めた。

『風土記稿』編纂が着手されて一年が過ぎた文化九年（一八一二）二月、千人同心のリーダー格である千人頭の原胤敦《はらたねあつ》が江戸へ呼び出され、老中の松平信明から『風土記稿』編纂にかかる多摩郡の調査を命じられた。このの ち原は地誌調所で頭取の間宮たちと打ち合わせを重ねる一方、千人同心の中から植《うえ》田孟縉《だもうしん》、塩野適斎《しおのてきさい》ら七人のスタッフを選抜した。実際の調査や編集・執筆の中心は、これも当代の文化人だった植田で、『日光山志』『江戸名勝図会』などの著作をもっている。

文化一一年九月、千人同心たちは最初の現地調査を八王子宿周辺で実施し、その後は一人ずつ担当地域を決めて農閑期に村々を廻った。調査先へは過去に領主へ提出した村明細帳と村絵図の控を事前に用

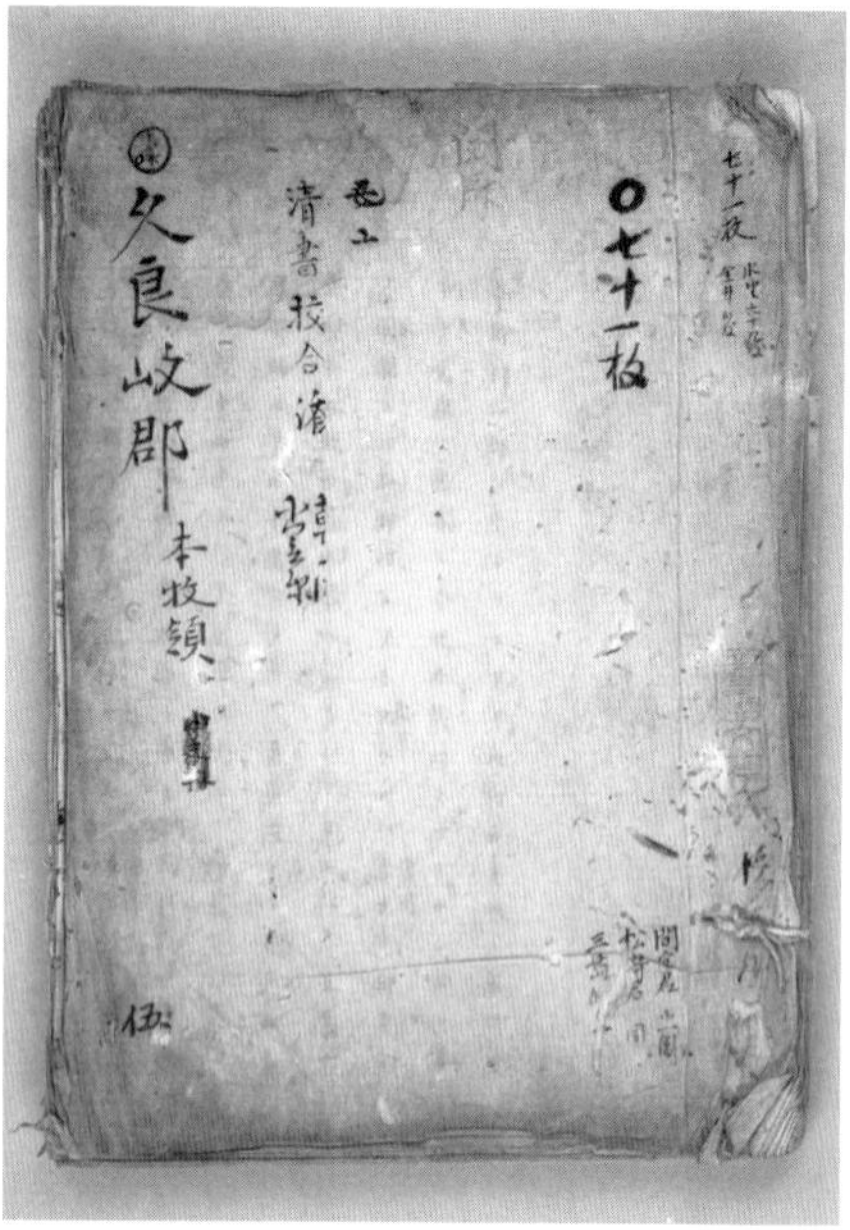

新編武蔵風土記　久良岐郡本牧領　清書校合本

意してもらい、調査当日はその資料を見たり現地を歩いたりして質問を行い、村人の答を書き留めた。特に植田が担当した調査では、質問項目を村へ提示して文書による回答を得ていた。

多摩郡の現地調査は、今のところ文化一三年三月まで実施が確認されている。千人同心、特に植田の現地調査方法は地誌調所の評価が高かったようで、多摩郡の原稿執筆中だった文政二年（一八一九）には高麗郡と秩父郡の調査が千人同心へ追加で依頼されて、文政六年まで調査が実施された。

執筆から完成へ

『風土記稿』の編纂は当初、郡単位で「山川」「寺院」等の項目を列挙する中国の地方志スタイルの地誌をめざした。当初の書名は『武蔵国志』だった。しかし文化末年（一八一七頃）に編集方針が転換して、村や町ごとに項目を記載する現在のスタイルが確立した。これにともない、文化年中にいったん完成した久良岐郡や新座郡などの草稿は文政一〇年（一八二七）以降に改訂された。多摩郡の草稿は文化末年に成立していた可能性があるが、完成したのは足立郡や高麗郡と同じ文政五年である。

これらの草稿に頭取たちが修正や校正を加え、『風土記稿』すべての原稿が完成したのは文政一二年である。翌天保元年（一八三〇）に浄書が終了して将軍へ献上された。書名に付けられた「稿」は下書きの意味で、中国の地方志スタイルを採用しなかったこの地誌に、総裁の林述斎が儒学者としての評価をこめて命名したようである。

ここで留意すべきは、『風土記稿』が江戸府外の村や町のみを収録する点である。前述のとおり、地誌調所は文政七年以降に江戸府内各町の現地調査を実施した。実はこれは『風土記稿』江戸府内分の編纂のための調査で、その後文政一一年まで編纂が続けられたが、結局その草稿は採用されなかった。

現在、その時の調査データ集成である「町方書上」「寺社書上」と、それらを元に編纂された『御府内備考』『御府内備考続編』が残されている。こうなった理由は不明である。『風土記稿』『御府内備考』『御府内備考続編』の収録対象はそれぞれ勘定奉行、江戸町奉行、寺社奉行の支配管轄に相当するので、当時の言わば〝縦割り行政〟が影響したかも知れない。

『風土記稿』は読まれたか

完成した『風土記稿』は二部浄書され、江戸城内の紅葉山文庫と昌平黌の地誌調所に置かれた。その『風土記稿』を誰が読んだかは興味あるところだが、

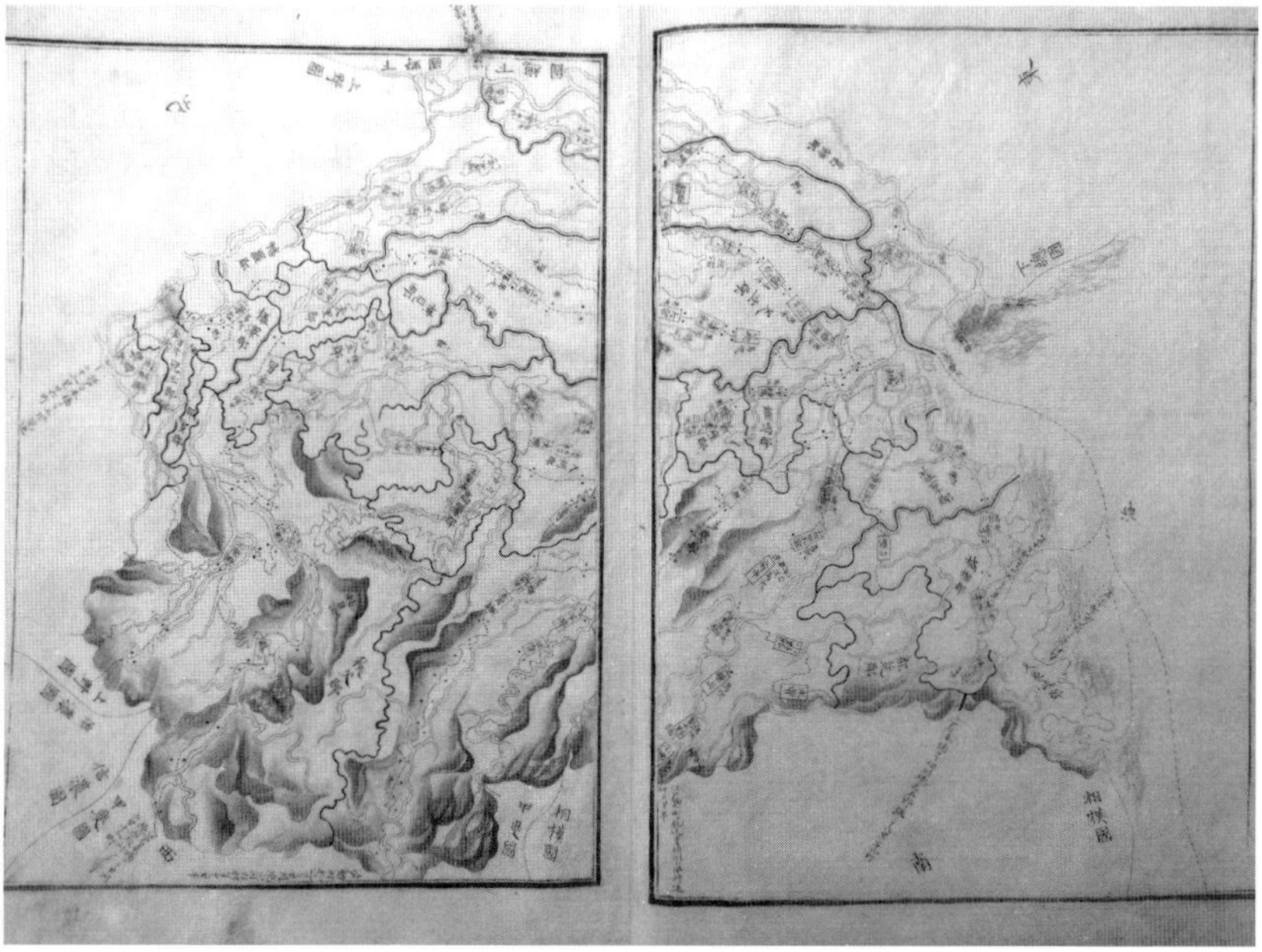

武蔵国絵図全図（『新編武蔵国風土記稿』巻之一）

実はわかっていない。確かな点は、武蔵国内に残る江戸時代の文書や記録の中で、『風土記稿』からの引用をうかがわせる記述が今まで一切見つかっていないことである。

一九世紀前半は村人による地域の歴史研究が盛んに行われる時代だった。地誌調出役は現地調査の際に正保武蔵国絵図の写を携えていて、この絵図に興味を示した名主たちは後に何点も写を作成して現在も残っている。そうした事例が『風土記稿』では全く確認できていないので、村人は言うに及ばず幕府代官や旗本レベルでも『風土記稿』を見る機会はなかったと想像される。老中などの幕府要職者レベルは『風土記稿』を読んだ可能性があるが、まだ調査されていない。

いずれにせよ、それが多くの人の目に触れるのは江戸時代が終焉した後のことである。この意味で『風土記稿』は、その本質において正に江戸幕府による地域支配の産物だったと言えるだろう。

［白井哲哉］

【参考文献】

・白井哲哉『日本近世地誌編纂史研究』（思文閣出版、二〇〇四）
・白井哲哉「八王子千人同心の地方史研究」『八王子の歴史と文化』第一九号（八王子市郷土資料館、二〇〇六）
・吉岡孝『八王子千人同心』（同成社、二〇〇二）

明治以降の流布 ― 写本から印刷へ

皇国地誌の調査と『新編武蔵風土記稿』

徳川将軍に献上され、幕府の文庫に大切にしまわれてきた『風土記稿』も、明治維新を迎えると広く活用されるようになった。埼玉県では、まだ浦和県と称していた明治二・三年（一八六九・七〇）頃に、武蔵総国図などの写本を作成し、本文も幕府文庫を受け継いだ新政府の浅草文庫で写していた。

そして、明治八年から始まる皇国地誌編纂事業で、その存在は県内各地に伝えられるようになった。皇国地誌の編纂を命じられた埼玉県では、歴史的な事項で現在不明なことは、すべて『風土記稿』をもとに記述したい、そうすれば「確実ニシテ村吏ノ手数モ省ケ」ると伺い出た。それに対し、内務省では『風土記稿』に記載以外の事項も精細に取り調べること、という努力義務を課して了解している。実際、児玉郡阿久原《あぐはら》村（神川町）では、県の地誌担当役人が筆写させた写本が残り、大里郡佐谷田《さやだ》村（熊谷市）の地誌編纂記録では、近隣の村に『風土記稿』を借りに行っている。できあがった皇国地誌（『武蔵国郡村誌』の名称で翻刻）をみると、寺社の項目はほとんどの村が『風土記稿』の記述に、明治初年の神仏分離や廃寺の記録を書き足したものである。旧幕時代に将軍へ献上された地誌が、新政府の武蔵支配の基礎情報の一つとして、皇国地誌に大幅に取り入れられているのは歴史の皮肉であろうか。当時埼玉県庁には、熊谷県から引き継いだものを含め、管内一三郡分の『風土記稿』を備えていたようであるが、現存はしていない。

小室元長らの写本作成

一方、その頃「好古家」と呼ばれた歴史好きの人々の中には、独自に写本を収集する動きが出てきた。その一人が、大里郡冑山《かぶとやま》村（熊谷市）の豪農で、古器物や古文書・古銭などの収集で知られる根岸武香《たけか》である。明治八～九年頃、川越出身の蔵書家で、当時新政府の浅草文庫に勤めていた新井政毅《まさはた》を通じ写本を作成している。武香は、『風土記稿』以外にも多数の武蔵関係地誌を収蔵し、それらを埼玉県庁地誌編《へん》輯《しゅう》掛に貸し出しているほどであった。

この根岸武香の協力も得ながら、さらに遠大な写

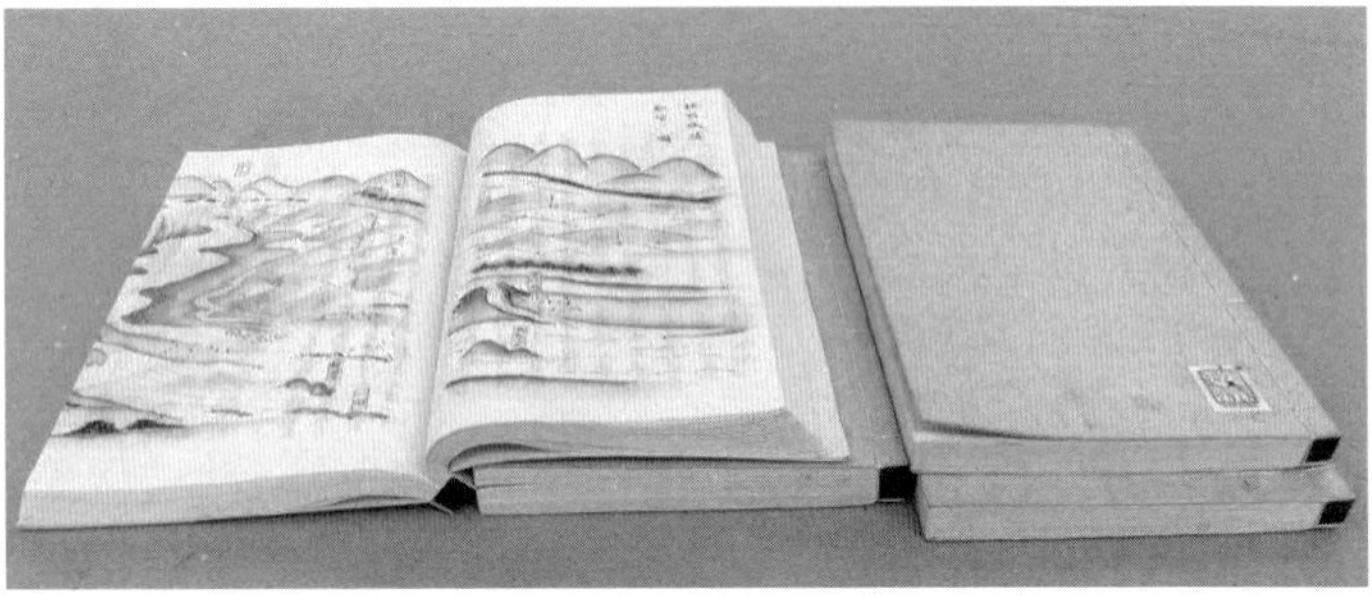

小室元長らの作成した『風土記稿』の写本

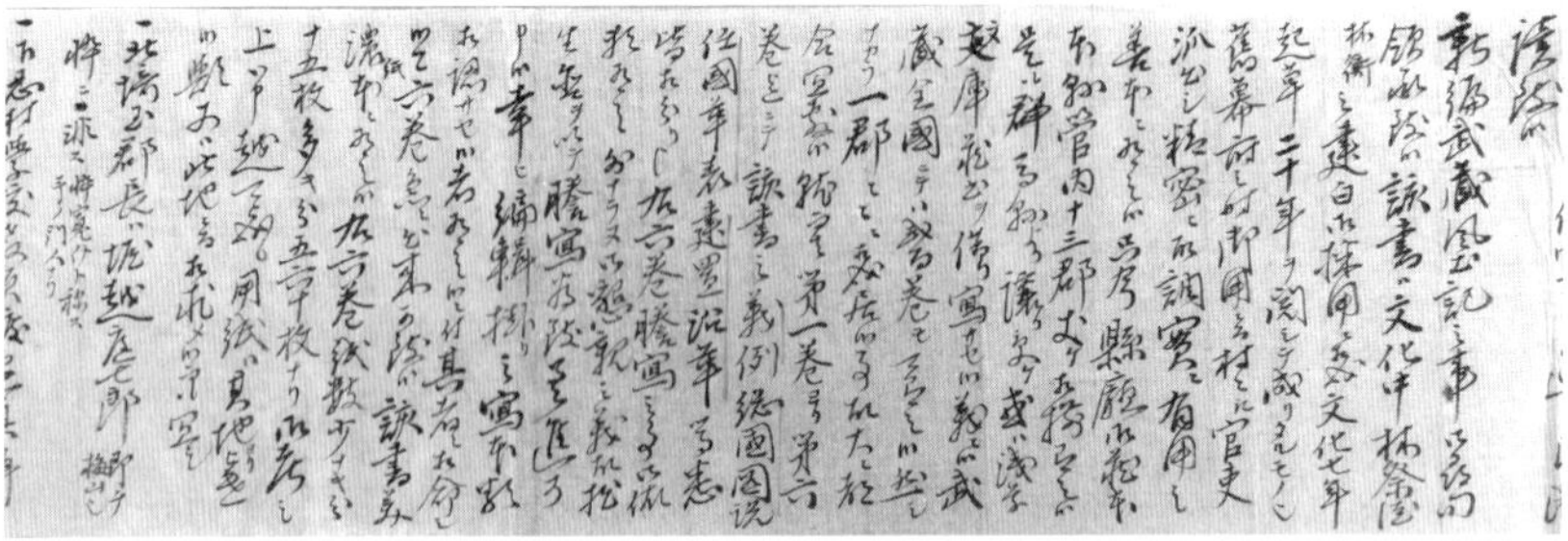

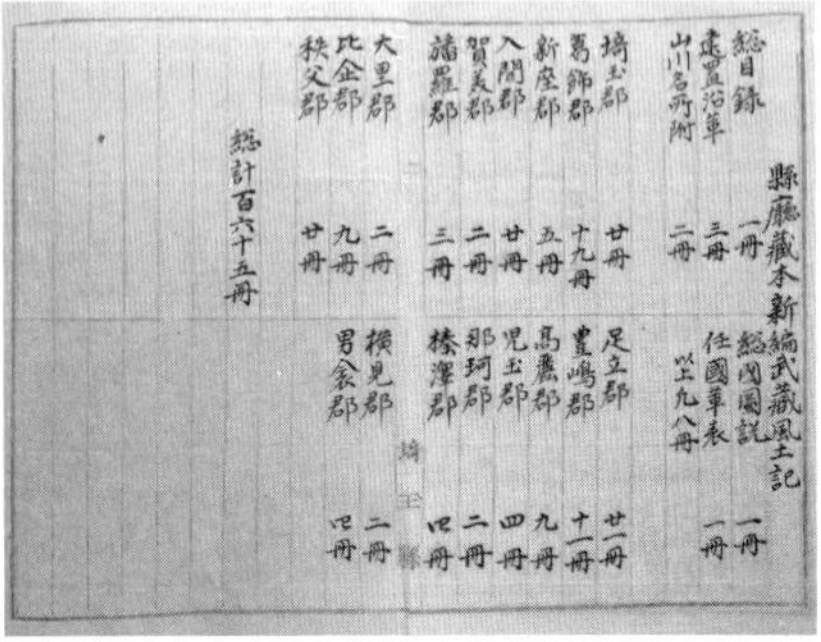

縣廳藏本新編武藏風土記

總目録	一冊	總國圖説	一冊
建置沿革	三冊	仕國年表	一冊
山川名所附	二冊	以上九八冊	
埼玉郡	廿冊	足立郡	廿一冊
葛飾郡	十九冊	豊嶋郡	十一冊
新座郡	五冊	高麗郡	九冊
入間郡	廿冊	児玉郡	四冊
賀美郡	二冊	那珂郡	二冊
幡羅郡	三冊	榛沢郡	四冊
大里郡	二冊	横見郡	二冊
比企郡	九冊	男衾郡	四冊
秩父郡	廿冊		

總計百六十五冊

上：埼玉県庁の『風土記稿』写本について伝える芳川恭助書状・部分

下：埼玉県庁所蔵『風土記稿』目録

本作成計画を進めていたのが、比企郡番匠《ばんじょう》村の小室元長《げんちょう》と隣村平村《たいら》（ときがわ町）の峯岸重行《しげゆき》であった。元長は、明治一二年一〇月頃から、埼玉県庁の地誌編輯担当の芳川恭助《きょうすけ》を通じ、県庁所蔵本の筆写を依頼していたが思ったように作業は進展しなかった。そんな状況をみて、友人の峯岸重行は県内各地に散在する写本を借り受け、手分けしてすべてを筆写することを提案している。また元長も、芳川恭助から県庁で所蔵する一六五冊の目録を手に入れ、それを一括借り出す願書を提出した。しかし県では、写本は一セットしかなく管下村々の取り調べに利用しているので貸し出すことはできない、と却下されてしまった。作成から既に五〇年近くが経ち、明治維新という大変革を経たとはいえ、いまだ『風土記稿』の行政資料としての価値も大きかったのである。

小室元長は、その後も根岸武香や久米田村（吉見町）の好古家内山作信《なりのぶ》、さらには浅草文庫へも依頼して写本の収集を進め、現在小室家文書には『風土記稿』の写本四七冊が保存されている。小室家文書の「内山手簡」など、当時の好古家たちの取り交わした書状をみると、『風土記稿』に収録された古文書や古器物の銘文が歴史資料として活用されている様子がよくわかる。

根岸武香らの刊行事業

こうした状況の中で『風土記稿』刊行の動きもみられるようになってきた。東京で諸国の地誌を刊行する企画が立てられ、それに根岸武香も加わっている、という情報が内山作信から元長に伝えられたのは、明治一四年（一八八一）一二月のことである。既に同年四月には、旧岡崎藩儒者の近藤瓶城《へいじょう》により日本史に関する書籍を集めた『史籍集覧』の予約出版が始まっていた。その販売や編集のことで、近藤瓶城が根岸武香を介して県下の好古家たちと連絡を取っていたことも知られている。おそらくこうした中で、『風土記稿』の出版計画が着々と進められていたのであろう。

このほど、根岸家から『風土記稿』の刊行に関するまとまった史料が確認された。それによると、明治一六年一一月、近藤瓶城は居住地の東京府を通じ内務省へ『風土記稿』の出版願書を提出している。しかし、出版の指示は内務省が直接する、として願書は差し戻された。おそらく、内務省地理局が版権をもち、実務を近藤瓶城と根岸武香に請け負わせる形で計画が進められていたのであろう。翌一七年三月一七日には、近藤瓶城と根岸武香は『風土記稿』の「出板発兌事務」について一三か条の規約を結んでいる。その要旨は、この事業に関わる権利、出金、事務などは両者が折半し、印刷は瓶城の息子近藤圭造に委託する。刊行計画は、総紙数四〇〇〇枚を八〇冊に製本し、本年六月から毎月四冊宛配本、八〇か月で完了、というものであった。こうして、四月二三日には内務省地理局の版権取得が正式に官報告示された。

一方、小室元長のもとには、明治一六年一二月頃から、『風土記稿』の頒布方法について好古家仲間から意見が寄せられている。おそらく、近藤瓶城の

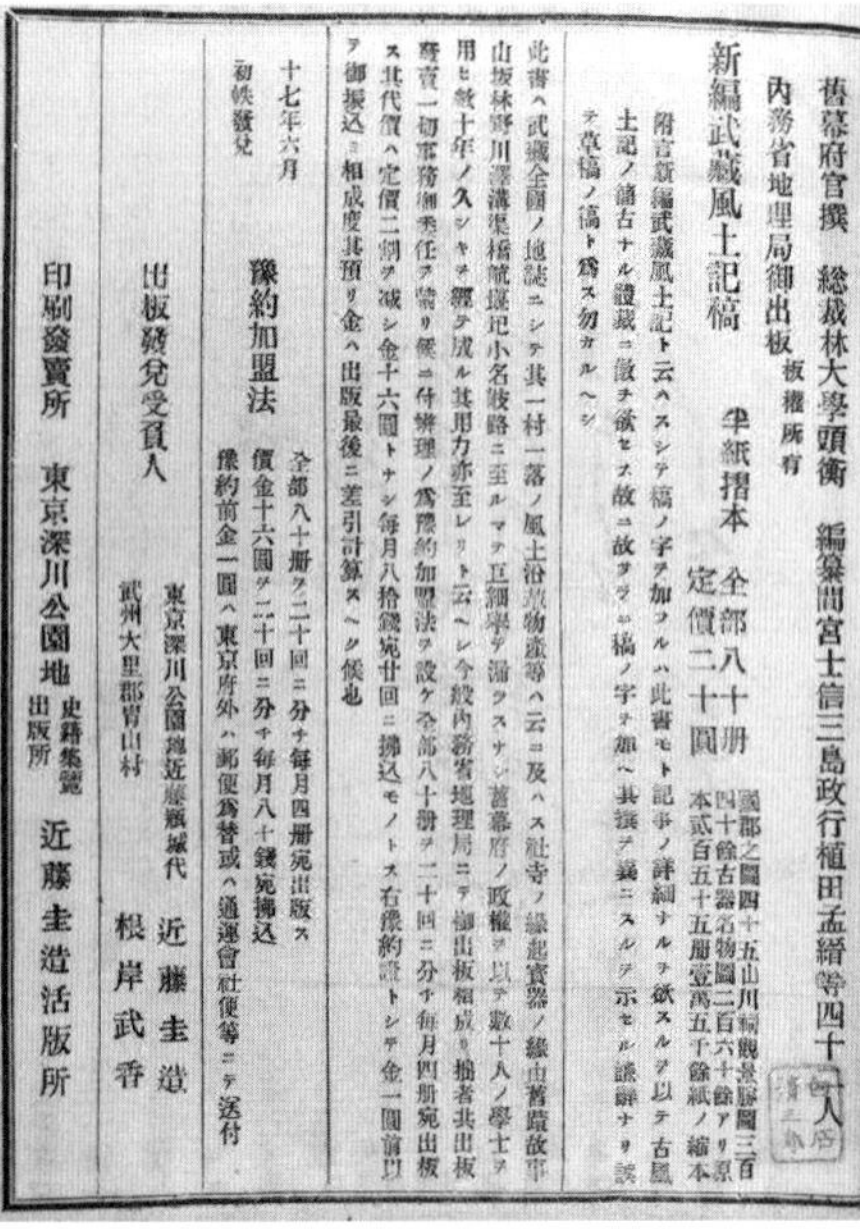
舊幕府官撰　總裁林大學頭衡　編纂間宮士信三島政行植田孟縉等四十一人
内務省地理局御出板　板權所有
新編武藏風土記稿　半紙摺本　全部八十册　定價二十圓
國郡之圖四十五山川祠觀景勝圖三百四十餘古器名物圖二百六十餘アリ原本貳百五十五册壹萬五千餘紙ノ縮本
附言新編武藏風土記ト云ハスシテ稿ノ字ヲ加フルハ此書モト記事ノ詳細ナルヲ欲スルヲ以テ古風土記ノ簡古ナル體裁ニ傚ナ欲セス故ニ故ラニ稿ノ字ヲ加ヘ其謙テ美ニスルヲ示セル謙辭ナリ誤テ草稿ノ稿ト爲ス勿カルヘシ
此書ハ武藏全國ノ地誌ニシテ其一村一落ノ風土沿革物産等ハ云ニ及ハス社寺ノ縁起實器ノ縁由舊蹟故事山坂林野川澤溝渠橋梁堤圯小名岐路ニ至ルマテ巨細擧テ漏ラスナシ舊幕府ノ政權ヲ以テ數十人ノ學士ヲ用ヒ數十年ノ久シキヲ經テ成ル其用力亦至レリト云ヘシ今般内務省地理局ニテ御出板相成リ拙者共出板發賣一切事務御委任ヲ蒙リ候ニ付辨理ノ爲豫約加盟法ヲ設ケ全部八十册ヲ二十回ニ分チ毎月四册宛出板ス其代價ハ定價二割ヲ減シ金十六圓トナシ毎月八拾錢宛廿回ニ拂込モノトス右豫約證トシテ金一圓前以テ御振込ニ相成度其預リ金ハ出版最後ニ差引計算スヘク候也
十七年六月　初帙發兌
豫約加盟法　全部八十册ヲ二十回ニ分チ毎月四册宛出版ス　價金十六圓ヲ二十回ニ分チ毎月八十錢宛拂込　豫約前金一圓ハ東京府外ハ郵便爲替或ハ通運會社便等ニテ送付
出板發兌受負人　東京深川公園地近藤瓶城代　近藤圭造　武州大里郡胄山村　根岸武香
印刷發賣所　東京深川公園地　史籍集覽出版所　近藤圭造活版所

『風土記稿』予約広告

出版申請と同時に、刊行のことが好古家たちの関心事になっていたのであろう。挿図入りの予約募集パンフレットも作成され、北埼玉郡では翌一七年二月から三月には予約を受け付けた記録がある。五月になると、武香自身が各郡役所を廻り購入の依頼をしていたことが武香の日記でわかる。小室元長もさっそく予約をしたようで、六月一五日付の根岸武香の書状がある。予約金を受け取ったこと、刊行作業

は製本の段階まで進み、各郡長も協力的で発送も郡役所に手伝ってもらえそうであること、そして「今回之出板ハ古書保存」を目的としたものであることを述べている。この手紙を受けた頃、元長は水戸藩弘道館助教の小宮山綏介《やすすけ》に書状を送り、ついに『風土記稿』も印刷されることになり予約をしたが、こうなってみると各地から写本を集めてきた努力は「画餅ニ帰シ、附一笑候」と自嘲気味に記している。

　武香の精力的な斡旋活動もあり、埼玉県下一四郡での予約購読者は、三五〇名近くにのぼっている。その記録である「武蔵風土記配布帳」をみると、各郡役所はもとより、地域の名望家と嘱される人々の名前が列挙されている。ただ、初回の発行は予定の六月から八月にずれ込み、配本も隔月になったり秩父事件の影響で遅れたりしていたが、明治一九年に入るとペースが上がり、二〇年二月頃に八〇冊の配本が完了したとみられる。この間、小室元長は明治一八年一二月、内山作信も二〇年八月に世を去り、それに象徴されるかのように「写本」から「印刷」の時代へと移っていくのであった。

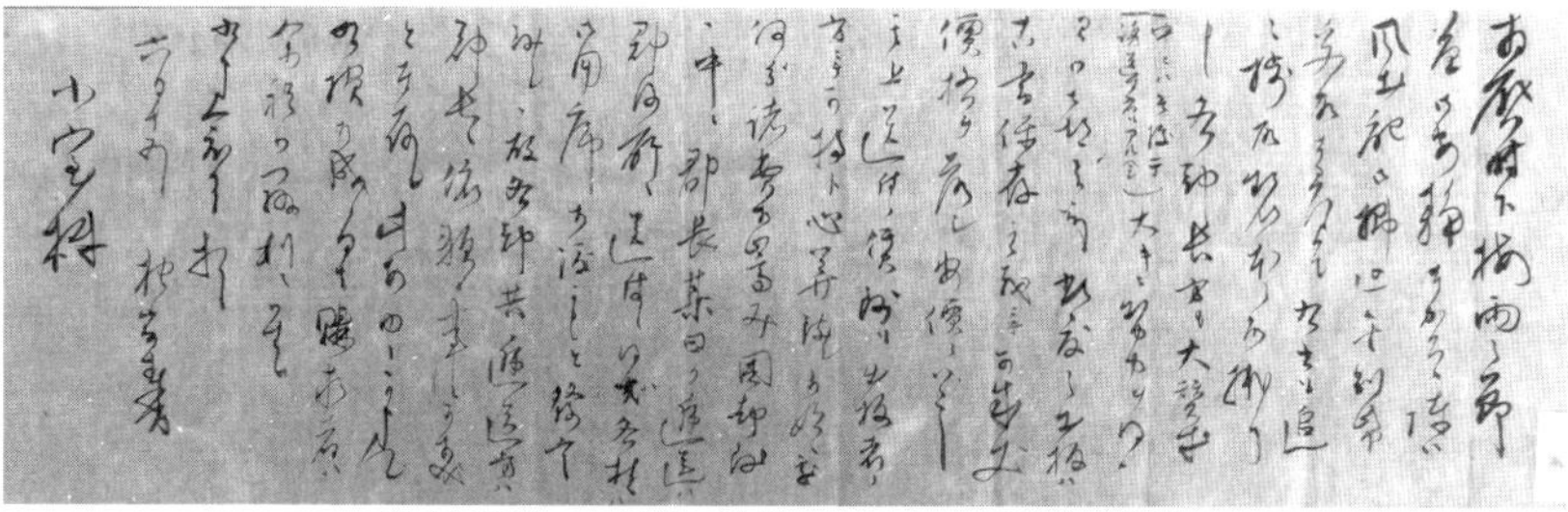
『風土記稿』の予約・配本についての根岸武香書状

　『風土記稿』に関していえば、さらに明治二二年七月には、内務省地理局から版権を譲渡され、根岸武香が活字など一切を引き取り、兼ねてから要望の強かった郡単位での頒布事業を続けることになった。その時の案内文には、町村合併により江戸時代以来の村名が消えていくが、『風土記稿』があれば、「長ク旧名ヲモ伝フヘク、町村毎ニ其成立ノ故事ヲモ伝フヘク、社寺以下名物等ノ存廃ヲモ伝フ」ることができると、その価値を明示している。

武香の『風土記稿』にかけた情熱は、さらに掲載された古器物の調査へも広がっていった。だいぶ時は経つが、明治三五年二月、武香は埼玉県知事宛てに、かつて刊行した『風土記稿』に収録された古器物の銘文や古文書には、読みの誤謬もあり、またその後に紛失したり新たに出現した物もあるので、実物の現地調査をしたい。ただ、近年では不良の拝観者も多いので、それらと同一視されないよう県から証明書を発行していただきたいという内容である。この出願に応じ、県は紹介状を交付したが、武香は同年一二月に六四歳で永眠してしまった。

こうして明治の好古家たちの努力によって世に広められた『風土記稿』は、昭和四年（一九二九）に大日本地誌大系の一つとして雄山閣から洋装本一二冊で刊行され、その後も版を重ね多くの人々に利用されている。また、昭和三四年と四六年には、武香らの和装本を影印した洋装本も刊行されている。一方、国立公文書館に所蔵されている浄書稿本については、三多摩郷土資料研究会の索引作成や『新編埼玉県史』の編纂過程で広く利用されるようになり、各地の自治体史でも掲載するところが増えてきている。そうした状況を受け、平成七年（一九九五）から影印本の刊行が開始されたが、平成一六年の足立郡三で中断している。現在、浄書稿本は、原本を国立公文書館で、写真版を埼玉県立文書館で閲覧できる。

［重田正夫］

配本された和装刊本

【参考文献】

・庄司明由「『新編武蔵風土記稿』写本の書誌的考察」（『府中市郷土の森紀要』第九号、一九九六年）
・芳賀明子「「好古家」の書簡集『内山手簡』」（『（埼玉県立）文書館紀要』第二五号、二〇一二年）
・重田正夫「幕末明治初期「好古家」たちのネットワーク」（『埼玉の文化財』第五一号、二〇一一年）

第二章 『新編武蔵風土記稿』の記述に郷土を読む

「地誌御調書上帳」について ―本文記述の基礎データ

『風土記稿』本文の構成と記述内容

『新編武蔵国風土記稿』全二六五巻は、次の構成をとっている。巻之一から八は総説部分で、巻之一は冒頭に正保国絵図を掲げ、位置、石高、産物、名前の由来などを述べる「惣国図説」。巻之二から四は、古代の武蔵国建国から徳川家康の江戸入府までの地域史を論じる「建置沿革」。巻之五は、国造及び国司など歴代の国衙役人の一覧表を載せる「任国革表」。巻之五から七は、和歌の歌枕に取り上げられた山野河海を紹介する「山川」。巻之八は、武蔵国関係の和歌、連歌、紀行文、漢詩などを紹介する「藝文」である。

巻之九からは国内二二郡の記述が続く。郡ごとの巻数が与えられ、各郡の巻之一では、冒頭に正保国絵図と元禄国絵図を掲げて、総説、郷・庄・領などの地名、村数、山野河海の地名、産物を紹介する。巻之二からは各郡内の村や町につき、一つの村や町ごとに、大きく総説部分と項目部分に分けて記述する。総説部分では、地名の由来、地理、歴史、戸数、領主の変遷、検地などが記述される。項目部分では、高札場、小名、山野河海、寺社、名所旧跡、旧家、古文書、褒善者などが列挙される。必要に応じて挿図を掲載する。

全巻の末尾に附録一巻「編輯姓氏」があり、『風土記稿』の編さんに携わった地誌調所のメンバーが紹介されている。

このような構成と内容の『風土記稿』は、当然ながら、国内三〇八〇の村や町すべての地理や歴史に関する詳細なデータがなければ執筆できない。その基本資料となったのが「地誌御調書上帳」である。

「地誌御調書上帳」の成立

第一章で述べたとおり、「地誌御調書上帳」は地誌調出役が現地調査の際に村や町から収集した文書で、『風土記稿』の本文執筆における基礎資料である。ここでは「地誌御調書上帳」がどんな文書なのか、何が書かれていて、『風土記稿』の執筆にどう反映されたのかを紹介していく。

第一章で述べたとおり、地誌調所は現地調査を当初行わなかった。調査が確認できる最初は文化一一年（一八一四）四月で、この時足立郡では地誌調出役の廻村を知らせる先触が出され、橘樹郡では実際に調査が行われた。その後は文化一四年四月の足立郡まで三年間記録が確認できないが、この間に八王子千人同心は多摩郡で現地調査を実施し、特に植田孟縉《もうしん》は質問項目を村へ提示して文書による回答を得ていた。千人同心の調査方法は地誌調所の参考になったようで、足立郡では確認できないものの、文政三年（一八二〇）の埼玉郡では地誌調出役の質問に対する回答文書が提出された。この文書の表題は「村方明細帳」である。

文政四年の比企郡で地誌調出役は初めて質問項目を事前に村へ伝え、これに対する回答文書が村々から提出された。文政五年の幡羅郡や男衾郡で、地誌調出役は先触に文書の雛形を付けて事前に提出文書の準備をさせた。雛形には文書名が書かれていないものの、この頃から文書の表題に「地誌御調書上帳」が多くなる。その後も文書の表題は雛形に示されなかったと思われるが、おそらく「地誌御調出役」への「書上」という意味で、文政六年の葛飾郡以降は「地誌御調書上帳」の表題が一般化していく。

「地誌御調書上帳」の内容

「地誌御調書上帳」で書き上げる内容について、例えば前述の幡羅郡へ届いた雛形が記す項目内容は次のとおりである。

○江戸よりの道のり　○村名の起こり・開発経緯

○郷・庄・領の名称　○宿場の場合は設置経緯・近隣の宿場への道のり・人馬の定め　○市場　○隣村の名　○村の広狭　○家数　○用水・用水組合　○新田を含む検地の年代　○飛地　○古来よりの領主名　○高札場の位置　○小名　○川に接する村の場合は川の名　○河岸場　○橋・圦樋・関枠　○神社
○寺院　○陣屋跡・城跡・屋敷跡・古文書

また男衾郡に出された雛形を見ると、右のほかに次の項目内容が見られる。

○土地の高低　○田畑の多少　○水旱の有無　○街道　○山川　○寺院の鐘などの銘文で寛永年間より古い場合は書き上げる

調査項目は調査地の地理環境などにより少しずつ異なるものの、これらの項目内容が『風土記稿』の本文に直結することは一目瞭然である。地誌調出役の調査が村の歴史的経緯に関心を持っていたことは知られているが、調査対象とする古文書や銘文の基準は寛永期（一六二四～一六四三）以前だった。

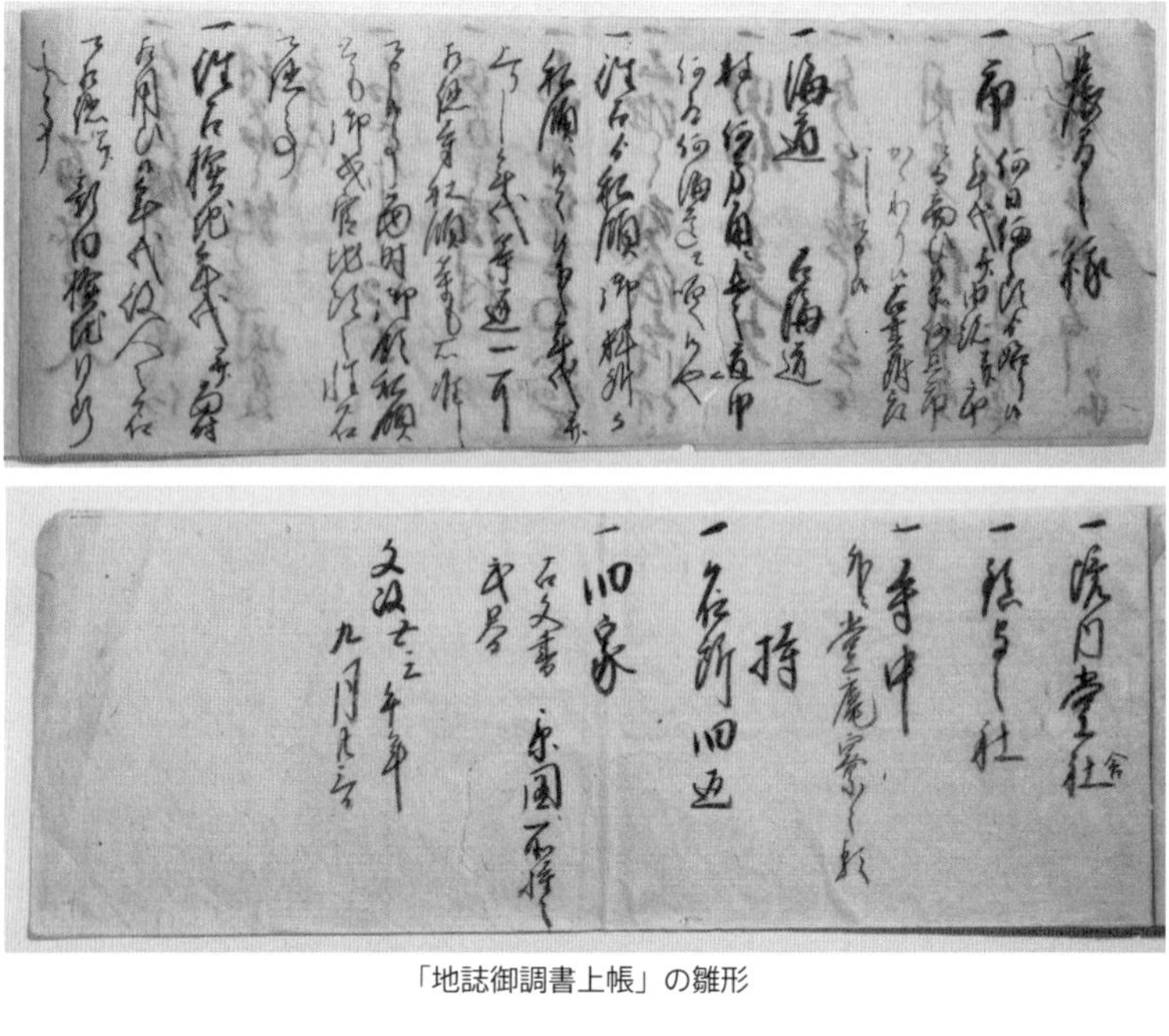

「地誌御調書上帳」の雛形

「地誌御調書上帳」と『風土記稿』の記事

だが村の側は調査項目にすべて答えず、「無御座候」＝該当なしの回答が多い。葛飾郡大膳村（三郷市）の場合、文政六年八月に提出された「地誌取調書上帳」では調査項目四三のうち半数の二一が該当なしである。残りの項目について、例えば次の記載が見られる。

一　反高流作場四町五畝十五歩
　是ハ延享元亥年神尾若狭守様御検地御座候
　右之内壱町五反四畝十二歩飛地
　是ハ下総国小金領主水新田村地所附ニ御座
　候処、宝永二酉年江戸川瀬大曲相成候ニ付
　新規堀割被仰付候ニ付、飛地相成申候

これに対応する『風土記稿』巻之三十二の大膳村本文の記述は「流作場ノ内ニ対岸主水新田ノ飛地アリ。宝永二年江戸川ヲ堀替テ直流セシメシヨリカクナレリト云。」である。一方で流作場検地の記述は、別の項目に書かれた宝暦三年（一七五三）と明和九年（一七七二）のみが本文に記述され、右に見える神尾春央の延享元年（一七四四）検地は採用されていない。対岸の村の飛地へ注目するあまり見落としたのかも知れない。

このように、「地誌取調書上帳」は『風土記稿』の本文記述の基礎データであるだけでなく、そこへ盛り込まれなかった当時の記録も知ることができる貴重な資料なのである。実は、確認されている「地誌取調書上帳」の数はまだ少ない。『風土記稿』の記述をより深く理解するうえでも、今後一層の資料調査が望まれている。

［白井哲哉］

【参考文献】

・白井哲哉「地誌調所編纂事業に関する基礎的研究」『関東近世史研究』二七、一九九〇）
・白井哲哉『日本近世地誌編纂史研究』（思文閣出版、二〇〇四）
・『三郷市史』第二巻（三郷市、一九八九）

江戸近郊の村の〝江戸以前〟―荏原郡居木橋村（東京都品川区）

居木橋村について

荏原《えばら》郡居木橋《いるきばし》村は、現在の東京都品川区大崎一丁目から三丁目のあたりに相当する。その名は、明治二二年（一八八九）に居木橋村が近隣の上大崎村・下大崎村などと合併したため、現在は残っていない。現地では、後述する「居木橋」や橋の名を冠したバス停などにその名をとどめている。

現在、かつての村域には、明治三四年開業のＪＲ大崎駅や明治三七年完成の立正大学大崎校舎が所在する。大崎駅周辺は近年の駅前再開発で高層ビルが林立するようになり、今江戸時代の面影を偲ぶのは難しい。

『新編武蔵国風土記稿』居木橋村の項を読む

冒頭では、居木橋村の名の由来について、村の東

現在の居木橋付近

境の目黒川に架かる橋の名だろうと考証する。一方で、村と品川宿の境に「ユルギノ松」と呼ばれる古松があるので「ユルギ村トモ唱フ」と現地での聞き取り情報を紹介する。しかし古松の名は後から付けたものと判断して、結局、地元の説を採用していない。

地形の記述は見えないが、居木橋村の耕地は水田と陸田が半々と書いているので、台地と低地の両方に村が広がっていたことがわかる。ただし「ソノ土ハ砂マジリテ瘠地ナリ」と評価されている。

項目ごとの解説では、まず目黒川と居木橋の記述がある。居木橋は長さ七間（約一二メートル）、当村から北品川宿へ向かう橋で、これが村名の発祥なら古くからある橋だろうと述べる。なお、現在の居木橋は目黒川の改修にともなって昭和四年（一九二九）に建造され、長さが二倍になっている。

次に村内の神社・寺院各一つの記述がある。五社明神社は、もと村の西北の低地に建っていたが、水害を受けて一七〇年前に台地上へ移転したと記す。したがって、移転した時期は江戸前期の寛永一〇年（一六三三）頃と推定される。旧社地に松の大木が建っていて、これが前述した「ユルギノ松」だと述べる。祭神は雉子大明神で、社地を移した時村内にあった貴船明神・春日明神・子の権現・稲荷明神の四社を合祀したので五社明神社と呼ぶ。祭礼は九月二三日で、村人が神楽を執行するという。

観音寺は天台宗の寺で、もと居木橋の付近にあったが五社明神社の東へ移った、旧境内地には石造地蔵が立つという。開山の住職は天正元年（一五七三）

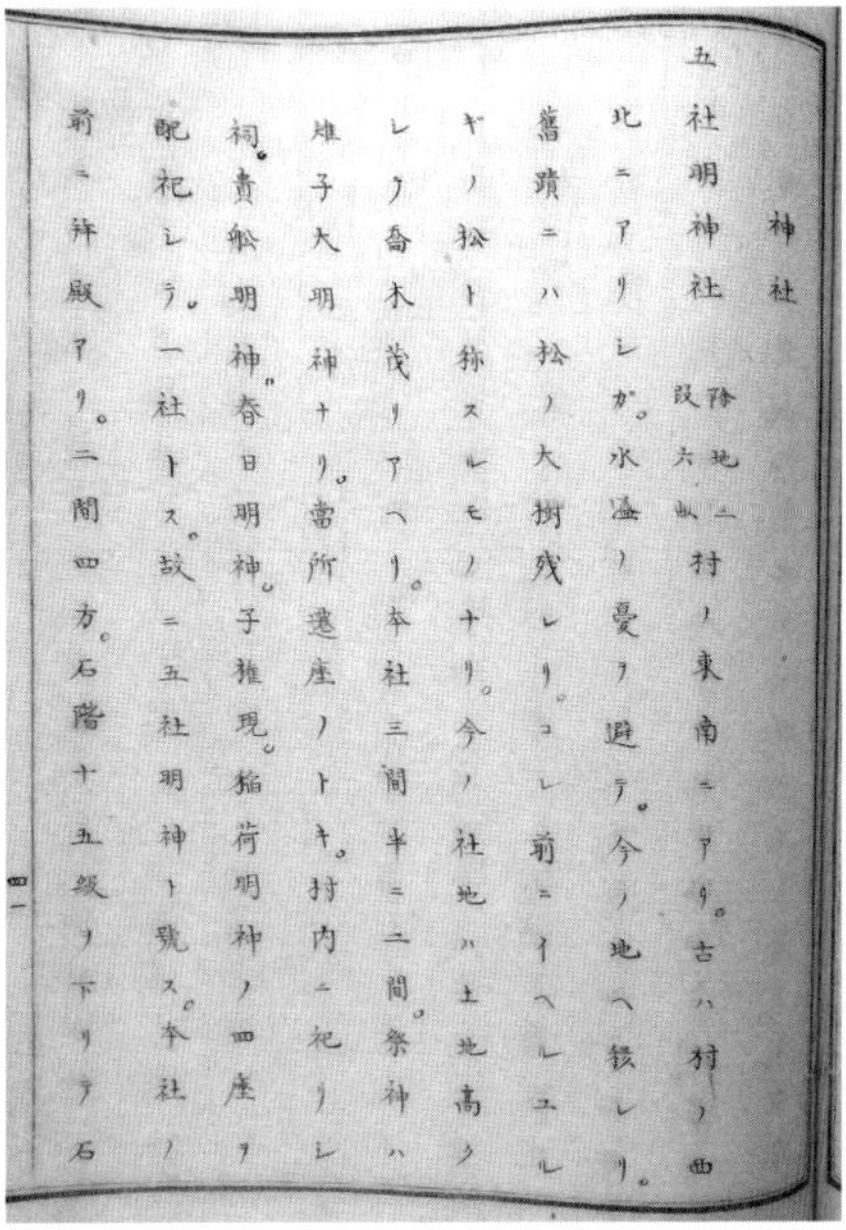
神社
五社明神社　除地二段六畝　村ノ東南ニアリ。古ハ村ノ西
北ニアリシガ。水溢ノ憂ヲ避テ。今ノ地ヘ移レリ。
旧蹟ニハ松ノ大樹残レリ。コレ前ニイヘルユル
ギノ松ト称スルモノナリ。今ノ社地ハ土地高ク
シテ喬木茂リアヘリ。本社三間半ニ二間。祭神ハ
雉子大明神ナリ。当所遷座ノトキ。村内ニ祀リシ
祠。貴船明神。春日明神。子権現。稲荷明神ノ四座ヲ
配祀シテ。一社トス。故ニ五社明神ト號ス。本社ノ
前ニ拝殿アリ。二間四方。石階十五級ヲ下リテ石
四一

『風土記稿』本文　居木橋村「五社明神社」の部分

没と伝えるので、この寺の創立は一六世紀と推定される。しかし、享保の頃（一七一六～三六）の第十三世住職が中興開山と呼ばれ、この時本山が江戸麹町の山王別当城琳寺へ変わり、寺号も東雉山松琳院から金剛山円通院へ変更したという。境内には今も客殿と観音堂がある。

居木橋村の姿とその変遷を考える

居木橋村の記述はたいへん短いが、それでも当時の村の姿をいろいろ知ることができる。まず『風土記稿』巻之三十九の荏原郡総説には正保武蔵国絵図が掲げられていて、そこに「居木橋村」が見えるので、村の成立は中世に遡るだろう。しかしこの村は江戸前期に目黒川の水害を被って、低地に存在した五社明神社と観音寺はその後台地上へ移転した。現在のJR大崎駅西口の向かい側にあたる。この時、村内に点在したと思われる四社が合祀されたので、集落ごと台地上へ移動したと思われる。

おそらく中世の品川湊から内陸へ伸びる古道があ

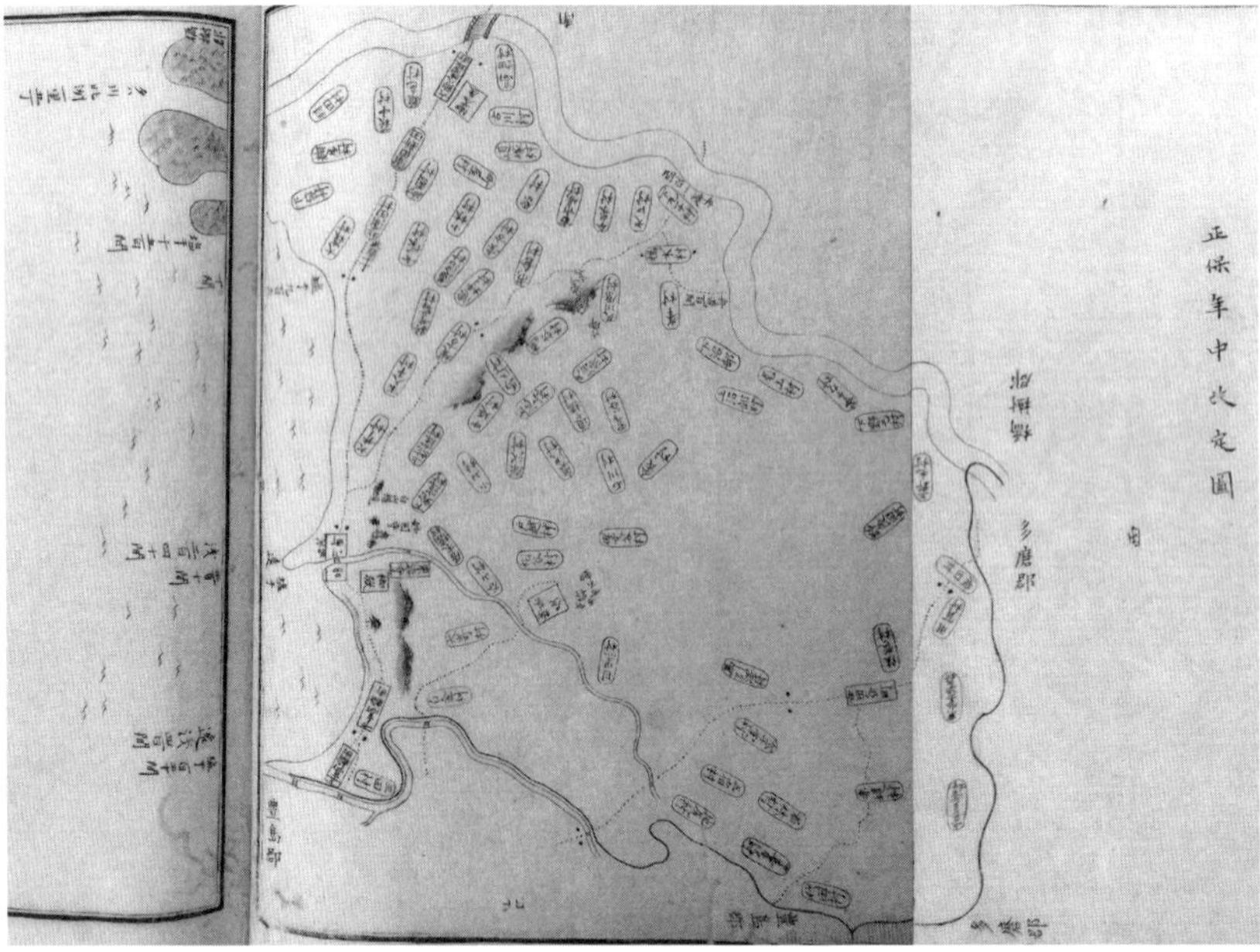

正保年中改定図（荏原郡）

り、居木橋で古道が目黒川を渡った場所へ、一六世紀までに集落が形成された。だが一七世紀、目黒川の洪水に襲われて集落は台地上へ移転した。これが『風土記稿』から読み取れる近世の居木橋村の姿である。

ところで最近、元禄一〇年（一六九七年）の居木橋村検地帳の存在が確認された。その内容分析は今後の課題だが、『風土記稿』の編さん時より約一二〇年以上前に作成されたこの古文書の伝える情報は興味深い。ここでは検地帳の除地（無年貢地）の記載から寺社の部分を見てみよう。まず観音寺は「江戸山王城林寺末寺　天台宗」と書かれ、元禄一〇年にはすでに本山だったことがわかる。本山を変更した享保期の中興開山である法印智淵が、寺の住職を三〇年以上つとめていたのだろうか。神社は稲荷社・子神社・雉子宮の三社と村人持の第六天社の計四社が記載されて、五社明神社の名が見えない。また祭神も貴船明神と春日明神が確認できない。五社明神社の成立は、あるいは元禄期以降になるのか

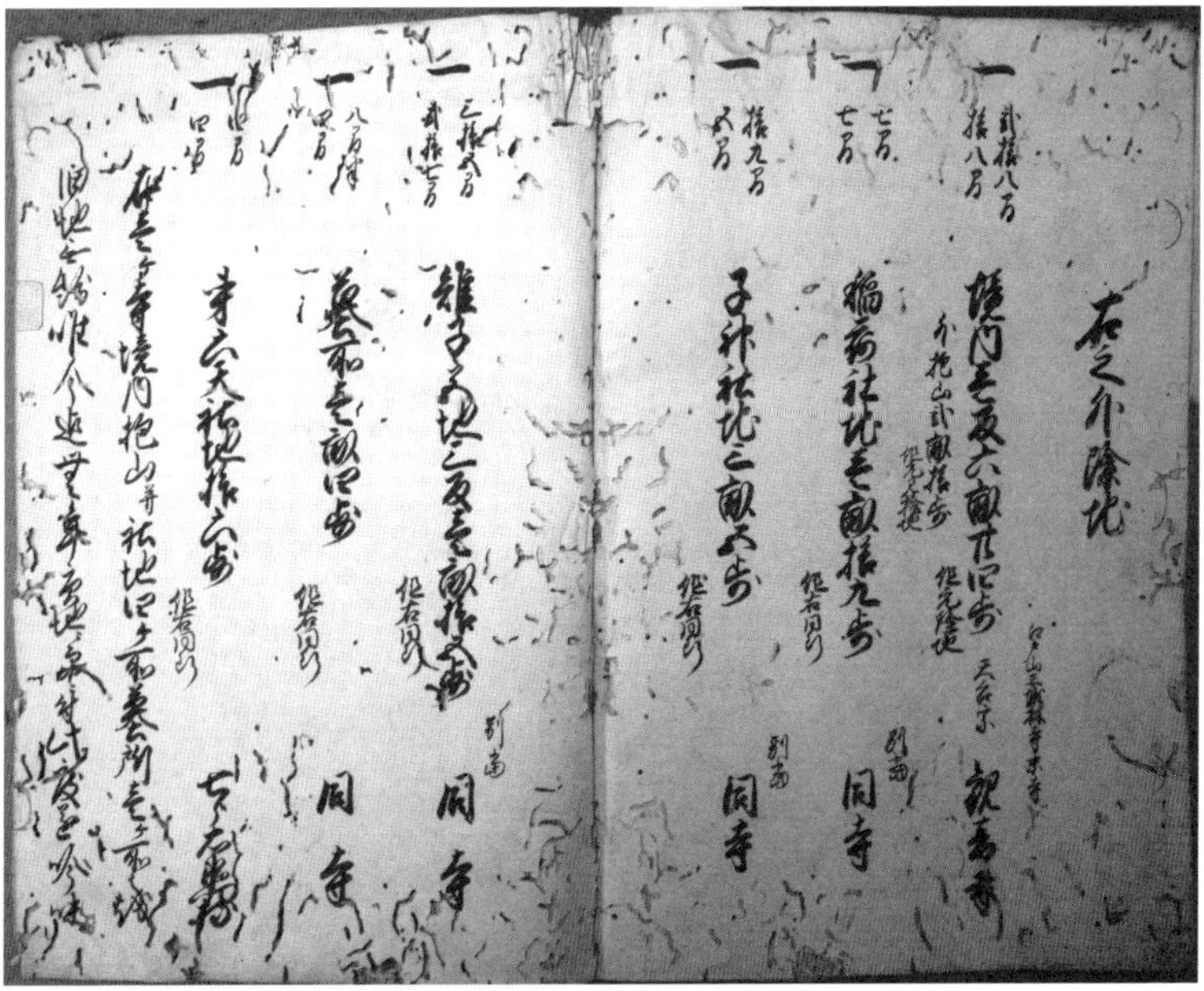

元禄 10 年居木橋村検地帳（部分）

も知れない。さらに検地帳の反別（面積）には「但元検地」と書かれていて、これが元禄一〇年以前の測量結果であることを示している。移転直後の反別か、あるいはそれ以前のものか、興味は尽きない。

〔白井哲哉〕

【参考文献】

・『品川区史二〇一四―歴史と未来をつなぐまち　しながわ―』（品川区、二〇一四）

低地の村と河川―葛飾郡権現堂村（埼玉県幸手市）

権現堂村について

葛飾郡権現堂村は、埼玉県の東部低地北部に位置する幸手市北三丁目と大字権現堂が旧村域にあたる。北縁を東流する中川に架かる上船渡橋《かみふなと》を渡れば、対岸は茨城県猿島《さしま》郡五霞《ごか》町となる。すなわち県境の一地域である。

　地区内には、埼玉県立権現堂公園があり整備が進む。咲き競う四季折々の花が見事なこの公園のおかげで、近年「権現堂」の名が広く知られるようになった。特に約一キロに及ぶ権現堂堤は、「権現堂桜堤」とも呼ばれ、大正時代から続く桜の名所である。

　春の陽気に誘われ、枝振りも見事なソメイヨシノが作る桜のトンネルをそぞろ歩き、菜の花の甘い香り漂う堤外の小道を逍遥すれば、胸いっぱいに花の甘い香りを満喫できる。そして、青空に浮かぶ白雲

権現堂桜堤と菜の花畑

と桜色、そして菜の花の黄色が織りなす自然の色彩の妙は鮮烈で見る者を魅了してやまない。

まさに風光明媚、この権現堂堤の自然の力に心身の癒しを求めて訪れる観光客は年間二百万人にのぼる。今や埼玉県随一の花の名所となっている。

さて、権現堂桜堤に沿って東向きに流れる「中川」は、もともと権現堂川の流路の一部と島川をつなげ、昭和初期にできた河川である。この時権現堂川は、流頭の川妻（茨城県五霞町）で利根川と水脈を絶たれ廃川となった。現在の権現堂川は、川妻地先から大字権現堂の行幸水門までの河川名で、中川の洪水調節機能や周辺の工業用水源となっている。愛称は「行幸湖《みゆきこ》」。埼玉県成立一二〇周年を記念して一二〇フィートの高さまで水を噴き上げる大噴水がある。

実は、この権現堂川こそ『新編武蔵国風土記稿』の権現堂村の項に記述された「利根川」である。江戸時代から大正時代まで関東内陸水運の大動脈として、白帆を揚げた高瀬船が行き交い、権現堂河岸を拠点に多くの物資が輸送された。そして、権現堂堤も、かつては利根川の氾濫から地域を守り続けた重要な堤防なのである。

権現堂村の項を読む

まず、村名をはじめ堤や河川の名にも冠される「権現堂」の由来についての説明から始まる。それは、村内に熊野・若宮・白山の権現様を合祀した古い神社にちなんだものとする。この神社の別当は正智院であるが明治時代に廃寺となり、三社権現を祀った神社は、今は熊野神社となっている。

さらに、艮《うしとら》（北東）の方向には、利根川を隔て対岸は下総国元栗橋（久喜市）とする。現在、県境である権現堂は、近世には国境の村だったことがわかる。

次に小名「大膳新田《だいぜん》」の解説がある。大膳は、小右衛門村（久喜市）から移住した秋葉大膳という開発者の名前から取ったものだが、そうした説明はない。ただ、伊奈駿河守忠次が幸手新宿の野原太郎左衛門に与えた慶長四年（一五九九）の文書にある「開

大正時代の権現堂川

次第御扶持被下者也」という文面から、大膳新田もこの頃に開発されたと推察する。しかし、残念ながらこの文書は今に伝えられていない。

利根川のことは、詳述されている。その内容は、地域呼称、堤、河岸場の三つの内容に分けられる。このうち堤については堤と土出《つちだ》し、普請組合、そして築堤の由来の四項目の説明が見えている。

まず、利根川は、この辺りでは権現堂川と呼ばれていたことを示す。川幅は一五〇間（約二七〇メートル）。それは、現在の中川の川幅と比べるとかなり広い。次に堤についての丁寧な記述があるが、名称の説明はない。そこで、以降「権現堂堤」と呼んでおく。権現堂村の区域では、堤の長さは五三〇間（約九五四メートル）で、高さは一丈（約三メートル）もある。見上げるような威容を示す。

また「当所ハ水流屈曲ノ所ニ当リ。水勢ノ突掛殊ニ励シク堤ノ修築堅固ナラザレバ保チ難シ」とある。これについては、次頁の図を見ていただきたい。

江戸時代、利根川は、栗橋から直線的に南流し、権現堂村の北で緩やかに大きくカーブして東流する。このように、やや不自然に曲流する利根川が大雨で増水すれば、巨大な水の塊となって権現堂堤に向かい一気に押し寄せてくる。この時、水勢に耐え切れず堤が決壊すれば、濁流は大水となって権現堂村や武蔵国東部低地の村々を次々に呑み込み、江戸にも水害をもたらす。つまり、権現堂堤は、利根川治水上のウィークポイントなのである。

　そのため、権現堂堤を修築し堅固に守る維持管理と大風雨時の水防活動が、流域の村の使命であった。利根川に関わる記述がこの権現堂村で詳しいのは、幕府における江戸防衛上の関心の高さが反映されていたものと考えてよい。この堤を御府内御囲堤《ごふないおかいこみつつみ》と呼ぶ理由がここにある。

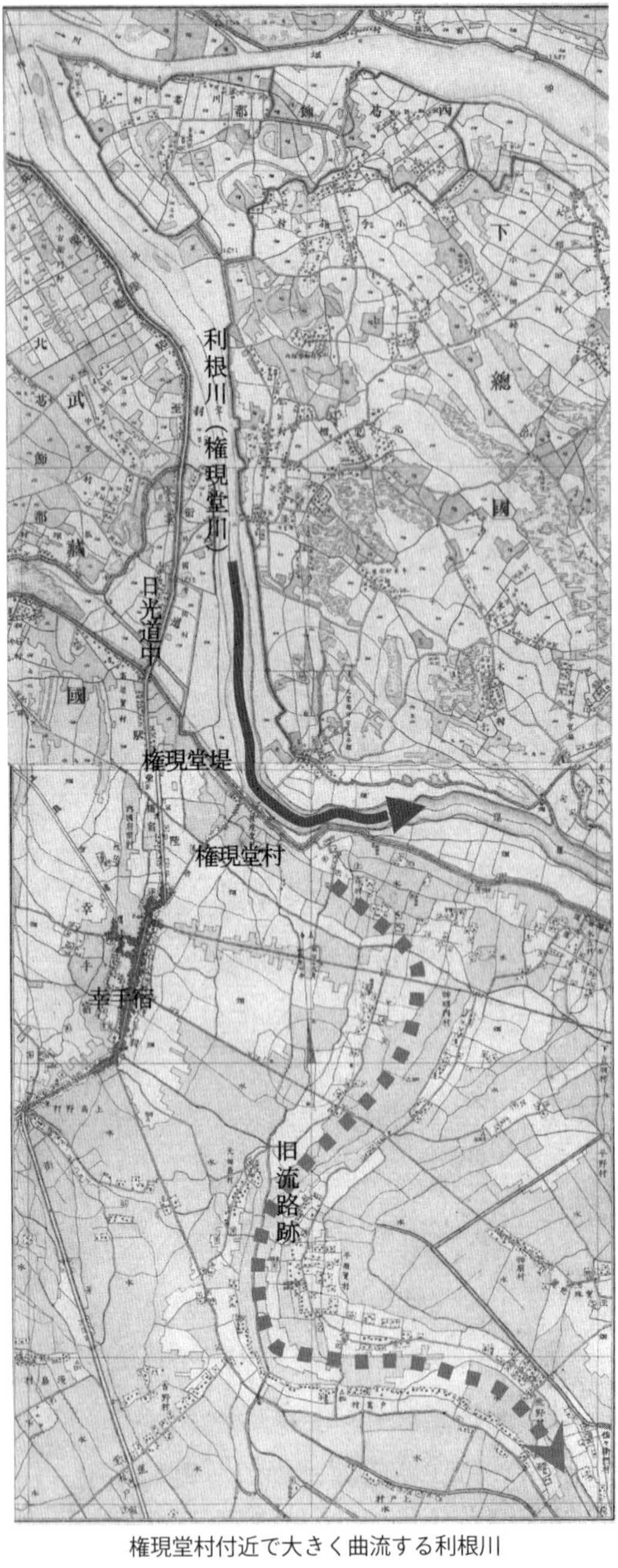

権現堂村付近で大きく曲流する利根川

このほか、堤防を守るため水際にたくさんの杭を立てたり、土出しという水制工作物を八基も設置したりしたと記述されている。さらに権現堂村では、水防活動に使う明俵千俵、縄三千房を備蓄するという記述がある。ここに大河川に寄り添い暮らす人々の覚悟が見て取れる。そして堤付一〇か村が御普請組合に編成され、幕府勘定所による堤の維持管理や水防活動、さらに災害復旧工事などに対応していた。

一方、この堤が初めて築かれたのは、天正四年（一五七六）とする。近年までその工事の人足割付を示す文書があったというが、この記述が事実ならば、権現堂堤は戦国時代に築堤されたことになる。

さて、権現堂村には、川を利用した物流の拠点の権現堂河岸がある。問屋六軒、船九艘があり、慶長四年（一五九九）の文書にも「権現堂河岸」の名前が見えるとする。この河岸が、それ以前から続く古い河岸場である可能性を指摘しているが、同時に河岸を機能させる大河川が当時も流れていたことを示す。

最後に村内の旧家として名主の巻嶋吉十郎を紹介している。同家の祖巻嶋主水助《まきしまもんどのすけ》は北条氏直に仕え、その後に帰農したこと、さらに天正一七年に主水助へ発給された氏直の感状を掲げる。

権現堂村の項目に残る河川と開発の記憶

前述のように権現堂村の項目には、戦国期を端緒とする権現堂堤の築堤の由緒が書かれている。江戸時代の権現堂堤は、幸手領の北縁に位置し、八甫《はっぽう》村（久喜市）から上宇和田《かみうわだ》村（幸手市）に至る総延長約一一キロに及ぶ長大な堤防である。とはいえ、天正四年に築造されたという権現堂堤が当初からすべてあったのか、この記述だけではわからない。また、誰が築堤したのかも言及していない。しかし、天正四年にそれを実行できたのは、当時の状況をみれば戦国大名の後北条氏以外に考えられない。

天正二年、後北条氏は、第三次関宿《せきやど》合戦で古河公方家臣の簗田《やなだ》氏が守る関宿城を陥落させ、隣接する幸手地域を制圧した。その後に行ったのが、権現堂堤の築堤である。

この工事の目的は、第一に北側から流入する河川を締め切り、流れを変えることにあった。それは、前図に示した旧流路の河川である可能性が高い。さらに、第二の目的が堤の南側に広がる武蔵国東部低地の開発である。乱流する河川を整備し、治水環境を整えることは、低地開発の重要な要件である。

近世で本格化する低湿地新田開発の基盤整備は、戦国時代に準備されたといっても過言ではない。

豊臣秀吉が後北条氏を滅ぼし、徳川氏が江戸を拠点とする関東支配を始めると、戦乱で荒廃した地域の復興と新田開発促進政策が積極的に進められていく。慶長四年の文書に見える伊奈忠次の存在は、まさにその実務担当者としての姿である。大膳新田の開発もそうした気運に乗じて行われた。そして権現堂村は、新田も含め慶長二〇年の検地で近世村落として歩み始めた。

『風土記稿』の記事は、河川は自然地形に従って流れているのではなく、人間の都合で流路が変わってしまうことを、権現堂堤の存在によって言い表そうとした編纂者のメッセージとみることができる。そういう意味で権現堂堤は、利根川や渡良瀬川《わたらせがわ》が乱流する武蔵国東部低地において、治水の安定と新たな耕地を求めた人々が、低地の自然に挑んだ記憶を伝える貴重な土木遺産でもある。

［原　太平］

【参考文献】
・『幸手市史　通史編Ⅰ』（幸手市教育委員会、二〇〇二）
・『武蔵国郡村誌　十四巻』（埼玉県立図書館、一九五五）

開港前の横浜の姿―久良岐郡横浜村・吉田新田（神奈川県横浜市）

横浜開港とその地域的条件

現在、横浜市は人口三七〇万人余を持つ日本最大の政令指定都市であるが、その直接の起点は安政六年（一八五九）の横浜開港である。開港場の場所が横浜に選定されるについてはさまざまな要因が絡み合っているが、地域史としての視点からみれば、おおよそ次の三点に要約することができよう。

第一に、開港場・横浜の形成が可能となる地形的・地理的条件であり、これは元来入り海であった大岡川河口部における新田開発（吉田新田・横浜新田・太田屋新田）の展開が前提となる。第二に、開港場・横浜と東海道・江戸とを結ぶ陸路であるルート（横浜道）の建設が可能となる地形的・地理的条件であり、これは同様に入り海であった帷子川《かたびらがわ》河口部における新田開発（尾張屋新田・岡野新田・平沼新田・藤

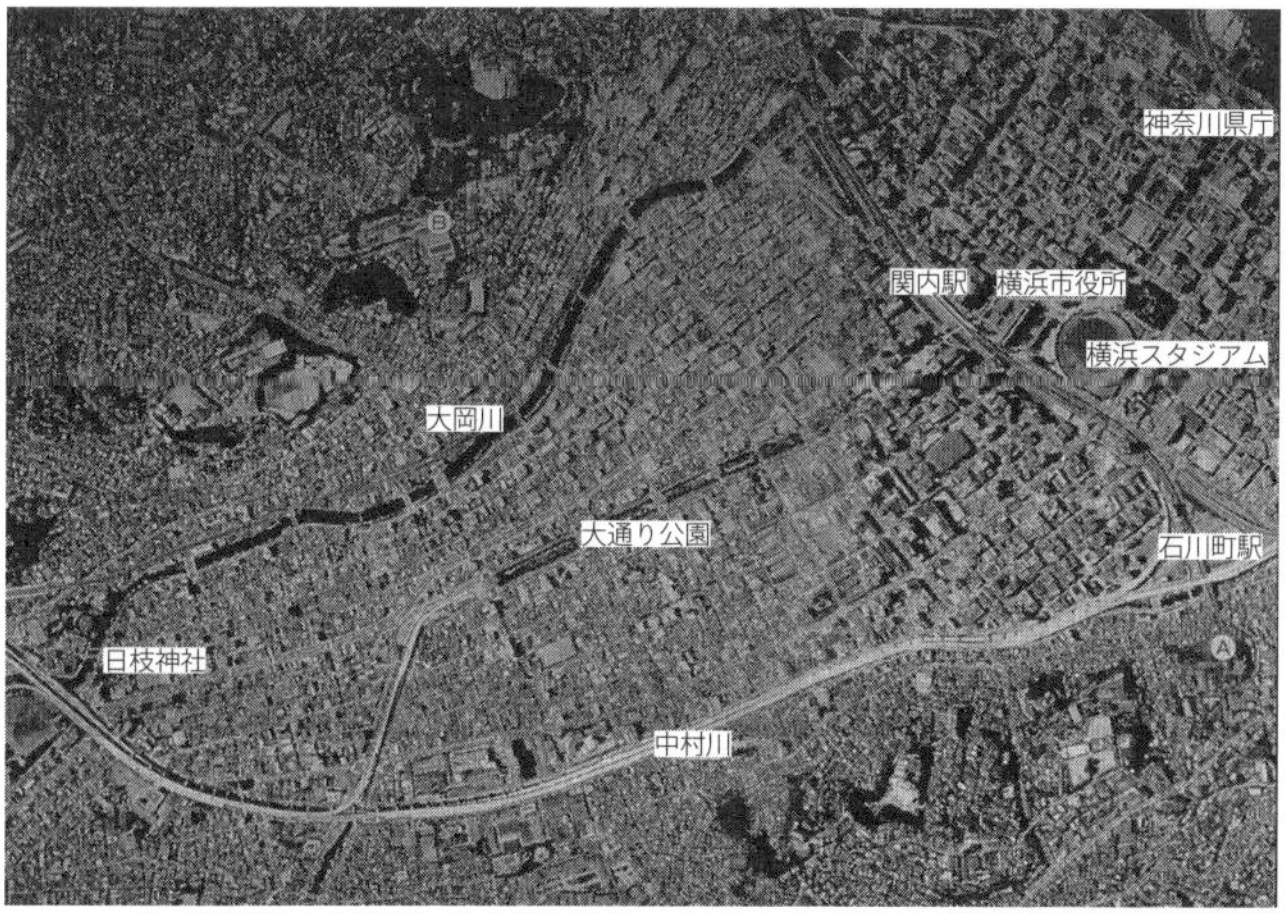

吉田新田の空撮写真

横浜村　弁天社地眺望図

江新田等）の進展が前提となる。第三に、開港場・横浜の生活・経済を直接に支えうる地域的な経済圏の存在であり、これは神奈川湊およびその荷揚地である神奈川宿（横浜市神奈川区）・芝生《しぼう》村（同西区）・保土ケ谷宿（同保土ケ谷区）に人口一万人弱の経済圏が形成されていたこととの関係になろう。

弁天社左側の入り海

それでは後に開港場となる場所およびその周辺地域は、『新編武蔵風土記稿』が作成された一九世紀前半においては、どのような地理的環境にあったのであろうか。以下、同書の横浜村の項目に含まれる「弁天社地眺望図」を素材に確認していこう。

「弁天社地眺望図」を見ると、画面下部中央に「弁天社」が配置されている。この弁天社は、現在の元町付近より北側に向かって突き出した（「洲乾」あるいは「宗閑」と呼ばれる）砂洲の先端に位置している。東側の東京湾から眺めると、この砂洲は南北方向へ横に伸びており、「横浜」の地名の由来と考えられる。ちなみにこの砂洲の上が当初の開港場の範囲であり、現在、神奈川県庁・横浜開港資料館などが立地している場所になる。

「弁天社」から左上の方向には、海を挟んで「吉田新田」「戸部村」の文言が見える。「戸部村」の下に大岡川の河口（ＪＲ桜木町駅付近）が、「吉田新田」のやや左側に中村川の河口（ＪＲ石川町駅付近）がそれぞれ確認できる。この弁天社と吉田新田・戸部村に挟まれた海は入り海になっており、『風土記稿』編纂時においては、絵図では切れている左側の奥に横浜新田（横浜中華街の範囲）が既に開発されていた。

この入り海は、もともとは現在の横浜市南区蒔田《まいた》付近まで入り込んでいたが、江戸の材木商である吉田勘兵衛による吉田新田の開発の結果、現在のＪＲ根岸線の地点まで陸地化された（横浜の繁華街として知られる伊勢佐木町などは、吉田新田の範囲に含まれる）。同時に新田と南側の古田の境となる中村川が新たにできるとともに、北側の古田と新田との境として大岡川の流路が延長された。吉田新田の開発は、大岡川からの土砂の排出のため、入り海の西側が浅いという自然条件をふまえたものと思われ、吉田新田の成立により、土砂の堆積は新たに成立した中村川・大岡川の河口部で進むことになった。ただし、大岡川河口部は、入り海の入り口にあたり、干潮・満潮の際に潮流が激しく、あまり堆積しなかったと思われる。これに対して、中村川河口部はそうした条件がないため、土砂の堆積が進み、横浜新田が開発されたのであろう。

そして、横浜新田の開発により、土砂の堆積は弁天社と吉田新田の間の入り海へ進み、この範囲も新田開発の対象となり、太田屋新田と呼ばれる新田となった。現在、横浜スタジアムや横浜市役所が立地している場所はこの太田屋新田に含まれる。結果的にこうした数度にわたる入り海の新田開発によって、貿易の伸展にともなう都市の拡大が可能となるような、平坦な陸地ができあがったということになる。

弁天社右上部の入り海

次に視点を転じて、画面の右側を見ていきたい。弁天社から海を挟んだ右側中央に「神奈川台」の文字が見える。「神奈川台」とは、東海道神奈川宿の青木町の台町のことである。東海道はこれより上部の海岸線に沿って芝生村から保土ヶ谷宿と進んでいく。一方、弁天社の上部には、「戸部村」の右側へと突き出ている丘陵が見える。この丘は野毛山《のげ》であり、崖状で海に面している。この野毛山の背後には、帷子川河口部の入り海があった。元来は、現在の相鉄線天王町駅周辺が河口であったが、帷子川からの土砂の排出にともない、次第に浅くなり、順次、新田開発が沖合へと進められていった。開港後の横浜と東海道を結ぶ横浜道は、この新田の先端部を通って道筋が形成されていったのである。

以上のように「弁天社地眺望図」に見られる範囲の情景は、横浜開港にともない、わずか数十年で一変していったのである。

［斉藤　司］

【参考文献】

・『横浜の礎・吉田新田いまむかし』（横浜市歴史博物館、二〇〇六）

村人のいなかった新田—多摩郡廻り田新田（東京都小平市）

武蔵野と武蔵野新田

武蔵野新田とは、八代将軍吉宗の享保期（一七一六～三六）に武蔵野台地に開発された、八二の村々を指す。『新編武蔵風土記稿』巻之百廿八　多摩郡之四十は武蔵野新田の誕生について「遠近トナクコレヲ望メル農民等。公ニ願ヒテ墾闢ヲ促セシニ。日ヲツミ年ヲ累ネ。ソノ功遂ニ成テ。新田八十二村ヲ開ケリ」と記している。

八代将軍に就任した徳川吉宗が、享保七年（一七二二）、江戸日本橋に、全国の未開発地で新田となりうる場所があれば申し出るように、との高札を出したことから武蔵野新田の開発は始まった。そもそも武蔵野は、自然河川が少ないうえに保水力が低く痩せた地質のため、中世末期までは村落は河川周辺などに限られていた。近世に入ると、土豪たちを中心とした開発が進み、また承応二年（一六五三）の玉川上水の開削は武蔵野の中心部に水源をもたらし、小川新田（小平市）などが開発された。しかし、依然残された武蔵野の原野は、腐葉土や牛馬の飼料を採取する秣場《まぐさば》として、武蔵野の村々の共有地となっていた。生産力の低い武蔵野の村々にとって、秣場は必要不可欠なものだったのである。そのため、武蔵野の開発は、一六〇〇年代後半には認められなくなった。秣場を拓いてしまっては、既にある村々の生産を阻害してしまうという、幕府の農政上の判断である。

武蔵野新田の開発は、農業技術の進歩などにより、共有地を拓いても農業生産は成り立つ、という方針転換のもと推進され、多摩郡四〇村、新座《にいざ》郡四村、入間《いるま》郡一九村、高麗郡一九村にまたがる地域に、八二の新田が誕生したのである。

村人のいない新田　―廻り田新田の開発―

廻《めぐ》り田新田は、現在の東京都小平市回田町にあたる。廻り田新田の開発を主導したのは、廻り田村（東村山市廻田町）の百姓斉藤忠兵衛・太郎兵衛親子である。廻り田村は新田開発をめぐって意見が割れており、代官からの開発希望の有無の諮問に対し、村としては開発地の割り渡しを希望しないと返答する一方で、斉藤親子たちは独自に代官にかけあって割り渡しを希望していた。斉藤の運動の結果、割り渡しの希望は聞き入れられたものの、廻り田村から遠く離れた土地をあてがわれたためこの土地を売却せざるを得なくなる。一方で、開発を許可された広大な土地の経営をめぐって資金的に行き詰まっていた野中新田グループからその一角を買い受け、廻り田新田の開発地とした。これが現在の小平市回田町の地に誕生した廻り田新田である。

しかし、斉藤親子の目的は、廻り田新田に移り住み、切り拓いて耕地とし、あらたな共同体を作ることではなかった。これまで秣場としてきた「武蔵野」が開発地として拓かれていくなかで、これまでのように秣場を確保するには、開発地として土地を確保し、そこを秣場として利用すれば良い、と考えたのである。廻り田村を含む多摩地域北部二二か村は、武蔵野を新田として開発する方針が示されると、幕府に対して開発反対の訴訟を起こしている。そこでは、これまでの生活が武蔵野の共有地の存在を前提としたものであり、これまで「武蔵野の影を以って人馬の飢命つなき渡世の元」とまで述べて、武蔵野を拓くことに抵抗している。しかし、この嘆願は聞き入れられず、武蔵野の村々は、開発を受け

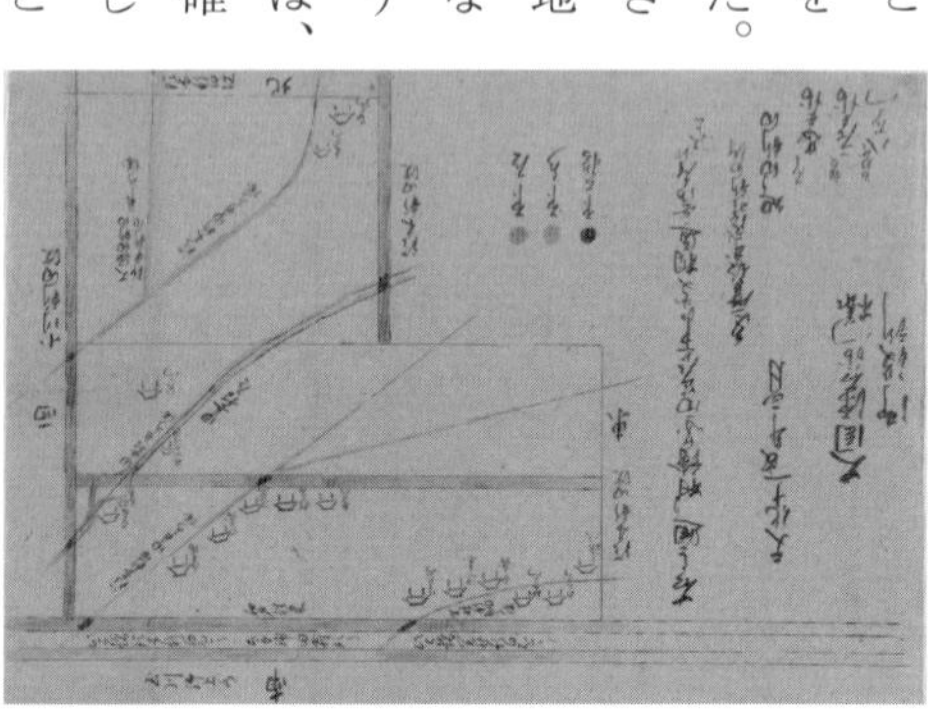

廻り田新田村絵図

入れざるを得なくなる。そのようななか、多くの村は、廻り田新田・斉藤家のような方法で、武蔵野新田の中に武蔵野の共有地を確保しようとしたのである。

　武蔵野新田の多摩郡の村々では、元文元年（一七三六）、検地が行われた。検地の詳細を見ると、廻り田新田の四〇町余の土地の持ち主はすべて廻り田村の百姓で、屋敷は一軒もない。土地の持ち主は、廻り田村に居住しつつ、約七キロ離れた廻り田新田を秣場として利用していたのである。そのため、地目では野

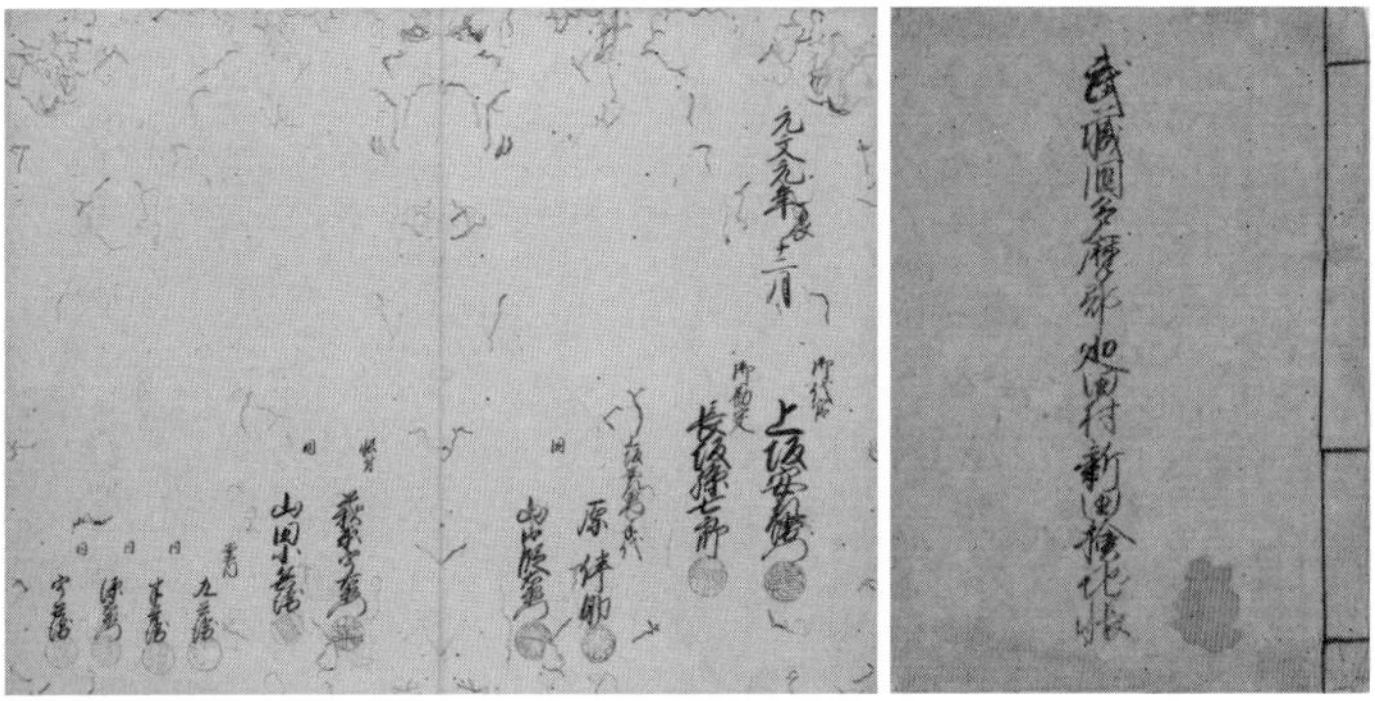

廻り田新田検地帳

畑が三七％、林畑が三一％を占め、耕作地は下畑の三〇％のみである。つまり、村の約七割を野と林が占めているのである。程度の差はあるが、武蔵野新田の多くは、拓かずに村内に秣場を確保していたのである。

川崎平右衛門と桜の名所

「拓かない」「住まない」という武蔵野新田の状態は、耕地を増やし年貢収入を増やしたい幕府の思惑とは相容れない。しかし、新田に土地を確保した者にとっても、生産力の低い武蔵野の地で、相次ぐ飢饉の中で移住に踏み切るのは難しく、移住したとしても、生活が安定せずに離村してしまうことが多くあった。この「新田退転同前」という状況下で、武蔵野新田を共同体として自立させたのが、川崎平右衛門定孝である。

　武蔵野新田を管轄したのは、当時町奉行だった大岡越前守忠相である。大岡は武蔵野新田の経営のために、従来の幕府代官ではなく、民間から、地方巧

者と呼ばれる地域の実情に通じた者を採用し、地域支配にあたらせた。川崎も大岡に登用された一人で、もとは府中押立村（現府中市）の名主・在郷商人だった。元文四年に新田世話役に採用された川崎は、廻り田新田のすぐ隣の関野新田（現小金井市）と三角原新田（現鶴ヶ島市）に陣屋を構え、武蔵野新田の実地調査を行う。既に新田に居住していた出百姓たちの状態を把握し、さらなる出百姓を勧奨するとともに、新田で暮らすうえでの心構えを説き、それぞれの地域にあった「新田相応の品々」を作るための種を分け与え、秋には実が採れるように栗や竹などの苗木を下賜するなど、新田の実情にあったきめ細かい救恤《きゅうじゅつ》策を展開し、武蔵野新田を持続可能な地域としようとしたのである。廻り田新田でも、川崎の勧奨を請けて、寛保元年（一七四二）までには斉藤家を含む三軒が移住し、ここに、男四人と女六人の一〇人からなる小さな共同体―廻り田新田が誕生した。『風土記稿』の廻り田新田の項目には、「民家十五軒。土地ニ応セシト云ホトニモアラサレト。真桑瓜西瓜ノ類ヲウヱ。江戸或ハ八王子ヘウリ出シ。少シク生産ヲタスク。」とあり、この頃には、家数は一五軒ほどまで増え、真桑瓜や西瓜などの商品作物を作っていたことがわかる。

川崎平右衛門肖像画（複製）

　川崎の政策の中でも最も著名なのが、玉川上水桜堤―小金井桜である。『風土記稿』の廻り田新田の項に「コ、モアマタノ櫻樹並タテリ」とあるように、梶野新田・境新田・是政新田・関野新田（以上武蔵野市）・下小金井新田・貫井新田（以上小金井市）・野中新田・小川新田・鈴木新田・廻田新田（以

下小金井新田　上水桜堤図

上小平市）の、玉川上水両岸一一か村にわたる堤に桜の植樹を命じたのである。川崎の狙いは、「差向人手これ有り、新田賑いの為」（「高翁家禄」）、つまり、この植樹でまず土木事業の需要を確保し新田に人を呼び戻し、ゆくゆくは桜の名所となって人で賑わうことを見通したというのである。川崎の施策は実を結び、八二か村はそれぞれ一箇の村として自立していく。桜をめぐる記憶は、開発の苦難の歴史と保護の継続への訴えと結びついて新田農民の強固な由緒となっていく。

［三野行徳］

【参考文献】

・小平市史編さん委員会『小平市史　近世編』（小平市、二〇一二）
・小金井市史編さん委員会『小金井市史　資料編　小金井桜』（小金井市、二〇〇九）
・府中市郷土の森博物館『代官　川崎平右衛門』（府中市郷土の森博物館、二〇〇九）

本陣家とその由緒―足立郡浦和宿・大門宿（埼玉県さいたま市）

浦和宿と大門宿について

足立郡浦和宿は、中山道《なかせんどう》の第三番目の宿場で、江戸日本橋から六里（二四キロ）の行程にある。また、同郡大門《だいもん》宿は、日光御成道《おなりみち》の第三番目の宿場で、日本橋からの行程六里余である。

浦和宿は、現在のさいたま市浦和区常盤・仲町・高砂・東高砂・東仲町に相当する。中央を南北に旧中山道が縦貫し、それに沿ってJR京浜東北線が通り、西を国道一七号が通る。埼玉県庁・さいたま市役所・浦和地方裁判所が所在し、JR京浜東北線浦和駅の西口には、商業ビルのコルソと伊勢丹浦和店、東口には浦和パルコがあり、駅周辺と旧中山道沿いは商業用店舗が多い地域となっている。

大門《だいもん》宿は、現在のさいたま市緑区大門と東大門に相当する。西を国道一二二号、東北自動車道が南北に通り、中央を東西に国道四六三号越谷浦和バイパスが通る。南をJR武蔵野線が東西に走り、東を綾《あや》瀬《せ》川《がわ》が北から南へ流れる。平成一三年（二〇〇一）には埼玉高速鉄道浦和美園《みその》駅が開設され、一四年には大門の北、上野田にさいたまスタジアム2002、同一八年にイオンモール浦和美園も開業している。

浦和宿・大門宿とも、かつての宿場町の面影は文化財などに見ることができ、町の短冊型の地割にも色濃く残っている。

浦和宿・大門宿の項を読む

浦和宿については、冒頭に「浦和領十三村ノ本郷ナリ」と記し、古くは浦和町とも呼ばれていたという。民家は二〇八軒で、用水がないため旱魃の被害に患わされる土地柄である。中山道の宿場であるが、ここに宿駅がいつ置かれたかは明らかでなく、近村白幡村の小名に本宿という所があり、いつの頃かその宿を浦和の地に移されたという伝えがある。宿場が高台に設置され、家数も周辺の村と比較して多いことがわかる。また、浦和宿では毎月二・七の日に市が立ち、穀物・木綿布の類を交易していた。小名に御殿山《ごてんやま》の記述がある。現在の常盤公園付近にあたり、近年の発掘で近世初頭将軍家御用の建物遺構も見つかっている。

大門宿については、日光御成道の道幅が四間（七・二メートル）、民家は一五四軒、東南の宿入り口からは岩槻宿へ向かう脇道の日光御下道があると記している。昔は鳩ケ谷宿から岩槻宿へ直に人馬を継いでいたが、里数が遠いため、願い上げて大門宿が宿駅となったという。その頃までは大門村と唱えていたのを、駅場となり大門町と改め、その後に宿と改めたという。正保年代（一六四五〜四八）の武蔵国絵図には「大門村」と見え、元禄年代（一六八八〜一七〇四）のものには町と記され、宿と唱えるのはこの後と考え

浦和宿市場定杭

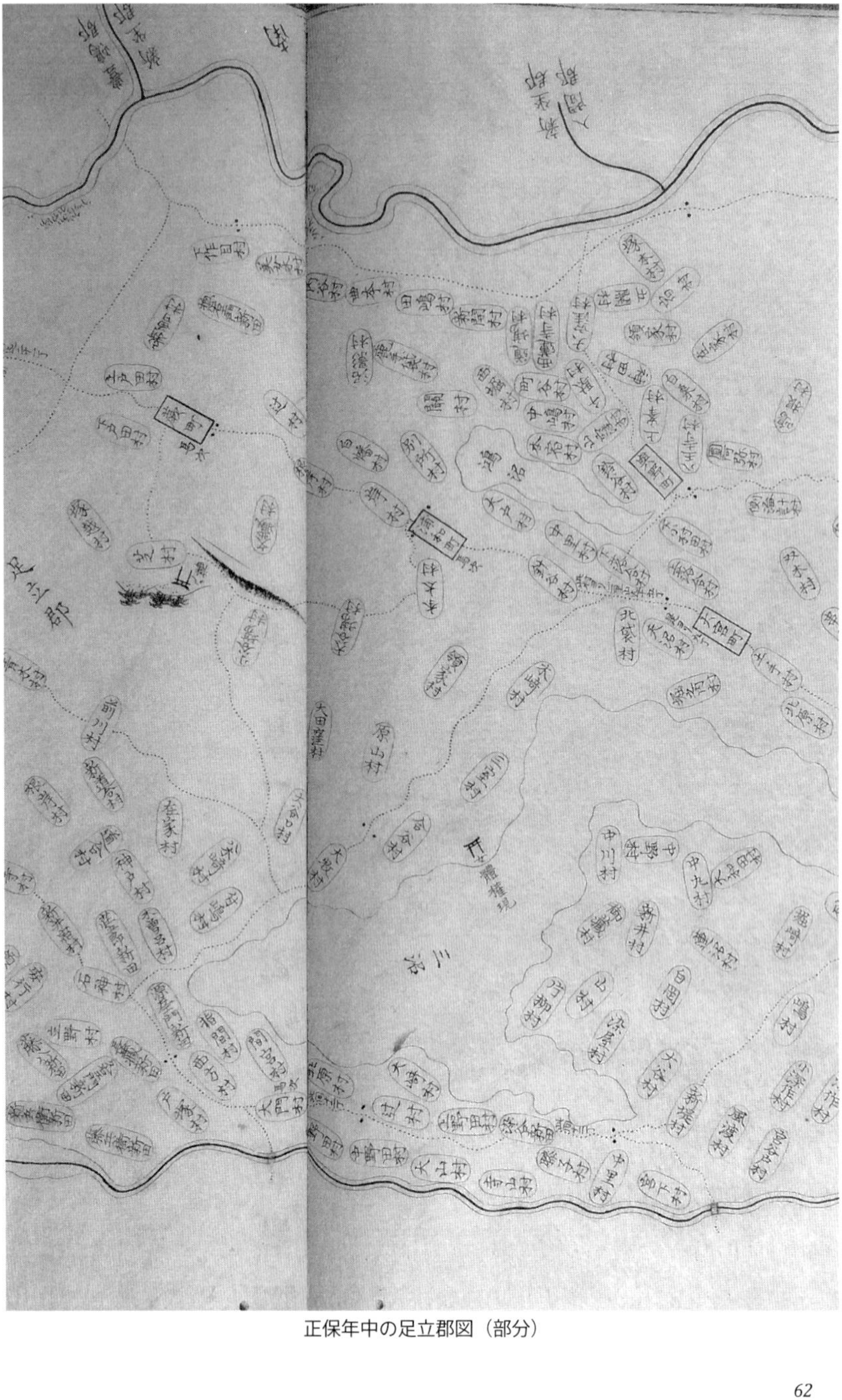

正保年中の足立郡図（部分）

られるとしている。村↓町↓宿の変遷の説明が興味深い。日光御成道は将軍の日光社参のための特別な道であり、脇道についても「御下道」と敬称が付されている。道幅は、中山道の半分ほどであったことがわかる。

「旧家」の記載を考える

『風土記稿』の各宿町村の項の中には、「旧家」「旧家者」として、旧家の役職、氏姓やその系譜、所持の古文書・古武具などについて記し、古文書の影写や古武具の図も掲載している。荏原《えばら》・都筑《つづき》・多摩・新座《にいざ》・足立郡は「旧家」、その他の郡は「旧家者」で項を立てている。『風土記稿』の凡例には、「旧家」などは「旧本に其目なし」とあり、旧家等の記載は、『風土記稿』編纂の特色となっている。旧家の記載が多い郡は多摩（一〇一家）・橘樹《たちばな》（五九家）・荏原（四七家）で、少ないのは賀美（〇）・横見（一家）・男衾《おぶすま》（二家）・那賀（二家）である。

足立郡内の村の中で記載されている旧家は二八家である。例えば、古千谷《こぢや》村（現足立区）の権蔵《ごんぞう》（花井）は、徳川家康の関東入国以来、御鷹野の御用を務め、家康からの拝領品を蔵している。鳩ヶ谷《はとがや》宿（現川口市）の喜市《きいち》（船戸）は、名主・問屋・本陣役を兼帯し、中世文書を二通所持している。旧家として取り上げられる家の多くは、系図・記録や古文書・遺品などを持つが、伝承のみの家でも収録されており、掲載基準はあまり明確なものではないといえる。また、取り上げられる由緒や記録は、家康に関連する事項や、徳川幕府に関連するものが優先され、紀州家御鷹場などに関連した事柄は全く記載されていない。

浦和宿本陣星野家と大門宿本陣会田家は、嘉永四年（一八五一）に幕府道中方勘定へ本陣由緒書を提出している。この由緒書を見ると、両家とも中世からの由緒のある家で、由緒の品もある「旧家」といえる。しかし、『風土記稿』では、両家ともに旧家として取り上げられていない。星野家は、所有の古文書三通が掲載されているが、家の由緒の記載はない。両家とも、紀州家御鷹場の鳥見役を代々務め、

大門宿本陣会田家表門

紀州家に提出する由緒書はこの頃には所持している。しかし、幕府との関連のない由緒は採用されなかったのか、家の由緒の記載は全くされていない。会田家では、この頃紀州家に提出する家の由緒書やかなり整った家の系図も作成されていた。さらに、『風土記稿』編纂の調査に影響されてか、この頃から幕府との関係にも触れた由緒書の編纂の動きが始まり、本陣由緒書に見られる内容になっていくのである。

［兼子　順］

【参考文献】
・兼子順「日光御成道大門宿本陣由緒書」『浦和市史研究』第1号（浦和市、一九八五）
・兼子順「近世後期における家と系図─紀伊徳川家鷹場鳥見役会田家にみる系図編纂─」『浦和市史研究』第7号（浦和市、一九九二）
・『浦和市史　第三巻　近世史料編Ⅲ』（浦和市、一九八四）

城下町の建設過程──入間郡川越町（埼玉県川越市）

城下町川越

川越城は武蔵野台地の一部である川越台地の東北端に位置し、台地の周辺は赤間川《あかまがわ》が取り囲むように流れている。川越城は、長禄元年（一四五七）上杉持朝の家臣の太田道真・道灌父子によって築城された。その後川越城は、小田原を拠点にして関東経略をめざす後北条氏の「支城」となったが、天正一八年（一五九〇）秀吉軍の関東攻めにより降伏した。江戸時代になると、川越城は江戸の北方の守りとして重要視され、譜代や親藩の有力大名が配置された。

川越の城下町は、城の東側が低湿な平野となっているため、西側の台地上に形成された。川越地方の代表的地誌『武蔵三芳野名勝図会』（一八〇一成）によると、川越の定期市は元亀・天正（一五七〇～九二）の頃よりあって、月九回の九斎市に定めたのは正保・慶安（一六四四～五二）の頃としている。『新編武蔵風土記稿』に収録されている川越城下、江戸町の次原家文書によれば、天正一九年に川越城主酒井重忠は、川越の連雀衆に「れんちやく町新宿に立申上ハ諸役ゆるし置候」との文書を出している。これは諸国を行商して歩く連雀商人を積極的に城下町に組み入れる城下町振興策と考えられている。

城下町の姿を探る

「河越城幷城下町」の記述および収載の「河越城下図」から川越城下の姿を読み解いてみよう。なお川越の表記については、『風土記稿』では中世に多く用いられた「河越」を用いているが、ここでは「川越」に統一した。

城下町の道路網

江戸時代において城下町を計画的に建設、造成することを「町割《まちわり》」といい、その中心となるものは、道路網と地域割であった。

川越城下の道路網は川越城の西大手から西に向かう道路と、それと高札場のある「札の辻」で交差する南北の道路を基軸としている。この道幅は七間三尺（一三・六メートル）もある広い道路であった。また、城下には四方から道が通じていたが、その主要なものは川越城西大手から南に向かう「江戸道」である。川越と江戸とを結ぶ重要な街道で、「川越道中」とか「川越往還」と呼ばれた。この街道の城下町部分の道幅は六間二尺

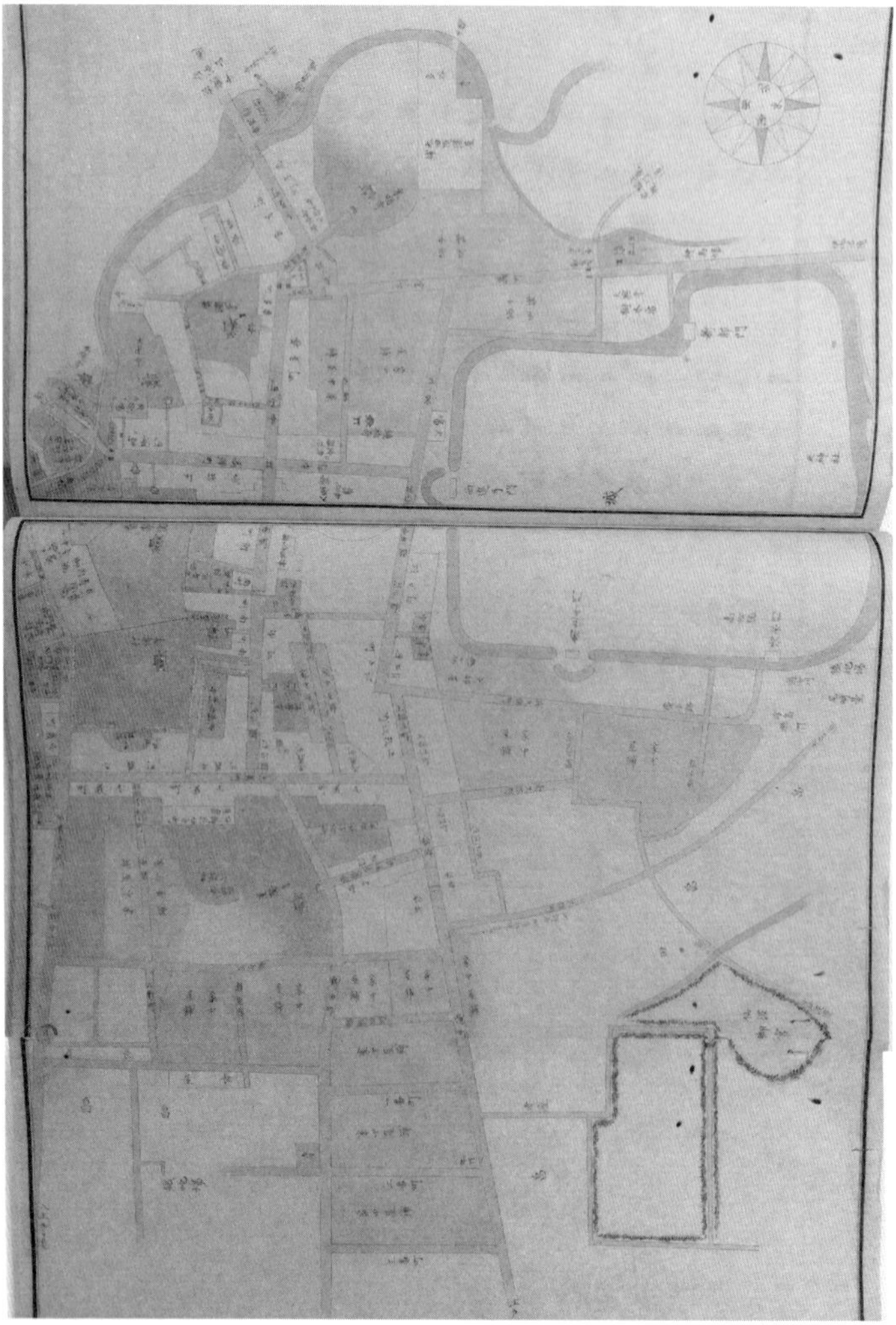

河越城下町図

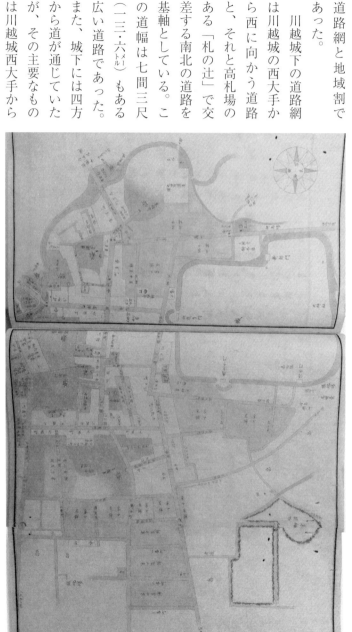

（一一・五メートル）あり、二か所に鉤の手の屈曲を持っていた。このような屈曲やT字路は城下町特有の道路網で、戦に備えた軍事的配慮の一つである。

城下町の地域割

次に川越城下の地域割を見ると、武家地と町人地が明確に区分されている。城下町における士庶別居住区制によるものである。『風土記稿』では、「侍屋敷」と「城下町」に項目を分けて町名を記載している。

侍屋敷の地名を城下図で見てみると、まず川越城西大手の北側と南大手の周辺にまとまって配置されていることがわかる。ここには上・中級の家臣が配された。また町人地等を挟んでその外側にも侍屋敷がある。ここは中・下級の家中屋敷で、とりわけ江戸道・府中道沿いには足軽屋敷が置かれていた。「一番町」「二番町」「三番町」がそれである。

一方商人や職人が住む町人地は、川越城西大手の西側に展開している。川越城下の町人地は、「十ヶ町四門前」といわれ、周辺の村々（郷分）とは行政的に区分されていた。「十ヶ町」とは、本町・江戸町・喜多町・高沢町・南町の上五町と、志多町・多賀町・志義町・鍛冶町・上松江町の下五町をいう。また「四門前」とは、城下の養寿院・行伝寺・妙養寺・蓮馨寺の門前町のことで、管轄は寺院に属していた。慶応三年（一八六七）の「川越町諸色明細帳」では、十ヶ町の家数六〇八軒、四門前の家数二三四軒、総人口四四八六人となっている。

十ヶ町の内、上五町は定期市を順番に開催する権利をもっていた。上五町の町々は城下の幹線道路に面しており、宿駅の人馬継立の役である伝馬役も負担していた。一方下五町は、上五町の周囲に成立している町々で、多賀町・志義町など職人由来の町が含まれる。そのため上五町は商人町、下五町は職人町という性格をもっていた。

『風土記稿』の「城下町」の項には、これら十ヶ町四門前のほかに、十ヶ町の外と記され裏宿・宮ノ下・杉原町や十ヶ町持ち添えの耕地である町郷分、そして松郷・脇田村などの村名が記されている。こ

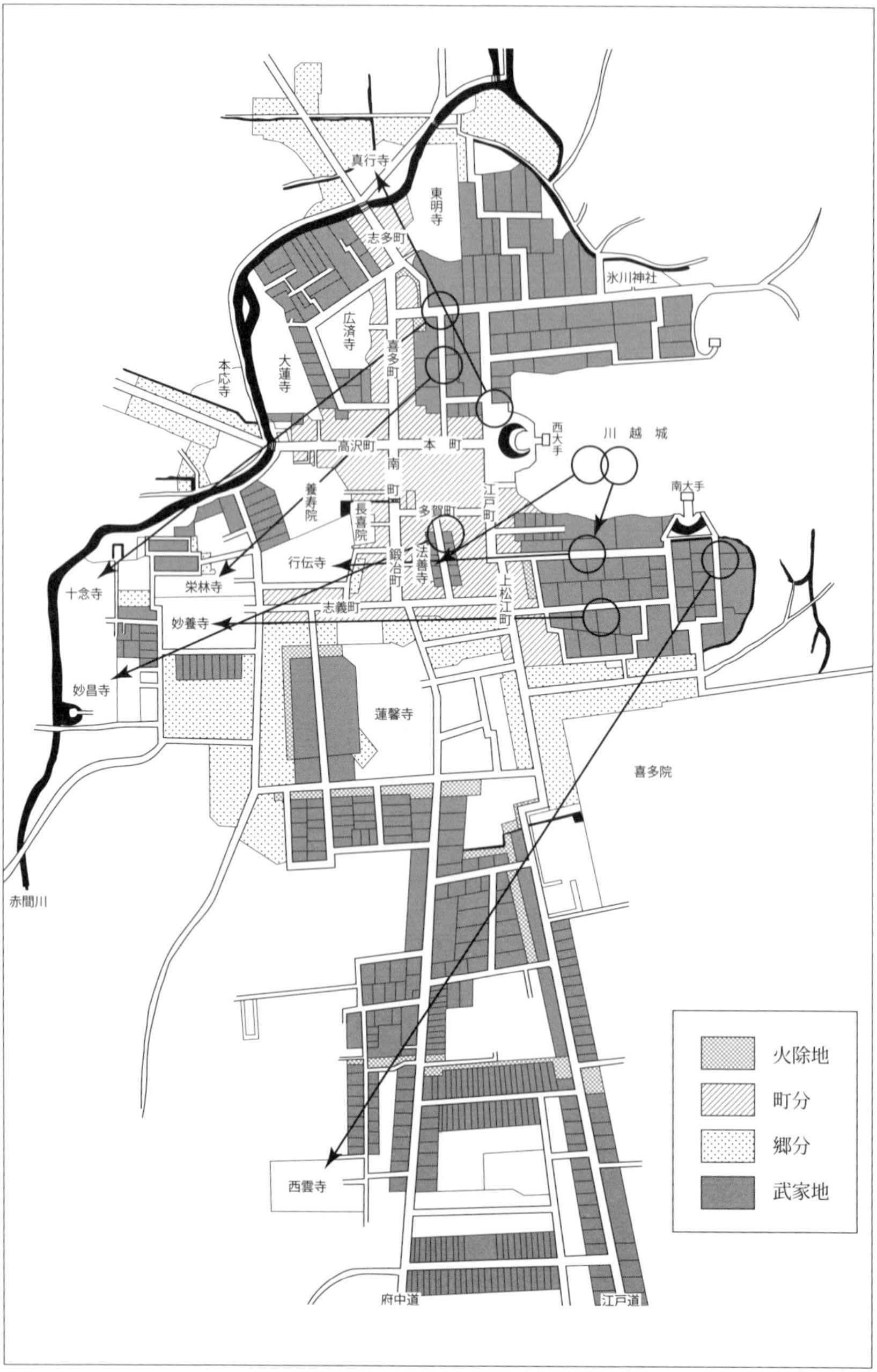

川越城下の町割と寺院の移動

れは、川越城下が本来の町分である十ヶ町四門前から次第に拡大し、隣接する村々までが町場化しているる状況を示しているのであろう。

寺院の移動

次に川越城下町の建設の時期を寺院の移動をもとに考えてみよう。『風土記稿』などに記されている移動寺院とその時期は次のようになる。

行伝寺（元和六年）、常蓮寺（元和年間）、妙養寺（時期不明）、妙昌寺（天和元年）、十念寺（元和元年）、真行寺（時期不明）、識法院（元和年間）、栄林寺（時期不明）、法善寺（時期不明）、西雲寺（天和年中）

川越城下の寺院は、町の北から西側を回り南にかけて、十ヶ町を取り囲むように分布している。これは町人地の周辺部に寺社地を配置するという町割の考え方による。ところが先にあげた移動寺院の旧地をみると、川越城に近い城下の中心部にあたる。移動によって町の周辺部に配置されたことがわかる。寺院の移動は、寺院側の都合ではなく城下町の町割によるものと推測される。そのため寺院の移動が集中する元和年間（一六一五～二四）は、川越の城下町形成期と考えることができるだろう。元和年間は二代目川越城主酒井忠利（在城期間一六〇九～一七）の時代で、まさに川越藩政の確立期であった。

［大野政己］

【参考文献】
・『川越市史　第三巻近世編』（川越市、一九八三）
・『町割から都市計画へ―絵地図でみる川越の都市形成史』（川越市立博物館企画展図録、一九九七）

武蔵野の原風景―入間郡亀窪村（埼玉県ふじみ野市）

入間郡域の特徴と村々

近世の入間《いるま》郡域は、北を比企《ひき》郡、東を足立郡、南を新座《にいざ》郡と多摩郡、西を高麗《こま》郡に囲まれた部分と、北と東を比企郡、南を高麗郡、西を秩父郡に囲まれた部分の二地域で構成されている。ここでは前者のうち、おおよそ入間川、荒川（新河岸川《しんがしがわ》）、柳瀬川で囲まれた北武蔵野地域を取り上げる。

この地域は、河川に近い台地上に中世以来の古村が展開し、河川から離れた部分には近世以降に誕生した新田村が展開、新田村のうちの相当数は、武蔵野の原野を切り拓いて成立した、耕地のすべてないしは大部分を畑方が占めるものである。このため、時代が降り新田村が次々と誕生するにともない、武蔵野の原野の面積は徐々に減少していくことになる。

以下、『新編武蔵風土記稿』の記述に従えば、「ワヅカニモ存」する武蔵野の原野に隣接する亀窪《かめくぼ》村について紹介していくことにする。

亀窪村の項を読む

入間郡亀窪村は、埼玉県ふじみ野市西南部、新河岸川右岸の台地上に立地し、川越街道が村域の東部を縦貫、おおよそ現行のふじみ野市亀久保、西鶴ヶ丘、緑ヶ丘、鶴ヶ舞、大井武蔵野といった行政地名を持つ部分に該当する。

『風土記稿』の亀窪村部分冒頭では、河越城の東南二里（約八キロ）、江戸からは八里（約三二キロ）の場所に位置していること、そして東は駒林村、南は大井村、北は鶴岡村に接し、西は武蔵野に続く、東西一里（約四キロ）、南北一九町（約二キロ）の村であるとする。民家は八九軒、その多くは川越街道（「河越道」）

の両側に集中的に分布し、以前から川越藩の支配を受け、寛文元年（一六六一）と延宝三年（一六七五）の二度にわたり検地を受けていること、高札場は村のほぼ中央にあるとしている。そして、村の西方向へと広がる武蔵野に関して詳述されている（後述）。

続いて、亀窪村内の寺社に関する記述となる。すなわち、村民持ちとする稲荷社（現在後掲の神明社に合祀）、地蔵院持ちの神明社（ふじみ野市亀久保）、地蔵堂（武蔵野木の宮地蔵、三芳町上富）、地蔵堂の別当寺である地蔵院（ふじみ野市亀久保）、地蔵院境内に所在する薬師堂の順に記されている。これらの中で、現在の行政区画を超えた三芳町上富に所在する地蔵堂の記述がなされていることは異色である。この地を拠点として後述する武蔵野（三富《さんとめ》新田）の開発が進められたのであるが、地蔵堂にまつわる縁起自体は「妄誕」（言説に根拠のないことの意）としながらも、この堂が古いものであることは周知のことであり、そこに納められる像も由緒があるのだろうとしている。

武蔵野地域と紀行文

『風土記稿』の亀窪村に関する記述は、多くが「武蔵野」の説明に費やされている。これは先にも触れたが、当村の西側部分が武蔵野の原野に接していた事情による。すなわち、残された武蔵野の原野は、村の西南方向に続く東西一五町（約一・六キロ）、南北八町（約〇・九キロ）の地であるとし、亀窪村の旧家正左衛門家に遺された記録の記述に沿って武蔵野に関する諸相を説明、広大な面積を有していた頃の武蔵野に比べれば百分の一程度になってしまったかも知れないが、「名高キ所」が少しでも遺され今なお見ることができるということは、武蔵国にとっては「美事」（賞賛すべき事実の意）であるため、その様子を描いたものが「武蔵野図」であるとする。既に一九世紀前半の時点で、武蔵野の原野が武蔵国の中での名所として位置付けられていたことは興味深い。

さて、『風土記稿』の成立前、江戸で仕立屋を営んでいたとされる竹村（独笑庵）立義は、文化一五

亀窪村　武蔵野図

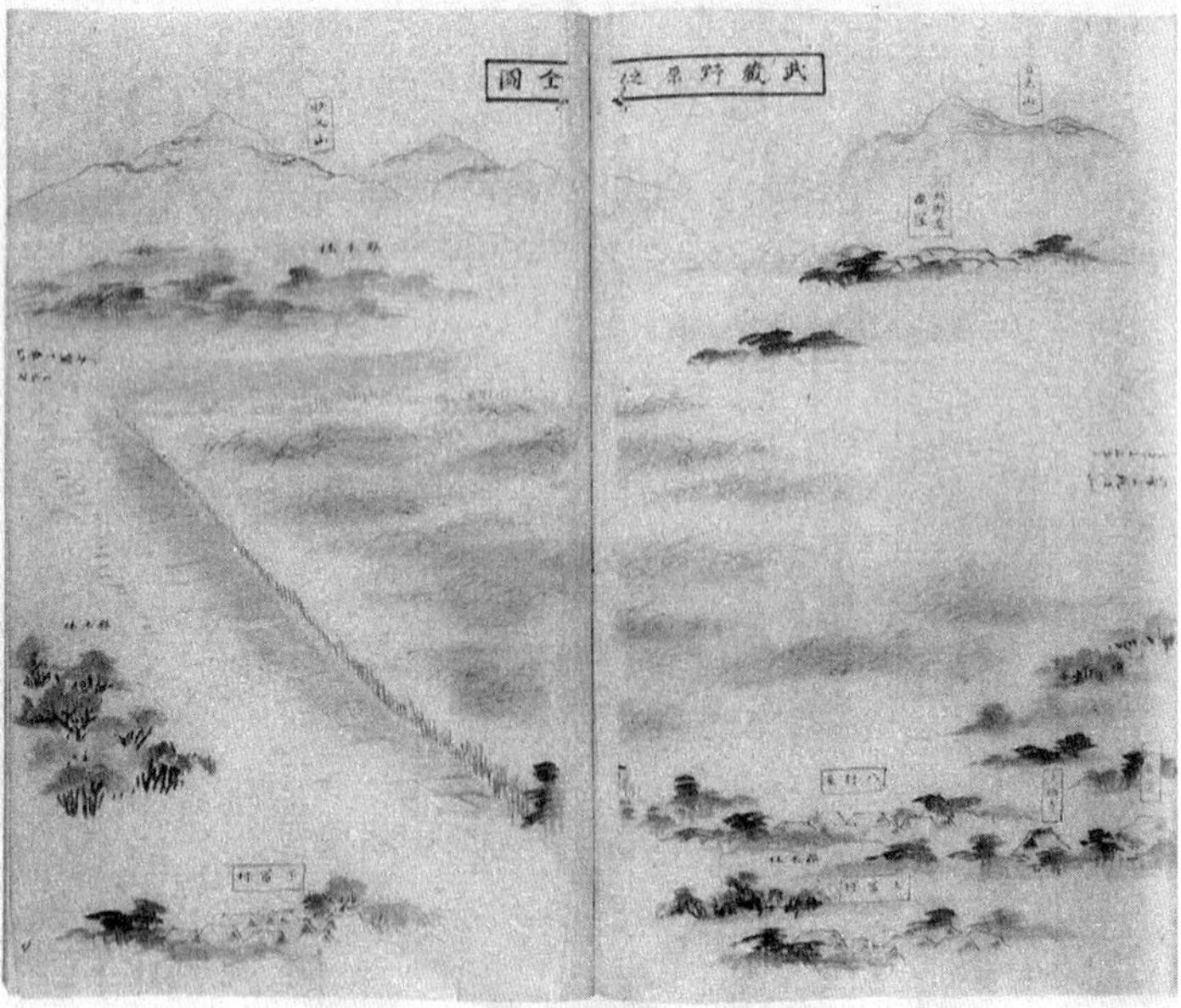

武蔵野原之全図（『川越松山巡覧図誌』）

年（一八一八）に江戸から川越・東松山方面を訪れ、その時の模様を『川越松山巡覧図誌』（別称『川越松山之記』）に記している。江戸への帰途で「武蔵野の原を一見し」たいと思った立義は、寄り道をして武蔵野の原野が広がる風景を目の当たりにする。「（前略）前後みな林なり、されど切事しげきにや、大木たへてなし、暫く行て武蔵野の原に出、東西二十町、南北十町程と云、廻りには畑あって、原と畑との境にまばらなる垣有、（後略）」という記述がなされている。四方に広がる雑木林は、定期的な伐採や間伐を行い維持・管理がなされているため、大木は見当たらない。しばらく行くと、立義は武蔵野の原風景に遭遇する。「武蔵野の原」の面積は、東西二〇町、南北一〇町と『風土記稿』の記載よりもやや広い数値になっている。そして、原野と畑の境界は、まばらながら垣根で仕切られていることもわかる。

ここで掲げた二点の風景図は、鳥瞰する方角は異なるものの、武蔵野の原風景をイメージしていくのに有効である。入間郡域の畑方を中心とする新田村落の多くは、これらの図に示されるような原野を開拓し、自然との過酷な闘いを経て、それを克服することにより、日常生活を維持し、農業経営の安定化をはかっていったのである。

［秋山伸一］

【参考文献】

・『三芳町史』（三芳町、一九八六）
・『埼玉県入間東部地区の歴史の道』（入間東部地区文化財保護連絡協議会、一九九三）

比企丘陵の景観と村絵図—比企郡赤沼村（埼玉県鳩山町）

赤沼村について

武蔵国の西部には広大な丘陵地が南北に延びている。「総説」では古文献から「南方北方の唱をわかつ」として、比企丘陵の広大さに触れている。赤沼《あかぬま》村は、「南方」に位置して、南を郡境である越辺川《おっぺがわ》に限られ、北限を秣場《まぐさば》に求めて丘陵内陸部に深く進入する。その村域は、鳩山町大字赤沼として現行政区に引き継がれている。

村名の謂われについての記述はないが、村内を延びる谷沿いには多数の古代窯跡が分布しており、国分寺瓦を大量に焼いていることからも、仏教文化との関連から「閼伽《あか》」を連想させるものがある。越辺川流域下流にも「赤尾」（坂戸市）があり、古代入間郡の豪族大伴部直赤男《おおともべのあたいあかお》との関連が注目される。同赤男は仏教の篤信者として知られている土豪である。

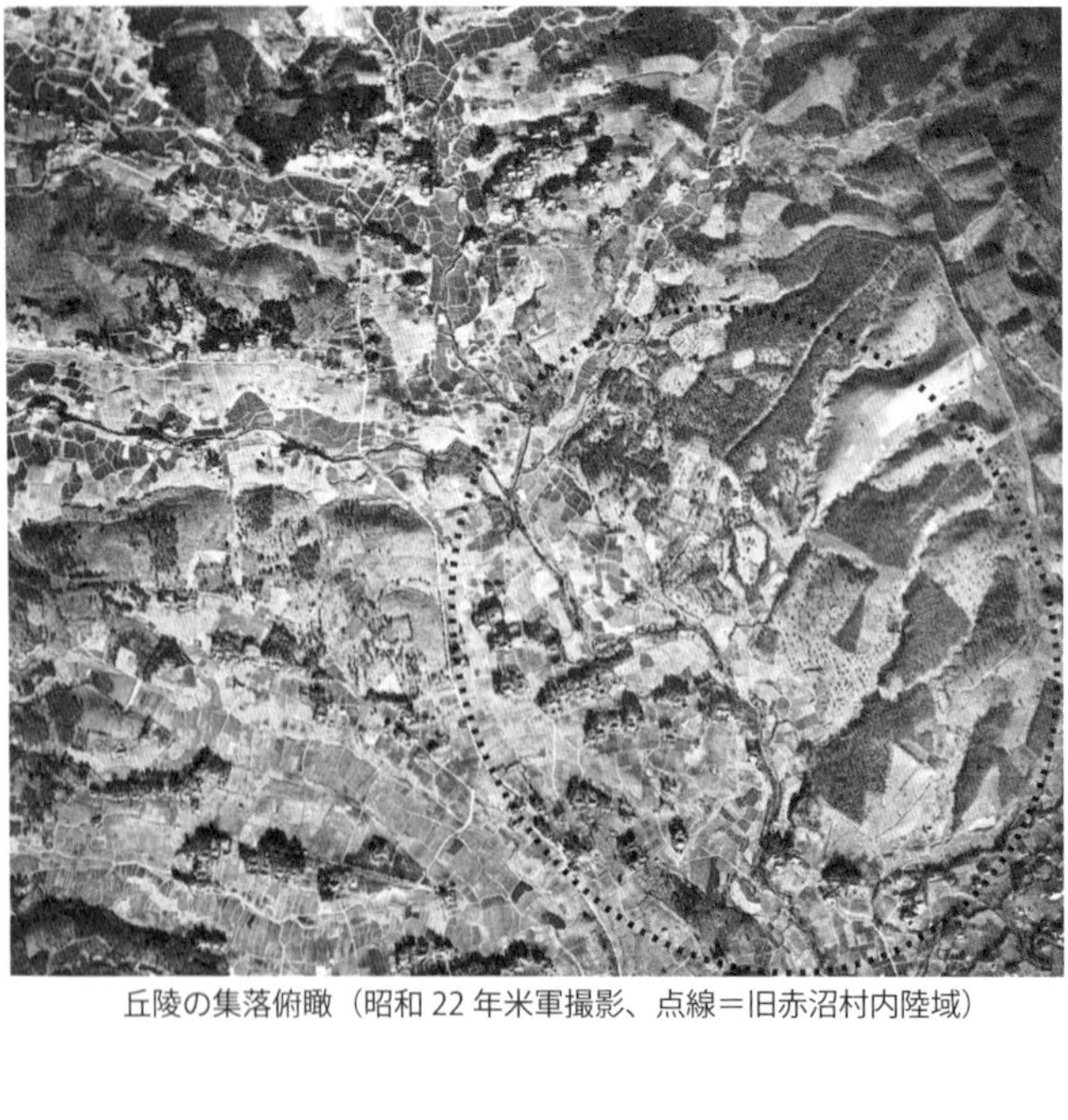

丘陵の集落俯瞰（昭和 22 年米軍撮影、点線＝旧赤沼村内陸域）

内陸部は道路状況を別にすれば、往時の村景を踏襲している。参考までに昭和二二年（一九七四）の空中写真で赤沼村（内陸部）とその周辺の景観を掲げておきたい。

赤沼村の項を読む

同村に割かれた分量は少なく、また丘陵村落にかかる特徴的な記述にも乏しいので、隣村部の記述ほか必要事項を適宜補いながら読んでいきたい。

まず目にとまるのが、冒頭の行程・帰属・四隣の内、隣接関係に現れる「北は今宿の條にいへる、七ケ村入會の秣場に接せり」の「秣場」である。堆肥の元となる芝（茅《ちがや》）の採草は、近世の農業にとって重要な生産行為の一環であった。丘陵地には各所に「秣場」が設けられていたが、特に南方最南端の赤沼村からその東に接する石坂村の秣場は大規模であった。石坂村の秣場（図）の場合は、同村部に「石坂山」として立項されている。同村芝野に入会権を有する対岸の入間郡諸村（入西《にっさい》一七か村）との利用権争いも一七世紀代から頻発継続している。赤沼村も寛文年間（一六六一～七二）に大きな秣場入会権の争いを経験している。『風土記稿』段階の記述（「七ケ村入会」）と比べてみると、村名に大きな出入りが認められない。当時の裁定（寛文五年）が、長く生かされていたのであろうか。

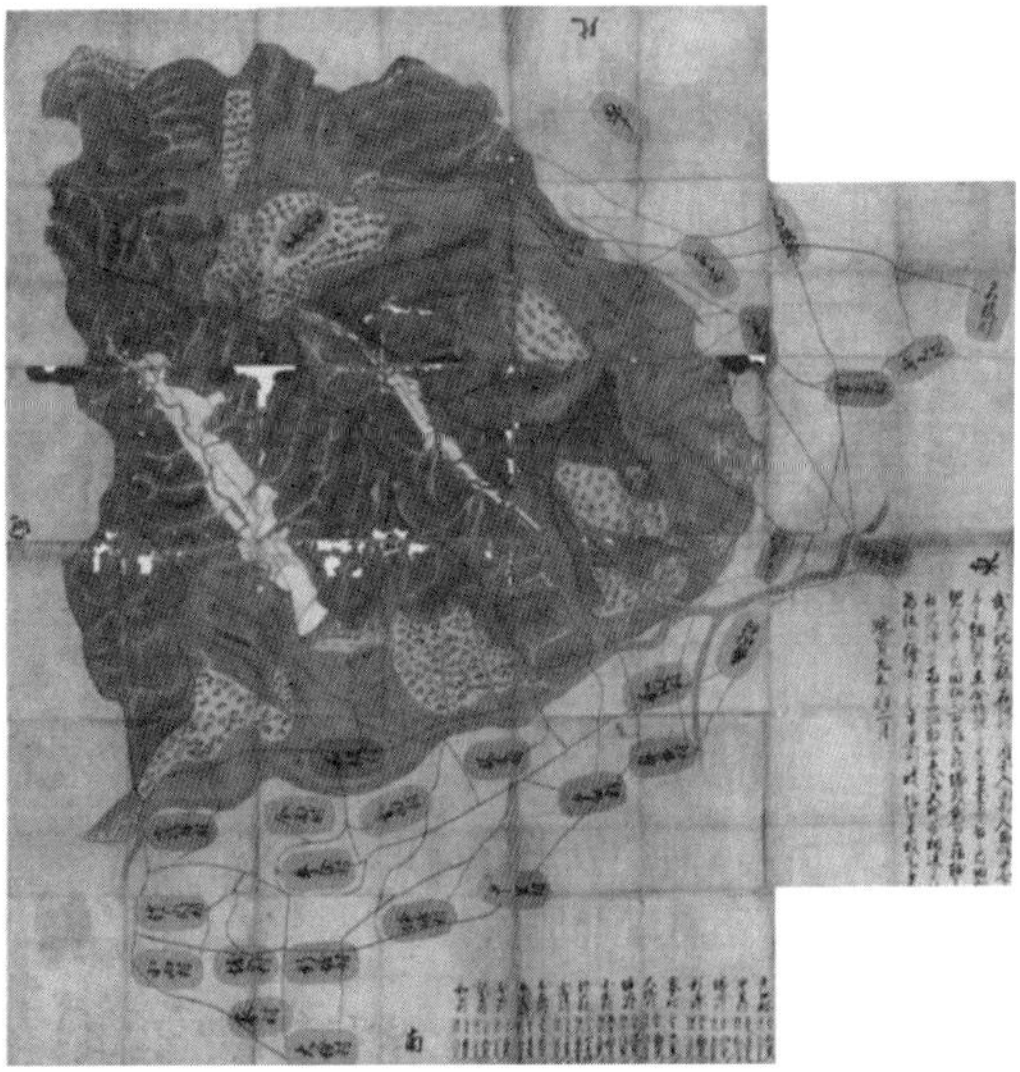
延宝5年石坂野開発絵図（石坂区有文書）に見る石坂村と秣場

次に村の支配関係の変遷が記されるが、この部分は後述に回し、寺社の項を読んでいきたい。赤沼村には三か寺（円正寺・実蔵院・密蔵院）が書き上げられている。三か寺はそのまま民家の分布域に対応している。寺院の筆頭に掲げられたのは、家康の江戸入城翌年の天正一九年（一五九一）に早くに寺領五石を安堵された、禅宗の円正寺である。鳩山町域の寺院は、同村の他の二か寺とともに真言宗寺院が圧倒的に優勢であるが、これは町域の板碑の傾向（大日如来）を近世に受け継ぐ継続性のあるものである。この点、越辺川流域の寺院である円正寺は内陸部とは様相を異にしている。中世段階から禅宗（臨済宗）である。

赤沼村の鎮守として記されるのは、氷川社（「実蔵院持ち」）である。当該地域（鳩山町域）の内陸部は、地域固有社ともいうべき黒石神社が優勢である。神社の関係でも内陸部とは信仰形態を異にしている。比企郡は、坂東三十三所観音巡りで一郡中に三か寺を有する札所巡りのメッカであるが、その地域版である「入比坂東三十三所観音札所」があり、赤沼村の観音堂を付随する密蔵院が一九番札所にあてられている。

赤沼村と一枚の古絵図

『風土記稿』は赤沼村の支配の変遷を簡潔に記述する。御料所→寛文四年・旗本一給地→宝永元年（一七〇四）・御料所→正徳元・二（一七一一・二）年旗本三給地→享保一九年（一七三四）・旗本支四給地。図は上記秣場争論の裁許図であるが、『風土記稿』記載の諸村と比べると、未見の村が見いだせるほか、丘陵集落を特徴づける情報が描き込まれている（以下のａ～ｍは図中に対応）。

①今宿村は寛文段階では未成立であったこと（ａ）。
②未見の水穴村が確認できること（ｂ）。
③「御林」（ｃ）「明神山」（鎮守の杜）（ｄ）と「水穴村芝野」（ｅ）「石坂芝野山」（ｆ）に描き方の相違が認められること。すなわち、後者が裸山（芝山）であったこと。
④溜池が谷ごと（ｇ～ｊ）に認められること。

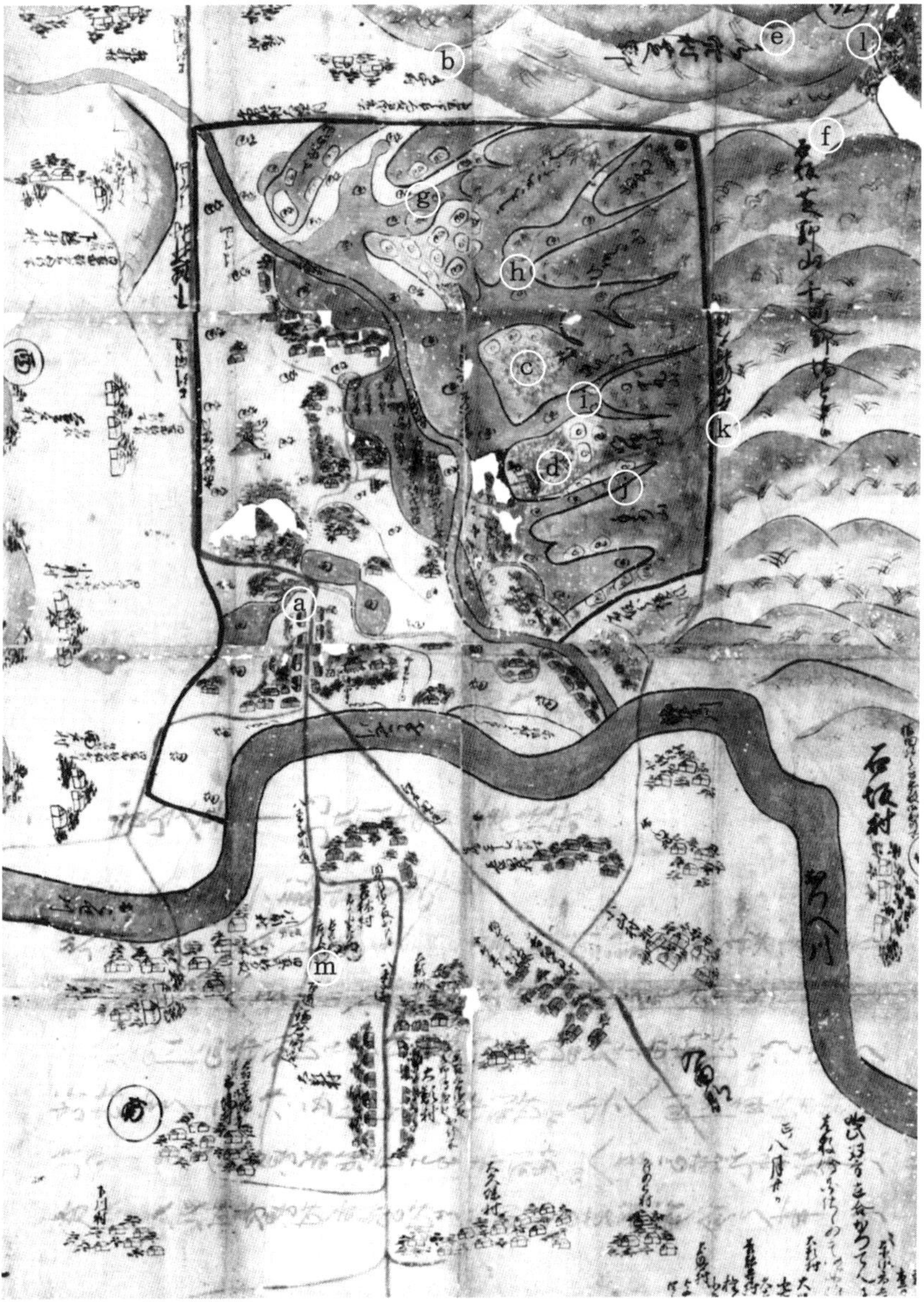

寛文５年赤沼村絵図（赤沼村行政文書）に知る村情報

①③については、後掲参考文献で詳細な論証が加えられている。『風土記稿』でいう「御料所」段階における代官支配の様相を、「寛文四年・旗本一給地」に再編的に引き継がれていく過程を含めて具体的に描出している。別に発掘調査の成果（後掲参考文献）もあることから在村町場の総合的研究の一例としても貴重である。

③は、今日的な「里山」観（雑木林）とは大きく異なるものである。東側の「赤沼村大境」（k）からは、「古道」に関する情報が得られる。大境とされた道路は直線的に延びているが（踏査済み）、山が既に芝山の状態であったことで初めて実現できる直進性である。しかも坂東三十三所の第九番正法寺（l）への参詣道でもあることから、その開削時期は、「芝山」を遡らないことになる。

②については、『風土記稿』比企郡総図の正保図にも元禄図にも見えない消えた村名である。

④は、丘陵集落の農業生産にとって欠かすことのできない存在であるが、「秣場」とともに一七世紀中頃に描かれている点に高い希少価値が認められる。

なお、赤沼村の域内には、図の大類村に示された「古道鎌倉開道（鎌倉街道上道）」（m）が縦断している。発掘調査では、内陸で一二世紀末に遡る館や付随する在家が複数単位で発見されている。流域側では室町時代に遡る各種遺構や遺物が検出されている。農業用種壺と考えられる一六世紀後半代の常滑焼の伝来品も域内の個人宅から発見されている。近世丘陵集落の多くは、中世の谷の開発の延長にある。簡潔に編集された『風土記稿』には、このように多くの「過去」が凝縮されている。

〔渡辺　一〕

【参考文献】

・大舘右喜「まぐさ場や村ざかいの争い」「村の中の宿場―今宿の成立―」（『近世鳩山図誌』鳩山町史編さん調査報告書第八集、鳩山町、二〇〇五）
・『今宿東遺跡群Ⅲ』鳩山町埋蔵文化財調査報告書第三四集、鳩山町遺跡調査会・鳩山町教育委員会、二〇〇九）

「褒善者」吉田市右衛門の活動―幡羅郡下奈良村（埼玉県熊谷市）

下奈良村の位置

埼玉県北部に位置する熊谷市は、江戸時代に中山道の宿場町を中心に栄えた。その熊谷の旧宿場町から群馬県太田市へ向かう道があり、国道一七号線沿いにある八木橋百貨店の西側から北行する現在の県道太田熊谷線である。今はバスが通っており、道中には熊谷寺《ゆうこくじ》・報恩寺《ほうおんじ》・集福寺《しゅうふくじ》・観清寺《かんせいじ》などの寺院を見ることができる。バスで三〇分ほど行くと、妻《め》沼《ぬま》（熊谷市）に至り、近年国宝建築に指定された聖天堂のある妻沼聖天山《しょうてんざん》がある。その北の瑞林寺《ずいりんじ》を過ぎると、利根川が東流しており、刀水橋《とうすいばし》を渡ると、そこは群馬県太田市である。

その熊谷と妻沼のほぼ中間に位置するのが、下奈良（幡羅《はたら》郡下奈良村）である。静かな田園風景が広がっており、用水が網の目のように張り巡らされている。春夏は米作、秋冬は麦作という二毛作が盛んに行われている主穀生産地域である。

下奈良村の項を読む

さて『新編武蔵風土記稿』に記載された下奈良村を追ってみよう。幡羅郡の最後の項目が下奈良村であり、吉田市右衛門である（巻二二九）。下奈良村

吉田市右衛門宗敏肖像画

の項の半分以上を「褒善者吉田市右衛門《ほうぜんしゃ》」の記述が占めている。

下奈良村の項の冒頭では、支配関係に多くの記述を割いている。当初は幕領であったが、徐々に旗本知行が増えていき、明和三年（一七六六）には旗本中山・植村・朝比奈・石川・内藤・彦坂・依田氏の知行となっていた。いわゆる旗本相給《あいきゅう》知行の村落である。一村が旗本七氏によって知行されていたのであり、それに合わせて、下奈良村では知行主ごとに名主が置かれていた。つまり、近世後期には一村に七人の名主がいたのである。

次に、小名が記されている。一三の小名が挙げられているが、現在も葉草《はぐさ》や原はバス停の名称として使われている。

さらに、村内の寺社が記述されている。なかでも集福寺の項が詳細である。上野国新田郡太田町（群馬県太田市）にある曹洞宗金龍寺の末寺であり、万頂山と号し、幕府から朱印地二〇石を与えられている。永仁六年（一二九八）に没した円明国師が臨済宗として開山したが、永正年間（一五〇四～一一）に桂室秀芳が曹洞宗に改めて中興開山したとされる。開基は成田下総守親泰（法名貞岡宗蓮庵主）とされ、出家して下奈良村に隠居して集福寺を建て、大永四年（一五二四）に没したという。居蹟は境内の少し西にあったとされる。その後、徳川家康が忍城から周辺地域で鷹狩りをした時に集福寺に立ち寄り、住僧桂岩（慶長三年・一五九八没）が御目見えを許され、後の慶長年中に江戸へ召され、江戸に寺地を賜り、金峯山高林寺を草創したという。

続いて、集福寺には天正一八年（一五九〇）に豊臣秀吉から出された禁制を所蔵しているとし、全文が掲載されている。この文書は、現在も同寺に伝存している（『熊谷市史』資料編2古代・中世）。

褒善者吉田市右衛門

『風土記稿』では、「褒善者吉田市右衛門」を立項する。当代の市右衛門（宗敏《むねとし》）は、旗本植村氏知行所の名主役を務め、苗字帯刀を許されている。その事績を紹介しよう。

吉田家の由来は、享保一一年（一七二六）に四方寺村（熊谷市）吉田六左衛門家から下奈良村の土地四町四反（四・四ヘクタール）を与えられて分家したことに始まる。六左衛門家は、成田氏の家臣であったが、同氏の没落後に農民として四方寺村に土着したという。分家の背景には、六左衛門家が隣村の下奈良村の土地を質地金融によって多く取得したことにあったと考えられている。

分家した市右衛門＝初代宗以《むねとも》（一七〇三～一七九二）は、農業に力を注ぎ、余力のある時には熊谷宿へ出て白木綿を売買し、少しずつ利潤を蓄積した。さらに、質物金融で富を成した。宝暦年間（一七五一～六四）には名主役となったが、明和年間（一七六四～七二）に隠居して子の久弥に家業を譲っている。

久弥は市右衛門と改名した。二代宗敬《むねたか》（一七三九～一八一三）である。安永五年（一七七六）六左衛門家の酒造株のうち高一五石を譲り受け、酒造米三〇〇石を醸造し、享和三年（一八〇三）には久保島村三右衛門から酒造株を買い取り、酒造米高は七二〇石におよんだ。その後、寛政二年（一七九〇）には、幕府から「御試関東上酒造方《おためしかんとうじょうしゅぞうかた》」を命じられて、酒造定行司役《しゅぞうじょうぎょうじやく》となった。以降、御買上酒のほか、御初穂酒として幕府に樽酒を上納している。

また宗敬は、天明三年（一七八三）の浅間山噴火により近郷の村民が困窮していて、中山道熊谷宿定助郷夫役を勤めることが困難であったため、積銭してきた貯蓄から金一五〇両を幕府へ上納し、利子を熊谷宿へ下賜して、下奈良村の負担を免除するよう願って許されている。その後も、寛政元年（一七八九）に利根川通御普請所組合助成金として金五〇〇両を上納し、苗字御免となった。同四年には荒川通奈良堰用水組合助成金として金三〇〇両を上納し、数度の奇特の行いを賞して一代帯刀を許された。

三代市右衛門宗敏（一七八三～一八四四）も、先代の上納金を継続して行った。文化一〇年（一八一三）には熊谷宿助郷村々助成金として金一五〇〇両を上納し、一代帯刀を許された。その後、文政元年（一八一八）には日向《ひなた》・四方寺・下奈良村の困窮民の救済のために金一〇〇〇両を上納することは許されなかったが、その金で江戸町内にて家質《いえじち》を取り、その利息で窮民を扶助した。同九年には荒川通玉井《あらかわどおりたまのい》・大麻生堰用水組合助成金として金六〇〇両を上納した。また、同一一年には江波《えなみ》村名主伊三郎が発起し、羽生《はにゅう》町場村の名主弥右衛門が協力して、利根川備前堀圦樋《びぜんぼりいりひ》・川除普請助成として金五〇〇両を上納している。このほかにも、吉田家文書などにより上納金を行っていることが知られる。

　さらに、天明三年の浅間山噴火における窮民に対して食糧を施し、本家の四方寺村六左衛門家の衰微に対しては、金五〇〇両の相続金を出資した。また、寛政期以来の冥加酒上納の褒美である白銀を積み立て、近郷の貧民子弟の就学を援助し、村内の捨子・老人・病人らを扶助した。また、熊谷石橋・新堀大橋などの数か所を石橋に架け替えた。

　このような多くの事蹟を紹介して、最後に『風土記稿』では、次のように締め括っている。

　吉田市右衛門は、村内の助けとなることは大小となく、その資金を厭わず速やかに行う。近隣の民が知ろうが知らなかろうが、市右衛門三代の事業は称嘆すべきものである。凡人は既に富裕となって、なおかつ名誉を得たならば、驕奢に流れるものであるが、今でも倹約を守り、「譲退」を専らにすることは、実に「希世」の「美事」である。三代にわたって幕府から賞美を得ていることも、よいことであるとしている。『風土記稿』の記述の中でも、このような記載は少ないのではなかろうか。

幡羅郡の調査と吉田市右衛門

『風土記稿』では、なぜ幡羅郡の最後に市右衛門の記載が、これほど多く割かれているのだろうか。

　地誌調出役の廻村調査において、幡羅郡は文政五年（一八二二）に行われ、下奈良村にも八月三日に地誌調御用出役の朝岡伝右衛門泰任・築山茂左衛門正路が調査に来ている。その時の旅宿先が吉田市右衛門（三代宗敏）宅であった。地誌調御用出役は、翌四日に周辺村々の村役人を集め、調査方法を言い渡し、翌五日八ツ時に中奈良村へ行き、寺社調査と朱印状の書写を行った。

　この時、下奈良村では、八月四日に名主七名から出役へ取り調べの書付を提出した。この文書の写しが確認できる（文政五年「武蔵国幡羅郡地誌調書上」、国文学研究資料館所蔵　吉田家文書26Ｒ－69）。これによると、先に紹介した『風土記稿』の下奈良村の項には採用されなかった記載もあって興味深い。この調査だけで終わっていれば、先に紹介したような吉田市右衛門の記載はなかったであろう。

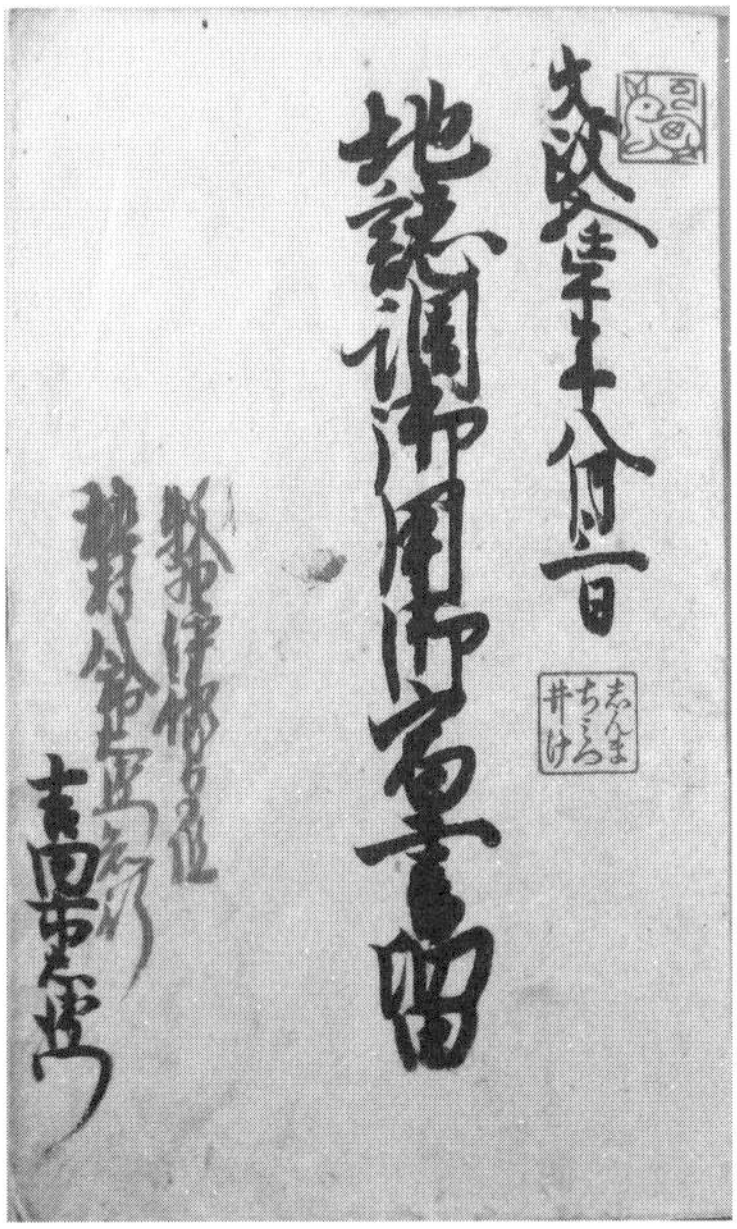

吉田家の「地誌調御用御宿書留」

　ところが、『風土記稿』の浄書が進行していた文政一二年六月に追加調査が行われる。先の調査において、地誌調出役から吉田市右衛門は、幕府から許された苗字帯刀の由緒を別に提出するよう求められていたが提出していなかったため、追加調査において催促をされたのである（『風土記稿』に記載されている幕府から苗字帯刀を許された村人は合計八名で、市右衛門はその中の一人であった）。早速、市右衛門は日記や諸証文の写しを計二冊作成して、七月二一日に江戸の昌

集福寺にある吉田市右衛門宗敏墓

平釁へ赴き、地誌調所の玄関で出役の朝岡泰任へ手渡している。二冊の提出書は、天保四年（一八三三）に市右衛門へ返却された。幕府にとって苗字帯刀を許した吉田市右衛門の由緒書のような情報が重要だったのであろう。こうして、『風土記稿』に多くの記載がなされたのである。

以上、吉田市右衛門について見てきたが、下奈良村のほぼ中央にあった市右衛門の屋敷は現存せず、跡地は現在更地となっている。ただ歴代市右衛門の墓が集福寺にあり、今も地域を見守り続けている。

［栗原健一］

【参考文献】

・浜館貞吉『吉田家五世の事蹟一斑』（大日本偉人顕彰会、一九三四）

・白井哲哉『日本近世地誌編纂史研究』（思文閣出版、二〇〇四）

・熊谷市教育委員会編『吉田市右衛門家文書「記録」』〈熊谷市史料集1〉（二〇一四）

両神山麓のむらの暮らし—秩父郡薄村（埼玉県小鹿野町）

秩父の村々概観

　秩父郡の村々には、比企郡に接している東秩父村や飯能市の一部である名栗などが含まれ、それぞれ峠を越えて、秩父盆地とそれを取り巻く数多くの村がある。盆地内の村々は、溜池などを利用した田もあるが、傾斜地にある村は田はなく畑だけの村があり、その周囲は山である。

　生業である仕事は、農業のほか、養蚕はどこの村でも行い、それに山仕事がある。

　紙漉きは、現在の飯能市の村、和紙の集散地である小川町に接する東秩父村、それに、皆野《みなの》町、小鹿《おが》野《の》町、秩父市の群馬県に近い山村で行われている。

　材木は筏にして搬送するが、その仕事に携わるのは、上名栗や下名栗などの江戸に近い村、さらに、荒川沿いの、久那《くな》、日野、贄川《にえかわ》などの村、最も山深い大滝と限定される。

　秩父郡内の物産の集散地は、秩父大宮郷、上小鹿野村、下吉田村などである。

　大宮郷は、市立てのある所は九町半余り、道幅はおよそ六間（一〇・八メートル）である。毎月一・六の日に市が立ち、一一月一日

薄上郷出原の集落

から六日までは妙見の祭（秩父夜祭のこと）で特に賑わい、交易するのは、生絹や横麻などである。

薄村の項を読む

薄村は、東西四里半（一八キロ）余り、南北一里余りであり、両神山の麓から流れ出す薄川に沿った東西が長い村であり、上中下の三郷と薬師組とに四分されている。戸数は六六五軒という大きな村である。谷筋に沿った村は、畑を開き、焼畑も行う。住まいは、川を南にした日当たりの良い所である。下郷と薬師堂の二組は平地が多くなる。平地の一部が、天水に頼る水田である。全体では山林が多い村である。

農業のほかに、男は木を伐り薪にして運び出している。女は絹・紬・太織・横麻・木綿などを織っている。上郷の人は、冬から春にかけて紙漉きをしている。この村の産物は、絹・横麻・大豆・小豆・煙草・檜《ひのき》・栂《つが》などであり、煙草は秩父郡の名産であるが、特に薄村が第一であるという。

両神山に至る道があり、三里余りである。両神山

薄村　両神山之図

薬師堂

の名は、いざなぎ・いざなみの二神を祀っていることからきているという。それに八日見山《ようかみさん》ともいうのは、日本武尊《やまとたけるのみこと》が、秩父郡を通る時に、この山を見て八日におよんだことによるという日本武尊の伝説がある。また、両神権現社があり、この神社は、山の神の眷属《けんぞく》といい、盗賊・火難除けのための山犬を貸し出している。お犬様の信仰は秩父では三峰山を初め広く見られるが、三峰山より古くから貸し出しているとある。信仰の範囲は近国および諸郡におよび、お金を払い守護札を受けて帰るという。

　このように、両神山については、図を掲載しているとともに、記事も多く、学ぶことが多い。

　そして、法養寺、この寺の薬師堂の記事も多い。薬師の立像は弘法大師の作とある。村内の山居に弘法大師が来てこの像を彫刻したという。また弘法の井戸の伝承もある。薬師堂内には十二神将があり、願主のことなども知ることができる。それに、秩父の観音順礼の道筋にもあり、天正七年の順礼札が掲載され、順礼の際に薬師堂に参詣していたことがわかる。

旧家は三人が掲載され、それぞれ多比良《たいら》氏、黒沢氏、出浦《いでうら》氏である。出浦家は中郷の名主の家であり、文書も残されている。このように村の歴史を具体的に知ることができる。

秩父郡の焼畑を見る

秩父郡の傾斜地の村々では山を開き焼畑を行ってきた所が多い。特に、『風土記稿』でも焼畑の記述があり、具体的な記述については、焼畑の比重が高い村である浦山村や古大滝村で見られる。それらについて、見ておきたい。

浦山村。焼畑は山の中腹または嶺にある。粟・稗・大豆・小豆・蕎麦などを作る。二十年茂っていた山の草木を春夏の間に切り倒し、よく枯れた頃に火をかけて燃やして灰とし、それを肥料にして種まきをし、収穫する。四、五年耕作をして止め、他の場所を焼畑にする。

古大滝村。本畑は二割で、八割は山林を開いた焼畑である。収穫する作物は、浦山と同じで、粟・稗などである。焼畑のことを「指」ともいう。さすと読む。焼畑をする場所に

廬《いおり》ヲ結ヒ。夫妻子母コヽニ移住シテ播種シ。禾熟ノ時ニ至リテハ。昼ハ猿ヲ衛リ。夜ハ鹿ヲ逐ヒ。夫妻ミナ処ヲ異ニシ。アナタコナタト山ヲ越ヘ。谷ヲ隔テヽ。仮リノ小屋ニ通ヒテ。夜ナ〳〵板木ヲ打。或ハ声ヲアゲテ。猪鹿ヲ防クコト風雨トイヘドモ怠ラズ其艱難知ンヌヘシ

とあるように、焼畑を害する動物から作物を防ぐ様子が具体的に書かれ興味深い。

［飯塚　好］

【参考文献】
・『りょうかみ双書4　昔がたり』（両神村、一九九一）

第三章
『新編武蔵風土記稿』の挿図に郷土を観る

『新編武蔵風土記稿』挿図の概要

浄書稿本挿図の特色

絵図や挿絵は豊富な情報を含むので、地域の歴史資料として大変重要視されている。本書が対象とする『新編武蔵風土記稿』の挿図についても、かねてから利用されてきたが、その多くは明治一七年刊の和装本またはそれを底本とする雄山閣版（以下「雄山閣版」と略す）で、挿図は木版である。本書では、その原図である国立公文書館所蔵の浄書稿本を用い、生き生きとした肉筆画の筆致を紹介したい。さらに、今後の利用の便を図るため、挿図の総目録を作成して本書の巻末に掲げた。この第三章では、その中から一七のテーマを取り上げ、さまざまな視点から考察を加えている。

まず、挿図目録の作成過程で気の付いたことをまとめておきたい。

浄書稿本の原図と雄山閣版の木版画を比べると、描写の密度が異なるのは当然であるが、雄山閣版は画面の左右への広がりが少なく窮屈に感じる。また、浄書稿本では画中の短冊形に、堂社やその他の事物の名称を詳細に書き込んでいるが、雄山閣版ではそれがかなり省略されている。そのため何を描いているのか、詳しい絵解きをすることができない。その一例として、川越の東照宮の図を掲げた。

また、浄書稿本にある挿図が雄山閣版では省略されている例が、多摩郡と秩父郡でいくつか確認できる。これらは、巻末の挿図目録では標題欄に「雄山閣版図脱」と注記した。図が抜けてしまったのは、たんなる手違いではなく、本文の「左図ノトオリ」という箇所まで削除されているので、理由は未詳であるが意図的に行ったものであろう。両郡とも

浄書稿本の川越小仙波村の御宮図（東照宮）

明治 17 年刊和装本の川越小仙波村　御宮（東照宮）

八王子千人同心が担当した地域であり、それが刊本作成時点にまで何か影響を与えたのであろうか。なお、『風土記稿』編纂と八王子千人同心については、本書第一章を参照のこと。

（巻末挿図目録より作成）

比企 (159)	横見 (46)	埼玉 (424)	大里 (44)	男衾 (34)	幡羅 (59)	榛沢 (84)	那賀 (14)	児玉 (65)	賀美 (33)	秩父 (86)	22郡 (3080)
12	4	21	0	4	3	6	1	2	1	47	293
13.2	11.5	20.1		8.5	19.6	14	14	32.5	33	1.8	10.5
5	3	11			2	3		1		13	137
		2						1		3	27
						1				1	16
1		4		1					1	8	28
1							1			9	23
1				1	1	1				2	16
										4	9
										2	2
4	1	4		2		1				5	35
11	0	22	1	7	2	1	1	4	0	29	228
14.4		19.2	44	4.8	24.5	84	14	16.2		2.9	13.5
		3						1		6	23
		6	1								38
1		1		1	1					1	21
3		8		3	1	1	1	2		1	41
2		2		2						2	22
1										7	17
2										4	11
2		2		1				1		8	55
23	4	43	1	11	5	7	2	6	1	76	521

表　『新編武蔵風土記稿』に掲載される挿図の郡別・主題別一覧

郡名（村数）	豊島 (119)	葛飾 (290)	荏原 (95)	橘樹 (130)	久良岐 (54)	都筑 (73)	多摩 (433)	新座 (34)	足立 (434)	入間 (257)	高麗 (113)
1　景観図	12	23	9	5	16	1	62	9	20	13	22
＊１点当たり村数	9.9	12.6	10.5	26	3.3	73	6.9	3.7	21.7	19.7	5.1
①寺社境内	9	13	9	3	7	1	23	5	14	5	10
②集落							17	2		1	1
③名所・名物	2			1	5		4		1	1	
④河川・池沼・滝	1	2					4	1	1	3	1
⑤山・岩					3		4			2	3
⑥関所・渡し・橋		4					5		1		
⑦産業							1	1			3
⑧民俗											
⑨古墳・城跡・墓地		4		1	1		4		3	1	4
2　古器物図	20	23	11	6	8	4	40	1	12	16	9
＊１点当たり村数	5.9	12.6	8.6	21.6	6.7	18.2	10.8	34	36.1	16	12.5
①彫刻	2	4		1	1		3			1	1
②武具	7	5	5		2	1	6		2	2	1
③仏具	1	2	3		1		2		4	2	1
④鰐口		1	1	1	1	1	7	1	1	6	1
⑤鏡・懸仏	3	1		2			4		2	1	1
⑥出土品				1		2	4		1	1	
⑦石造物	1						2				2
⑧その他	6	10	2	1	3		12		2	3	2
総　計	32	46	20	11	24	5	102	10	32	29	31

収録挿図の概要

挿図の内容は、寺社の境内などを描写した景観図と、武具や仏具などの古器物図に大きく分けられる。景観図は、見開き二頁を原則として、たまに三頁目にはみ出るものもある。さらに、大寺社や眺望図では四頁にわたることもある。その場合、雄山閣版では後の二頁分を「其二」とするが、浄書稿本では四頁のものも原則一点として扱っている。巻末の挿図目録でもそれに従い「二枚続」と注記をした。

古器物図は点数も多く、挿図と本文との境界が不明確な分野もある。例えば、古文書や棟札、板碑など文字や銘文を主体とするものは、雄山閣版では本文と同様にみえるが、浄書稿本をみると原文書と同じ草書体で書かれている。おそらく影写本や拓本を掲載しているので挿図として扱うべきであろうが、点数も多くこの挿図目録には割愛した。なお、古文書については、本章「古文書」の項で検討している。

こうした挿図が『風土記稿』にどのように掲載されているか、巻末の挿図目録をもとに表を作成した。これにより景観図の掲載状況をみると、一二二郡三〇八〇か村で一九三点である。郡別では、多摩六二、秩父四七、葛飾二三、高麗二一、埼玉二一、足立二〇点などが多い。これを村数との関連でみると、全体では一〇・五村に一点の割合であるが、郡別では秩父郡の一・八村に一点が飛び抜けて高く、久良岐三・三、新座三・七、高麗五・一、多摩六・九、男衾八・五などが平均より高い。そして絶対数と割合どちらも高いのが、多摩・高麗・秩父の三郡である。この三郡の調査・執筆を担当した八王子千人同心が、挿図の作成に力を入れていたのであろう。

一方、古器物図は総数が二二八点と景観図より少ないが、前述した古文書が一二〇〇点以上あり、さらに板碑などの石造物で銘文だけを収録しているものも多数ある。それゆえこの表は部分的な状況しか示していないが、郡ごとの特色は、景観図と同様に多摩・高麗・秩父の三郡や、豊島・葛飾・荏原など江戸の周辺地域に多いことを指摘できる。

主題からみた挿図の特色

まず、巻末の挿図目録に記した挿図の標題の付け方について述べる。景観図の標題は、八王子千人同心が担当した多摩・高麗・秩父の三郡と、幕府の地誌調所が直轄したその他の諸郡とでは異なる。調所が担当した諸郡では、基本的に図の右上方に標題を記入している。一方、千人同心の担当した三郡では、標題のない挿図が多く、書かれている場合は短冊形の枠中に書き込まれ、その場所は画面で一定していない。浄書稿本では標題がこのように区々であるが、雄山閣版ではほぼ一律に付されている。その付け方は、浄書稿本に標題があるものはそれを踏襲しているが、ないものは新たに付したようである。巻末の挿図目録では、雄山閣版にのみある標題には〔　〕を付して区別をした。

次に、さきの表と巻末の挿図目録により主題ごとの特色をみておこう。ここでは、二九三点の景観図を、標題と図柄から九つに分類してみた。

もっとも多いのは、①の「寺社境内」の一三七点で、実に景観図の四六パーセントを占める。図の名称は、神社は「〇〇社地図」、寺院は「〇〇寺境内之図」、たんに「〇〇寺図」とするものが多い。神社と寺院では描写の力点も異なるようにみえる。寺院では境内の堂社を描くことに力点がおかれ、神社では社殿を点景として周辺の風景が一体的に描かれる。これは、寺院と神社の自然との和み具合から当然ともいえるが、興味深い対照である。

②の「集落」と分類した図は、多摩郡に特徴的にみられるもので、特定の主題がなく村落の風景が描かれている。いずれも浄書稿本には表題が無く、雄山閣版で「何々村図」とされている。八王子や秩父大宮町（秩父市）など町場の家並み図や、川越や岩槻の城下町図もここに含めた。③の「名所・名物」は、金沢八景のような風光明媚な地と、梅や桜など花の名所である。④の「河川・池沼・滝」は水に関する景観である。河川の眺望図や池沼の景観図だけでなく、見沼代用水の掛樋や各地の堰など用排水施設の図も含めた。⑤の「山・岩」は、山地の自然景観が

中心である。⑥の「関所・渡し・橋」は、交通に関する施設である。⑦の「産業」は数は少ないが、紙漉や石灰焼き、縄市などで特色のある図である。⑧の「民俗」も数が少ないが、⑦と同様に秩父にみられる。⑨の「古墳・城跡・墓地」はいわゆる史跡である。古墳については、古器物図の⑥「出土品」で扱われるものもある。城跡は、戦国期のものが主体であるが、小菅御殿や小室陣屋など近世初頭の史跡も含まれる。なお、景観図については、近年美術史の観点からも詳細な研究が進められている。

次に古器物の挿図をみる。これらはすべて本文の中に差し込まれており、「左図ノトオリ」などの指示があるだけで、特別の標題は付されていない。そこで、本文から適宜標題を採録し、括弧を付して所有者なども補記した。古器物の収録基準は、まず第一にその地域の歴史に関わる重要な銘文があることのようにみえる。①「彫刻」、④「鰐口」、⑤「鏡・懸仏」などは、銘文を収録することに眼目があるようで、仏像などは現存する優品も銘文がなければほとんど掲載されていない。つぎの基準は、著名な人物の遺品などで、これはどの器物にもみられるが、特に②「武具」や⑧「その他」に多い。いわゆる由緒の品で、歴代徳川将軍では、家康と家光に関連する品が多い。「その他」では、奇木や象骨など動植物も含まれる。

［重田正夫］

【参考文献】

・鶴岡明美「国立公文書館蔵『新編武蔵風土記』挿図についての考察―江戸後期官撰地誌における景観表現の一例―」（お茶の水女子大学大学院『人間文化論叢』8号、二〇〇五）

・鶴岡明美「同前（2）―支配者の側から見た実景の表現―」（お茶の水女子大学大学院『人間文化論叢』9号、二〇〇六）

・鶴岡明美「同前（3）―題材選択の特質と新主題の開拓をめぐって―」（お茶の水女子大学大学院『人間文化創成科学論叢』10号、二〇〇七）

寺社の境内（１）—木下川薬師浄光寺（東京都葛飾区）

葛西領の名刹・木下川薬師

浄光寺は、東葛西領上木下川《かみきねがわ》村にある天台宗の古刹である。『新編武蔵風土記稿』に「古縁起」とある嘉暦二年（一三二七）「青龍山薬師仏像縁起」には、天台宗の開祖最澄の作と伝えられる本尊薬師の由来が記載されている。

縁起によれば、最澄は東国教化を発願して薬師如来の木像を彫刻していたが、神霊のお告げにより、未完の像を下野国大慈寺の僧広智に託した。関東に下向した広智は、ある日下総国木下川で唱翁と名乗る老人に出会い、請われるままに薬師像を唱翁の草庵に安置した。その後浅草寺に滞在していた僧円仁がこの薬師像の存在を知り、貞観二年（八六〇）弟子の慶寛に命じて一寺を建立させ、「浄光寺」と名付けたという。

中世の戦乱時、浄光寺の別当証円は寺院再興のため、領主奥津家定に願い出て、関東管領上杉憲実から、応永三三年（一四二六）別当職と寺領等の補任を得た。なおこの古文書は葛西領に現存する最古の中世文書である。

天正一八年（一五九〇）八月一日江戸に入府した徳川家康は、翌一九年に浄光寺に薬師供養料として五石の朱印地を与え、堂宇が改築された。元和元年（一六一五）「寺院法度」では、浄光寺は浅草寺末寺の筆頭格となる。翌年家康の死後、二代将軍秀忠は、江戸城紅葉山に霊屋を造営し、別当職に浄光寺を任命した。以降将軍家の祈願所として、また享保五年（一七二〇）三月八代吉宗の鷹狩り以降は御膳所に指定され、幕末まで存続した。

天保一一年（一八四〇）、火災により本堂は灰燼

上木下川村　薬師堂境内図

に帰したが、本尊ほか寺宝の大部分は難を免れ、今なお保存されている。

薬師堂境内図にみる諸社

『風土記稿』には、別当浄光寺、薬師堂として白髭社、辨天社、天神社・稲荷社二・辨天社、観音堂、仁王門、鐘楼、富ノ松、龍燈ノ松、閻魔堂跡の記述がある。これらと薬師堂境内図を対比してみよう。

挿図では、右下から松並木が続き、仁王門に至る。周辺は田園地帯を彷彿とさせる描写がある。並木手前には池があり、中の島のようなところに「辨天社」とある。

仁王門を入ると、右に辨天社がある。この辨天社は、護摩塩神の宮と号した。仁王門を直進すると、正面が薬師堂である。堂の大きさは六間・五間半で、「願王堂」の三字を扁していた。薬師堂から右廻りに、茅葺の観音堂・白髭社と天神社がある。池の対岸には稲荷社がみえる。

白髭社は、太神宮と山王を相殿とし、上木下川村と下木下川村の鎮守であった。山王の神体は丸石だという。薬師堂の傍らに、地を這うような長い枝ぶりの「富ノ松」がある。長さは一六・七間余（約三〇メートル）で、由来は不明という。龍燈ノ松は、この梢に龍燈が上ったためという。

　挿図では、薬師堂伽藍の上面が別当浄光寺の区画である。薬師堂の塀越しにみえるのが、享保九年（一七二四）銘のある鐘楼であろうか。

浄光寺の景観

　文化一四年（一八一七）の『遊歴雑記』（初編之上拾五）には、「表門ハ東面し、裏門ハ西より入て南に向い、境内又狭きにあらず、本堂ハ八間四面にして東に向えり、且本尊薬師仏ハ、慈覚大師の作となん、境内の松の年古たる花王山吹の又若干ありて、北は川にそひ東南ハ耕地を見晴し、四季折々の宴遊ハ足ぬべくそ覚ゆ、元より此地閑寂として、文雅風流にあそぶ徒の賞せざらんや、公折々光臨し給ひ、当寺を御膳所になさしめ給ひ、此辺をなぐさミ給ふも宜也」と記される。

　この描写は、明治四三年（一九一〇）発行の一万分の一地形図にみることができる。浄光寺は、東の

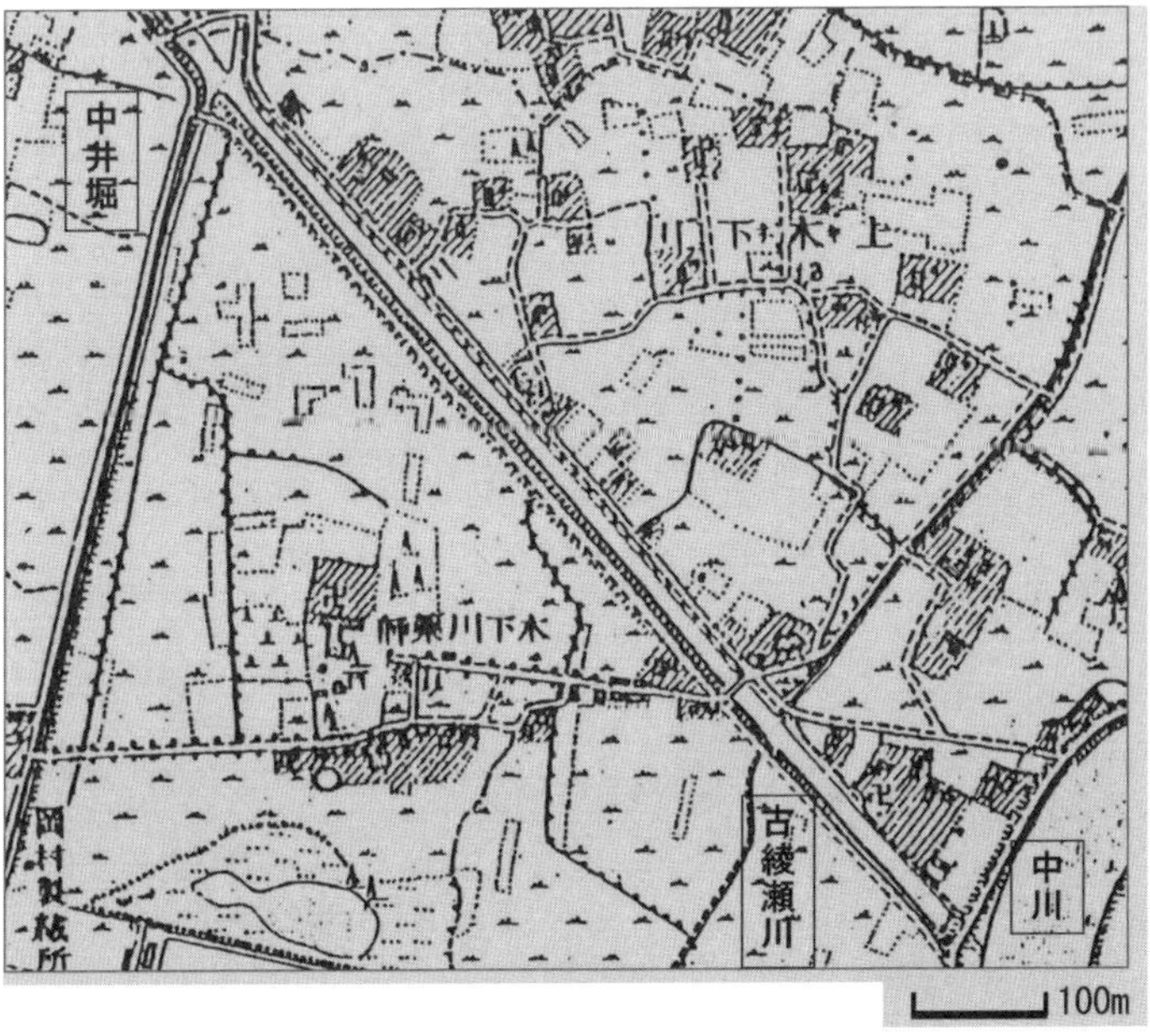

明治 43 年（1910）発行　１万分の１地形図にみる浄光寺

綾瀬川と西の中井堀に挟まれた水田地帯に位置する。これにより挿図は、南東方向から北西方向をみて描かれたことがわかる。

松並木の長さは、文化年間の『嘉陵紀行』によると、一丁余（約二〇〇メートル）とあり、地図上の長さとほぼ一致する。浄光寺は、古綾瀬川と中井堀に挟まれた低平な地にあり、薬師堂、墓域など広大な敷地を有していた。境内は杜若《かきつばた》の名所として、文人墨客が多く訪れた。

幕臣勝海舟もしばしば浄光寺を訪れ、明治一二年（一八七九）七月、西郷隆盛留魂碑を建立した。なお、この碑は、大正二年（一九一三）大田区南千束の洗足池に移された。

河川改修と浄光寺

浄光寺境内図に描かれた場所に、現在の私たちは行くことができない。明治四三年の水害で大洪水を引き起こした隅田川の捷水路（バイパス）として開削され、昭和五年（一九三〇）に通水した荒川放水路の中にあるからである。

大正五年の地形図には、「新荒川」と記された荒

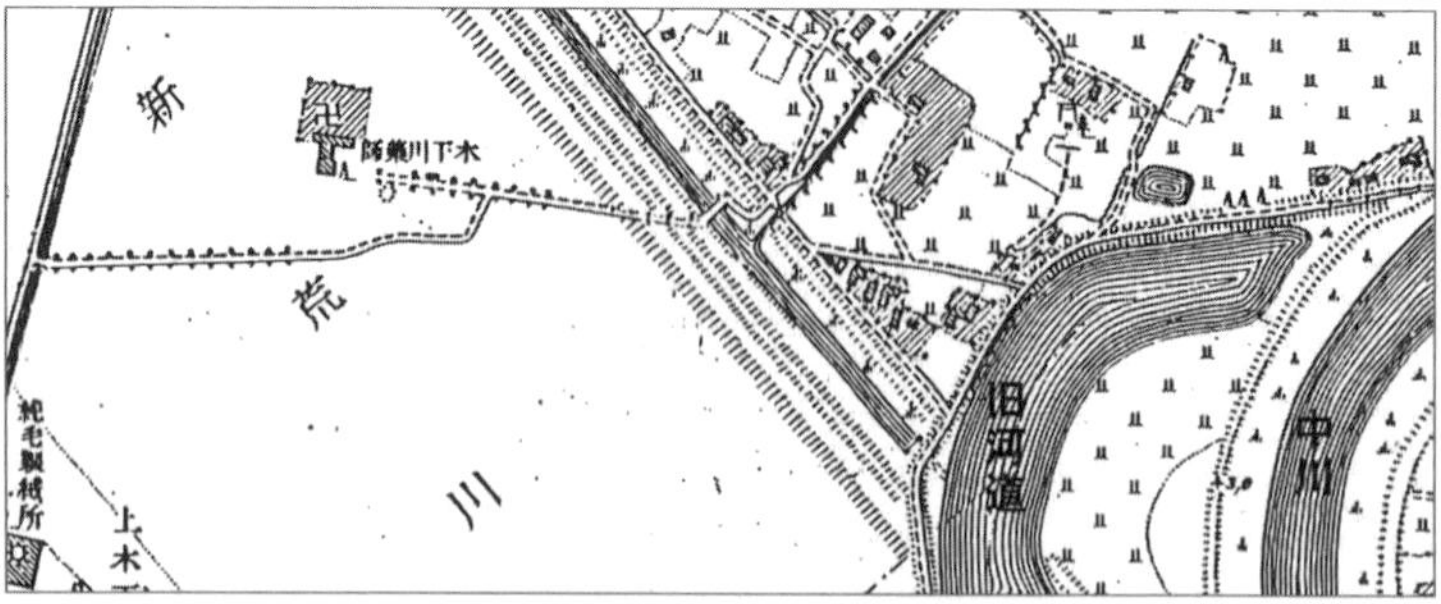

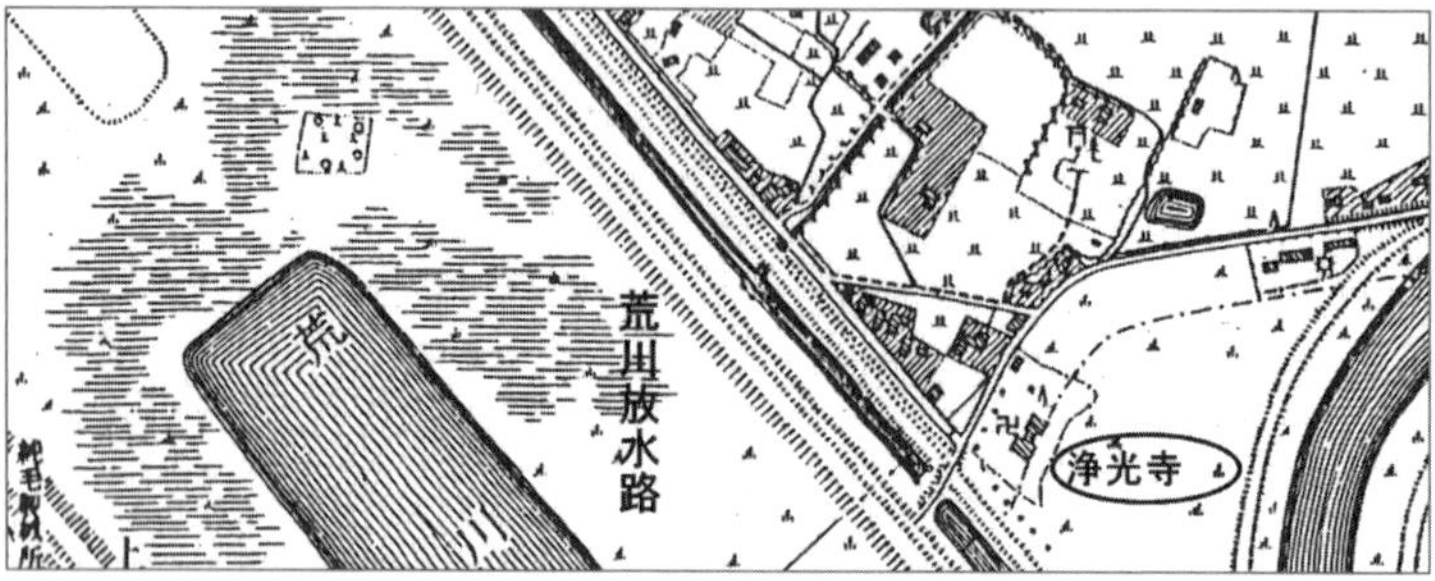

［上］大正5年（1916）発行　［下］大正12年（1923）発行　1万分の1地形図にみる浄光寺

川放水路のなかに、浄光寺がある。東の中川も、河道の付け替えが行われ、新河道が掘られて、かつての本流は旧河道となっている。さらに大正一二年の地形図では、寺跡のみを荒川放水路の中に確認することができる。

　大正八年五月浄光寺は、南東へ約六〇〇メートルの現在地に移転した。約三千坪（約一ヘクタール）に及ぶ地所からの移転は、諸堂の解体、墓所の移転など困難をともなったことは、想像に難くない。

現在の浄光寺

　現在地への移転後、釈迦堂の再建、仁王尊・仁王門の修復再建を経て、平成一〇年（一九九八）には新薬師堂を再建し、明治維新より一三〇年ぶりに秘仏本尊薬師如来の開帳大法会を行った。

現在の浄光寺

　また昭和五八年（一九八三）以降本格的な文化財調査が行われ、現在指定文化財一八件を数える、区内有数の文化財の宝庫となっている。

　浄光寺境内図に描かれた仁王門にあった金剛力士像は移転時に破損したが、三年をかけて修復され、平成七年秋、現在の仁王門に安置された。胸部の墨書銘から、寛文三年（一六六三）の造立であることが判明している。綾瀬川の土手に立つと荒川放水路越しに見えるスカイツリーと激変した街並みは、仁王像の眼にはどのように映っているのだろうか。

［橋本直子］

【参考文献】
・『葛飾区寺院調査報告　上』（葛飾区教育委員会、一九七九）
・『葛飾区古文書史料集一　御成記』（葛飾区郷土と天文の博物館、一九八七）
・『かつしかブックレット1　木下川薬師　歴史と文化財』（葛飾区郷土と天文の博物館、一九九三）

寺社の境内（2）—野火止平林寺（埼玉県新座市）

平林寺景観図から読み解く世界

『新編武蔵風土記稿』には平林寺の図が見開き四頁にわたって掲載されている。前半二頁分を景観図、後半二頁分を境内図として解説する。

景観図は、境内図に対して導入ともとれる図で、広大な平林寺域の北東部を描いたものだ。右図下に川越街道があり、道を往来する人が見える。街道の左右には松並木が植えられ、その並木の中に野火止宿の村落が描かれている。

川越街道といえば、川越と江戸を結ぶ主要な街道である。街道から左側に延びる広い道が、平林寺の参道となる大門通りである。

この平林寺参道と川越街道には、一筋の水の流れが描かれている。川越藩主松平伊豆守信綱が、菩提寺の平林寺を岩槻から自領である野火止に移転させるため、多摩川上水から開削させた分水、野火止用水である。

参道入口を示すように建っているのが、大門の寺号石で、正面に「金鳳山平林禅寺」と記され、今も川越街道に向いて建っている。

現在、野火止用水は川越街道まで暗渠となり、その上に歩道などが造られていて、かつての風情は見当たらない。また、挿図には用水沿いと街道沿いに松並木などが描かれているが、その後、伐採され、当時をうかがい知ることはできない。

野火止用水は周知のとおり、三五〇年余りの長きにわたり、野火止台地の村々の生活用水として、また、平林寺の供養水として、その清らかな流れで台地を潤してきたという。

この用水を引き入れたと思われる場所が挿図左の

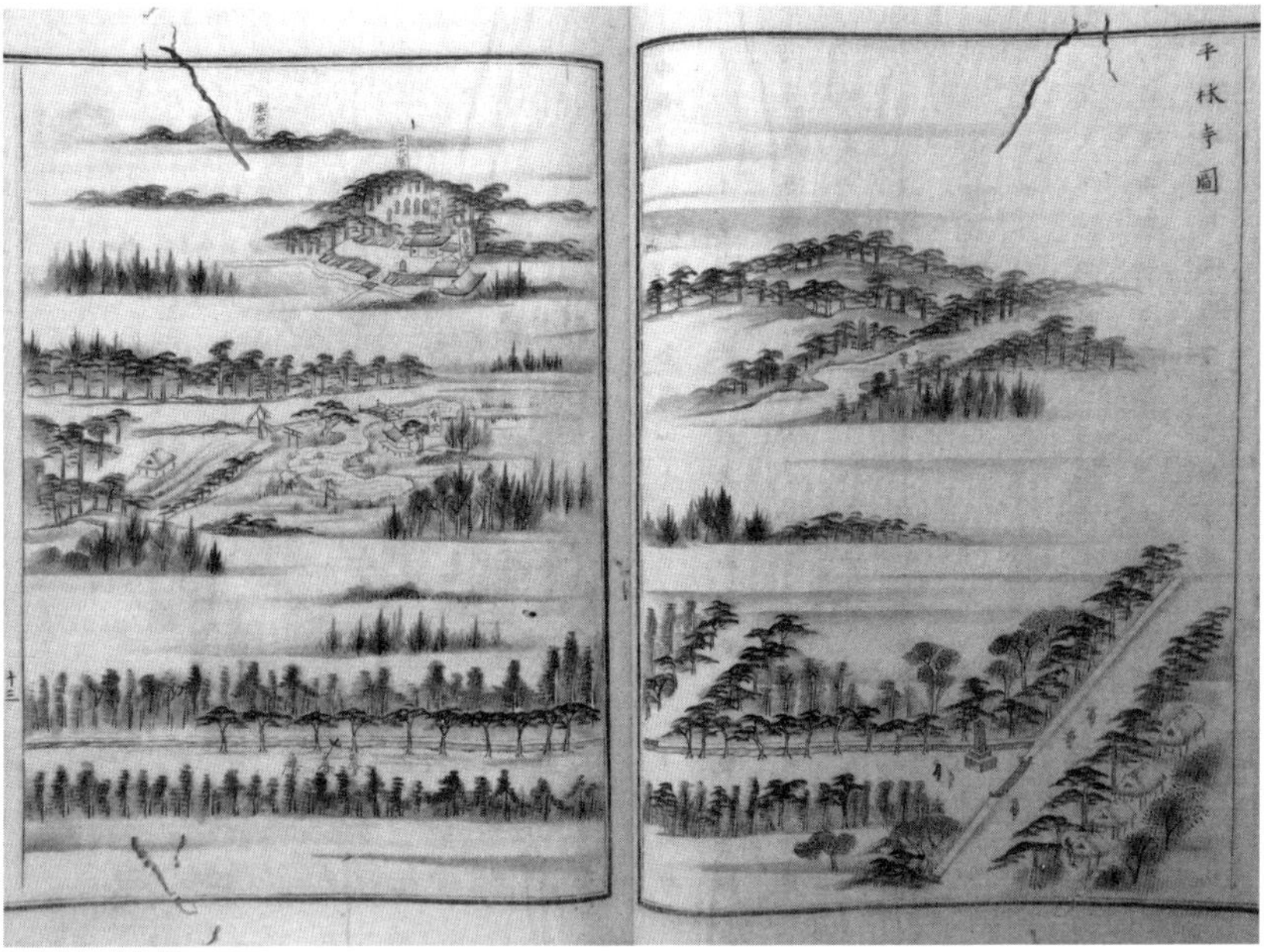

野火止宿　平林寺景観図

中ほどに見える。『風土記稿』の項には、「弁天社境内北の方にあり九尺四方の祠前に池あり昔は広き池と見ゆ…祠前に小橋を架す橋のこなたに鳥居立てり」とある。現在の天然記念物防災用水池と池の中島に祀られている弁財天がそれにあたるものであろう。

その横には北西に延びる道が見える。古くから「桜車《さくらぐるま》の道」といわれる道で、そのまま境内図の中ほどに続くと思われる。

桜車の道は、今も境内の主要な道である。名の由来は、松平信綱の子、甲斐守輝綱が父伊豆守信綱の志を継いで、岩槻にあった平林寺の堂舎や墓石などを移送した際に使った道で、境内への道しるべとして両側に桜を植えたと伝えられることによる。

左図の上部、山の中腹に描かれているのは歴代塔《たっ》所《しょ》と坐禅堂、塔頭《たっちゅう》養心庵である。

歴代塔所は、本堂の北にあたる山の上にあり、平林寺を開山した石室善玖《せきしつぜんきゅう》禅師の墓を中心とした平林寺歴代住職の墓所である。永和元年（一三七五）

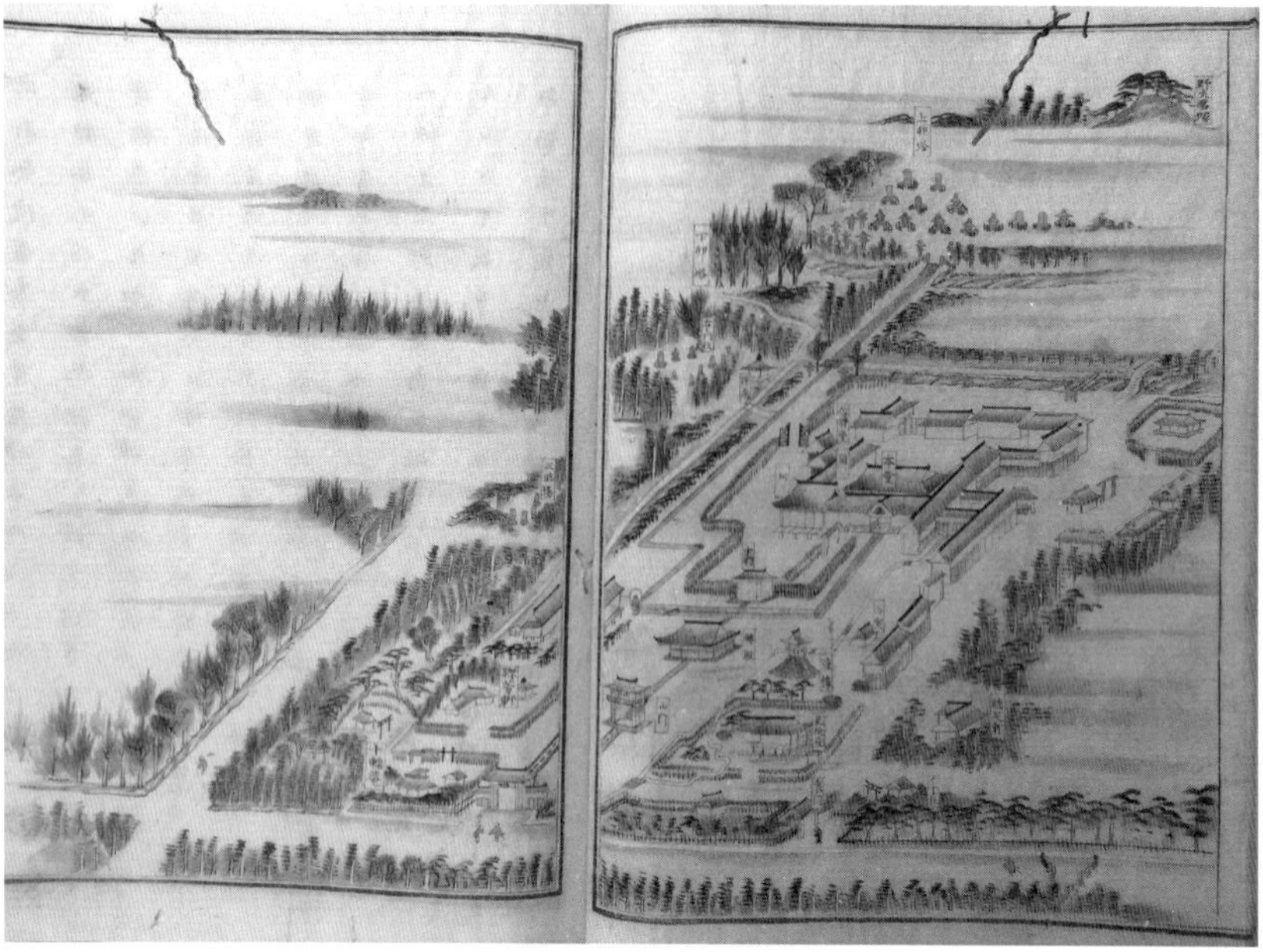

野火止宿　平林寺境内図

から、現在に至る平林寺六百有余年の歴史が伝わるところである。

坐禅堂は、歴代塔所にあがる山の中腹にあったようだが、今は残されていない。回廊でつながっていた山下の塔頭養心庵ともども撤去されてしまった。当時は住職の隠居所だったと記されているのだが、庫裏などから遠く、また水の便も悪かったので、残らなかったのではないだろうか。ただ、坐禅堂前に描かれている「古碑一基」とあるのは、弘安四年（一二八一）銘の板石塔婆のことで現存する。

在原塚は境内林の山中にあり、平安時代の在原業平の伊勢物語より名づけられたものとして後世に伝わる塚である。塚上に石碑があり和歌一首を刻んでいる。

「武蔵野に語り伝えし在原の其の名を忍ぶ露の古塚」現存する古塚である。

平林寺境内図から読み解く世界

前段の景観図から続く構図で、北東方面から堂舎の配置を描いた境内図である。

挿図の下側に平林寺図から続く参道の大門通りが見える。その大門通りと左図下で交差する道が現在の陣屋通りで、古くは江戸と清瀬を結ぶ江戸道であった。

この挿図は、平林寺境内の堂舎配置を描いた境内図ではあるが、建物の位置は今と比べると様変わりしていることがうかがえる。

まず今と同じ場所に建っているは、禅宗様独特の一直線上に配置されている表門（総門）・山門・仏殿・中門・本堂と庫裡・開山堂（位牌堂）・裏門・鐘楼・浴室などである。

次に移転はしたが現存する建物は、塔頭見桃庵・塔頭聯芳軒《れんぽうけん》・戴渓堂《たいけいどう》・経蔵などである。また、『風土記稿』に書かれているが現存していない建物は、塔頭の十輪庵・塔頭延命院・塔頭睡足軒と学寮などである。

その後、明治期以降、新たに建立されたものは、僧堂・半僧坊感応殿・放生池・半僧門などである。

空から見た平林寺

現在、大門通りにある表門から見ると、左側に描かれている塔頭十輪庵と塔頭聯芳軒、戴渓堂などの建物は移転し、その場所には明治三四年（一九〇一）に鎌倉建長寺から勧請された半僧坊権現が建立されている。その際、半僧坊を高台に造るため、掘った西側の窪地が今ある放生池である。したがって『風土記稿』の挿図にはこれらは描かれていない。

右側に描かれている塔頭見桃庵の場所は、今は塔頭聯芳軒が建っている。天正一八年（一五九〇）豊臣秀吉の岩槻城攻めの際、兵火によって平林寺は焼失したが唯一焼け残り、江戸城に入った徳川家康が鷹狩りの際に昼食をとった建物が聯芳軒だった。

平林寺の隠居所の一つである塔頭睡足軒は、稲荷社とともに今は竹林となっている場所にあった。しかし、時代の流れの中で廃絶し、その痕跡は見当たらない。

現在、大門通りに面して向かい側にある睡足軒は、近代の数寄者である松永安左ヱ門が、大正時代に岐阜県高山近郊から移築した古民家を睡足軒と名付けて使用していたもので、平林寺の塔頭睡足軒とは別物である。

当初から裏門は大門通りに向いて建ってはいない。故に横門と現在はいっている。古くはこの門を日常生活に使っていたという。

大河内松平家の菩提寺であり、表門からはあまり出入りしていなかったようである。

裳階風《もこしふう》の石垣を高く組んだ入母屋造りの鐘楼は、仏殿の右にある。松平信綱の叔父である松平正綱が寄進したもので、鐘楼脇を野火止用水が流れているところから「近水台」の異名を持っている。

本堂の西側に位置する下卯塔《しもらんとう》は、大河内松平家の廟所である上卯塔の下側に位置し、大河内松平上級家臣団の墓を中心に大河内松平家とゆかりのある人物や平林寺で亡くなった僧侶（雲水）の墓所となっている。僧侶の墓石が卵形であったため、この名がついた。

平林寺山中の一番高い所に配置されている上卯塔は、挿図からわかるように参拝に行くには正式参道入口の石灯籠を入り、階段を登っていくようになっている。この上卯塔の廟所には、数百基を数える大河内松平家一族の墓石群が現存するが、全国の大名墓所の中でもこのような夫婦そろっての形式で残されているのは珍しいという。

この正式参道のほかに挿図には平林寺裏山に延びる脇道が見えるが、この道を辿ると山内の最奥にある小高い古塚に至る。いにしえの朝鮮式焼畑農耕の名残りといわれ、地名の由来にもなった野火止塚へと続く。

［藤井孝文］

【参考文献】
・『平林寺史』（平林寺、一九八八）
・藤井孝文『さきたま文庫44　平林寺』（さきたま出版会、一九九三）

寺社の境内（3）―三室氷川女體神社（埼玉県さいたま市緑区）

氷川女體神社について

さいたま市緑区宮本二丁目に武蔵国一宮氷川女體《にょたい》神社がある。奇稲田姫命《くしいなだひめのみこと》が主祭神なのでこの名がある。三穂津姫命《みほつひめのみこと》と大己貴命《おおなむちのみこと》を配祀する。社伝では、崇神天皇の御代に出雲大社の神を勧請したとあるが、その草創は、産土神《うぶすながみ》としての見沼水源祭祀からであろう。舌状台地先端に立地し、集落を背に見沼低地の方向に面している。古代からの伝世品や中世の顕著な社宝を蔵する。戦国大名の太田氏、後北条氏から庇護を受け、近世には徳川家康以来社領五〇石の寄進を受けていた。現社殿は、徳川家綱の建立である。

『新編武蔵風土記稿』の氷川女體神社を読む

「女躰社」という項目で、足立郡木崎領三室村の中で、かなりの行を割いている。初めに「女躰社地図」と称し、スギを主とする森と本社（殿）、拝殿、神楽殿、末社などを描き、見沼代用水で台地裾を隔て、手前に磐船《いわふね》祭り斎場（御幸道と四本竹）を描く。その余は見渡す限りの見沼田んぼである。

さて神社の解説を要約すると、

氷川女體神社正面

氷川女體神社社殿

社領五〇石拝領、隔年九月八日の船祭り、見沼干拓では除地三五〇坪が神社に寄せられたこと、社地の前方に祭祀場を設けたこと、一宮は大宮宿（さいたま市大宮区）の氷川神社のことであること、大般若経や古文書には女躰権現とあること、内陣は三躰で、神宝（銅馬像、飾り鉾、兵庫鎖太刀、この三点の神宝は図示されており現存）も内陣に収めていることなど、神楽堂、宝蔵（二か所）、鳥居があり、一宮の額が掲げてあるがこれは付会であること、石段を下りると見沼代用水になり、水田が広がっていること、神主は佐伯姓武笠外記であることなどが見られる。続いて二通の古文書（現存）が掲げられている。また、文殊院として、社僧の寺を新たな項目で掲載している。その文殊堂にある大般若経の跋文を抜粋している。

御室と見沼

氷川女體神社と見沼の関係は、神社草創から続いているといえ、見沼の水を水源とした水下の村々が、水の安定供給を祈念していた祠から発展し、女體社として長い歴史を保ち、それゆえに、根本祭祀に御船《みふね》祭りがあった。見沼の主、竜神に神酒を献ずるのだというが、神輿を載せた御座船が約二キロ南下し、緑区大字下山口新田字四本竹に至り、沼中に竹を四本立て、祭祀を行った。神社から見て見沼は御手洗瀬《みたらせ》であり、神社が御室《みむろ》（後に三室）なら沼は御沼《みぬま》（見沼）であったはずである。享保一三年（一七二八）の見沼干拓後も磐船祭りとして執行し続けた。

氷川三社

大宮区高鼻町に氷川神社がある。明治の世に官幣大社になった神社である。この神社と氷川女體神社の関係は、不明な点が多い。江戸時代の社領には三〇〇石と五〇石の差があった。将軍家の前では氷川女體神社宮司は、独礼であった。同社には従五位下丹波守に叙任された宮司もおり、諸大夫並みであった。徳川家綱は、寛文七年（一六六七）、大國魂神社（東京都府中市）、氷川神社、氷川女體神社、

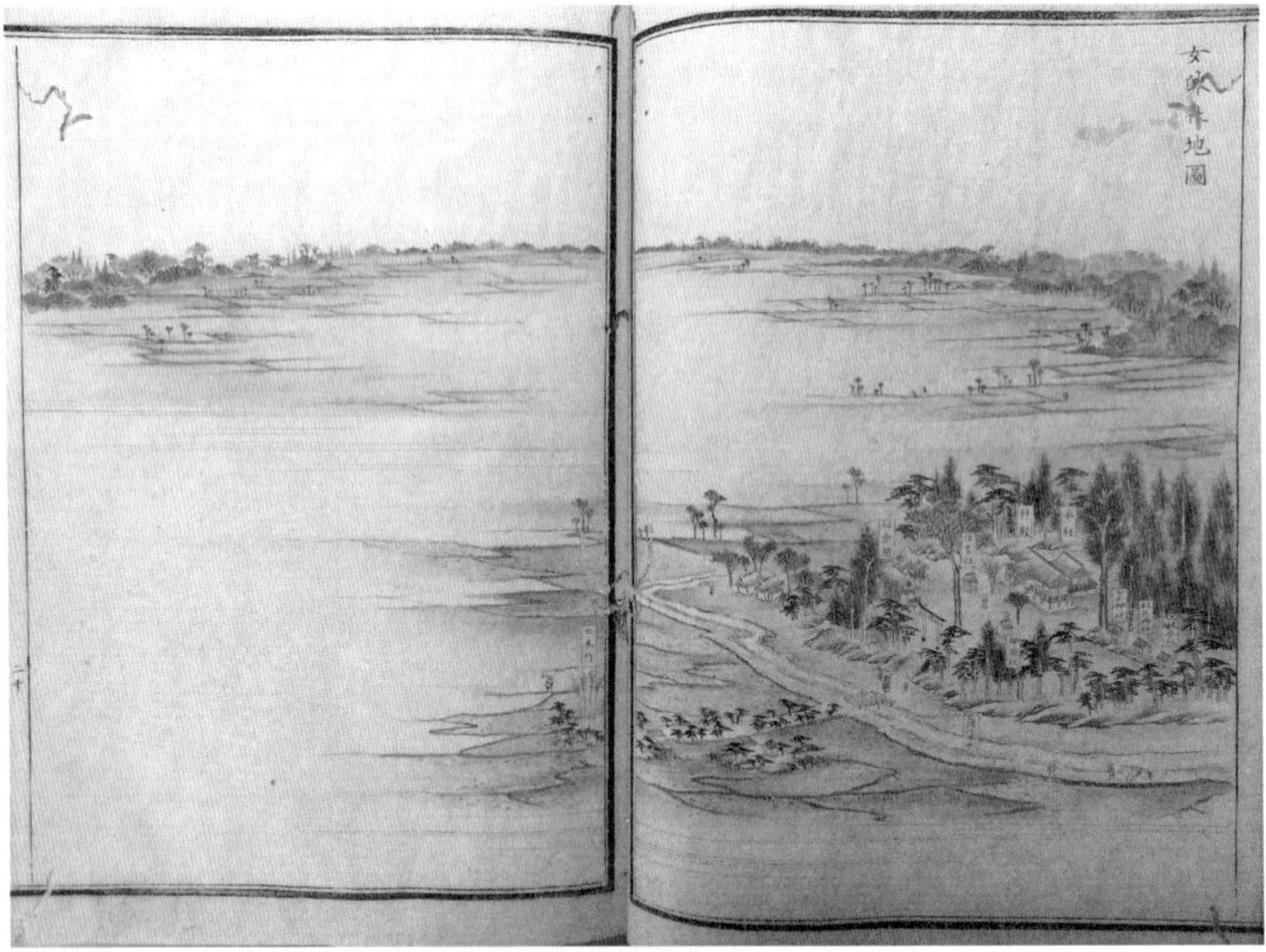

三室村　女躰社地図

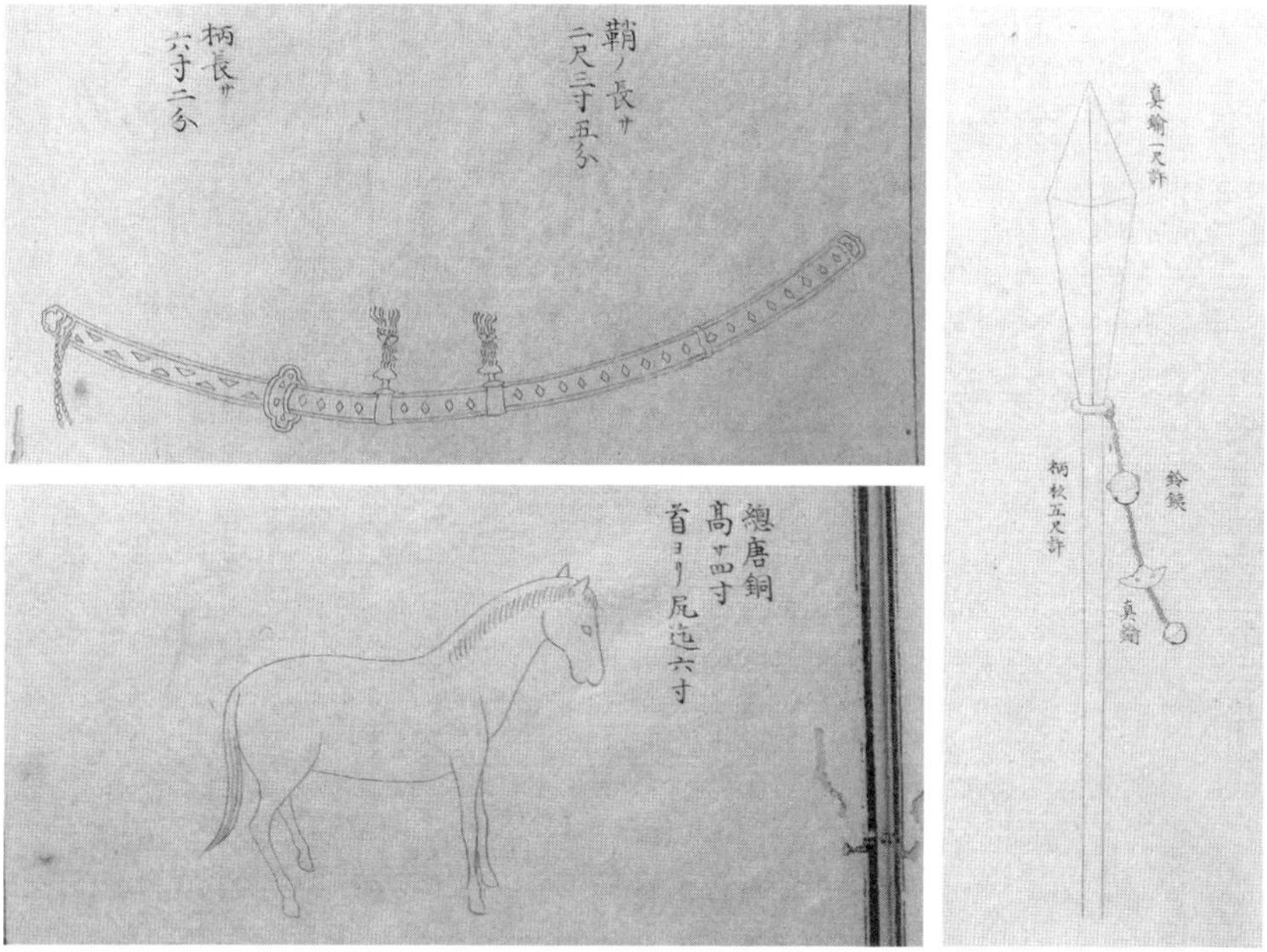

『風土記稿』に掲載する神宝の図

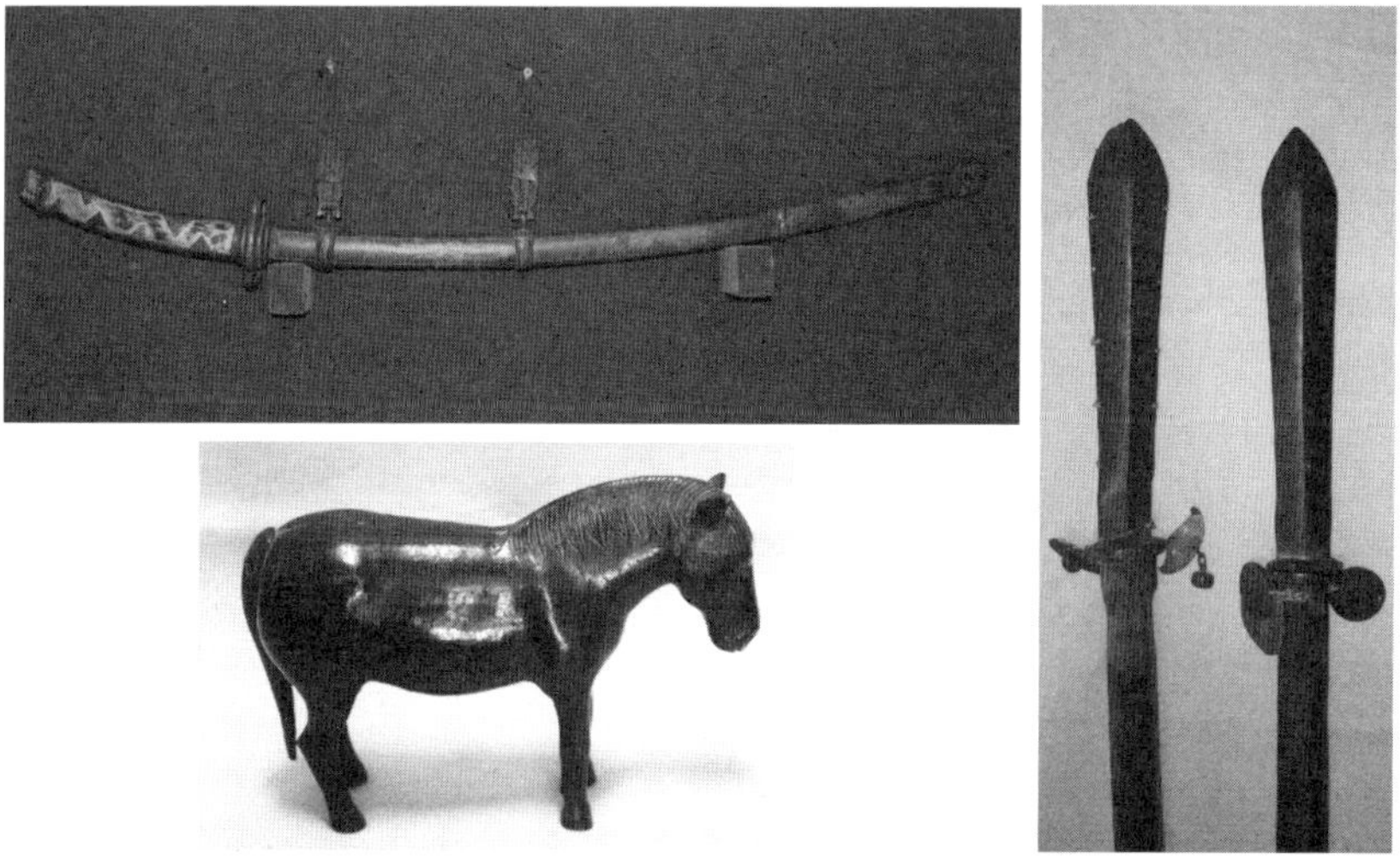

現存する「飾り鉾」（右）、「三鱗文兵庫鎖太刀」（上）、「銅馬像」

伊豆山神社（静岡県）、箱根神社（神奈川県）の本殿を造営した。明治以後は、官幣大社と郷社でその差が明確になった。

見沼区中川に中山神社がある。『風土記稿』では、氷川社とし、素盞嗚尊《すさのおのみこと》・稲田姫命《いなだひめのみこと》合社（奥ノ院、本社の奥）となっているが、簸《ひ》（氷《ひ》）王子《おうじ》社とされてきたことから三社鼎立、三社一直線などと説明がされてきた。なお、中山神社の旧本殿（奥殿）は、桃山時代の二間社流れ見世棚造りである。

一宮の説明については、『風土記稿』では「付会」と決めつけているが、拝殿額に「武蔵国一宮」と書いた額（江戸時代中期、関恩恭筆）が掛かっており、「武蔵一宮」という古印章を用い、近世の文書・記録にも普通に一宮を用いてきた。

数々の名宝

氷川女體神社は、中世の宝庫である。『風土記稿』でも、飾り鉾、三鱗文兵庫鎖太刀《みつうろこもんひょうごぐさりたち》、銅製馬を神宝として挿図としている。この三点は、現存し文化財指定を受けているが、他に、説明で触れられている大般若経（紙本墨書大般若波羅蜜多経、埼玉県指定文化財）は、最古を正慶二年（一三三三）四月一三日としている。真読《しんどく》の際の識語《しきご》がむしろ注目されているが、写経としての書跡的価値は高い。脚光を浴び始めた社宝に牡丹唐草文瓶子《ぼたんからくさもんへいし》（埼玉県指定文化財）がある。御船祭りの祭具で一対二個からなり、高さ三三センチの飴釉《あめゆう》陶器である。劃花《かっか》で文様を描き出している。十三世紀ないしは十四世紀の中国・元時代の作ということが確定した。兵庫鎖太刀（鎌倉時代後期・重要美術品）、飾り鉾《ほこ》（正応六年・一二九三）、大般若経とほぼ同じ時期の遺品である点も興味深い。神輿（埼玉県指定文化財）は、桃山時代の作とされ、これも御船祭りの祭具である。

［青木義脩］

【参考文献】
・『浦和歴史叢書1　氷川女体神社』（さきたま出版会、一九七五）
・『さきたま文庫48　氷川女體神社』（さきたま出版会、一九九五）

寺社の境内（4）―妻沼聖天堂（埼玉県熊谷市）

神仏混淆の聖天さま

挿図は、『新編武蔵風土記稿』巻之二百二十九幡《は》羅《ら》郡之四　妻沼村の項に配された「聖天社図」である。本文冒頭は「当郡第一ノ大社ニテ長井庄ノ総鎮守ナリ」と書き出している。境内には多くの堂社が描かれており、中央には「本社」と記された建物が見える。平成二四年（二〇一二）に埼玉県初の国宝建造物に指定された歓喜院聖天堂《かんぎいんしょうでんどう》である。親しみを込めて「妻沼の聖天さま」と呼ばれる、真言宗高野山準別格本山・聖天山歓喜院の本堂であるが、明治初年の神仏分離以前には、『風土記稿』が記すように聖天社、あるいは聖天宮と呼ばれる神仏混淆《こんこう》の社であり、歓喜院はその別当であった。『風土記稿』は歓喜院のほか、社僧五院二坊一堂、社守修験三人、禰宜《ねぎ》四人のいたことを伝えている。

神仏混淆時代の様相は、挿図からも見て取ることができる。画面左下、街道から参道への入口には大きな鳥居が見えるが、参道を進むと仁王門が聳える。仁王門を潜った境内には、本社や末社が並ぶ一方、右側に鐘楼、左側に本地堂と、仏教系の建造物が見える。その伽藍配置は現在も大きくは変わらないが鳥居はなく、参拝者を最初に迎えるのは、嘉永四年（一八五一）建立の貴惣門《きそうもん》（国指定重要文化財）である。

聖天堂の歴史と『風土記稿』

歓喜院に伝わる享保一七年（一七三二）の「武蔵国幡羅郡長井庄女沼村聖天宮略縁起」によれば、その歴史は長井荘を領していた斎藤実盛が、治承三年（一一七九）に大聖歓喜天を祀ったことに始まる。実盛は頼朝挙兵後も平家方について討死するが、出家した実盛の子・良応らによって、建久八年（一一九七）に聖天山歓喜院長楽寺が造営された。その後、庇護者を失い、戦乱により衰敗したものの、天文二一年（一五五二）には忍《おし》城主の成田氏、慶長九年（一六〇四）には徳川家康により再興され、朱印地五〇石も寄進された。

『風土記稿』は以上の由緒を「縁起ノ略ニ云」として、より詳細に伝えている。縁起の内容には疑問も呈しており、「後人附会ノ説ニ出タルモ知ルヘカラサレ」と評しているが、建久八年銘のある本尊の錫杖をはじめ、伝存する鰐口や棟札について銘文を含めて挿図で示し、「古社ナルコトハ論ナシ」と記している。

『風土記稿』はそれ以降の歴史には全く触れていない。しかし、聖天堂が国宝として評価されるのは、この後の歴史によることなのである。家康が再興した社殿は寛文一〇年（一六七〇）の大火で焼失、現在の国宝本堂は、六五年の時を経た享保二〇年（一七三五）に着工され、さらに二五年をかけて

妻沼村　聖天社図

宝暦一〇年（一七六〇）に竣工したものなのである。

描かれなかった国宝

享保の改革は寺社建築の世界にもおよび、幕府自らによる寺社造営や修復は大きく制限されるようになった。聖天堂の再興に長年月を要したのには、幕府の援助は得られず、自らの力で成し遂げなければならなかったことがある。聖天堂は、地元の大工棟梁林正清らが勧進などで費用を集め、幕府御用の建築彫刻に携わってきた上州花輪（群馬県みどり市）の彫物大工らを率いて築かれた。それは、日光東照宮などに代表される彫刻や彩色で飾られる華麗な装飾建築の技術を、これら民間の手になる寺社へと広げていくという時代の流れでもあった。聖天堂の特色は、「庶民信仰によってつくられた装飾の粋を凝らした宗教建築」という、国宝指定にあたっての文化庁の評価に集約されるといえよう。

そこで改めて挿図の「本社」を見ていただきたい。そこに描かれているのは、装飾性の全くない質素な

現在の聖天堂　手前が奥殿　奥が拝殿

寛保３年（1743）の絵図に描かれた建築途上の聖天堂
「上利根川通妻沼村絵図」（部分）

社殿である。それだけではない。聖天堂は、本尊を安置する奥殿（本殿）と参拝者が礼拝する拝殿を中殿（弊殿）が結ぶ権現造の建築であるにもかかわらず、挿図では拝殿と塀のような中殿は描かれているが、奥殿が定かでない。三つの建造物の中でも奥殿こそが、多彩な彫刻技法が駆使され、極彩色に飾られた本殿であるにもかかわらず、である。本文でも「荘厳ヲ尽セリ」と簡潔に記されるにとどまっている。

挿図への想像

このような表現の理由は定かではないが、ここでは、『風土記稿』の編纂目的から考える必要があろう。記録や史料の理解には、その作成の意図や目的、経緯などへの配意が欠かせないからである。近年の『風土記稿』の挿図研究では、対象地域の歴史的由緒、沿革の探求が幕藩権力との関わりを意識して行われ、その成果が幕藩権力との結びつきを土地の沿革の中に盛り込む形で反映された、という指摘もある。挿図においても、権力と描写対象との関わりについて、権力がその地に及ぼす恩恵を視覚イメージに反映させようとする、と指摘している。

これに従えば、聖天堂の由緒は家康による再興と朱印地寄進までが重要ということになろうか。また、『風土記稿』は社宝として「錫杖」「錦帷」「古鰐口」「古棟札」「雉子画」の五つを掲げているが、このうち「古棟札」は家康による「造興」等のものであり、

「雉子画」には「常憲院ノ御筆ト云」とある。常憲院とは五代将軍綱吉のことである。「錦帷」は中国明時代の織物だが、八代将軍吉宗の台覧に供された逸事を記している。これに対し、幕府が関わることなく行われた造営は、日光東照宮や将軍霊廟への畏怖を考えれば、衆庶の手による同様の装飾建築であり、取り上げるほどのものではないということなのであろうか。

『風土記稿』挿図の、奥殿の描かれない不思議な聖天堂の造形は、私たちにさまざまな想像をかきたてさせるものがある。

［太田富康］

【参考文献】

・鶴岡明美「国立公文書館蔵『新編武蔵風土記』挿図についての考察―江戸後期官撰地誌における景観表現の一例―」（お茶の水女子大学大学院『人間文化論叢』8号、二〇〇五）
・鶴岡明美「同前（2）―支配者の側から見た実景の表現―」（お茶の水女子大学大学院『人間文化論叢』9号、二〇〇六）
・鶴岡明美「同前（3）―題材選択の特質と新主題の開拓をめぐって―」（お茶の水女子大学大学院『人間文化創成科学論叢』10号、二〇〇七）
・埼玉県立博物館編『刻まれた鼓動　歓喜院聖天堂の建築彫刻』（同館、二〇〇五）
・太田富康「講座仏教美術　近世の装飾建築と庶民層への広がり」（『歴史と地理』五九七号、二〇〇六）

寺社の境内（5）―秩父札所（埼玉県秩父市ほか）

『新編武蔵風土記稿』の秩父札所

秩父盆地を囲むように立地する札所寺院は、中世から栄えた観音霊場である。三四か寺から構成され、西国と坂東の各三三か所と合わせ、百観音霊場を構成した。近世社会では、江戸に隣接した交通至便な札所として多くの信者を集めた。『風土記稿』では、秩父郡総説で「普ク聞ヘアレハ妄誕ヲ論セス粗コ、ニ記セリ」と、鎌倉時代の書写山性空《しょうくう》上人の伝承から縁起を説く。札所が所在する村の記述では、寺院を列挙する最初に「第何番観音」と立項している。各札所の記述は、「東向キ、五間四面」のように堂の向きと大きさ、本尊の像容、縁起・由緒、若干の考察、別当寺、札堂や奥院など境内の諸堂を説明して、御詠歌でしめられる。由緒は、それぞれ独自の縁起が紹介されたり、『秩父三十四所観音霊験円通伝』の記述が長々と引用されるところもある。

挿図があるのは、一・二十六・二十八・三十二番の四札所である。これらの箇所では、図をもとに特色ある境内の叙述に言葉が尽くされる。一番の四萬部《しまぶ》寺は、純然たる境内図である。二十六番の岩井堂は、武甲山を背景に岸壁に建造された堂、周辺に護摩檀や座禅石などの行場がみえる。二十八番の橋立寺は、観音堂の左手に奥院の鍾乳洞への入口があり、そそり立つ岸壁が印象的である。本文には「胎内潜」として鍾乳洞内部の詳しい記述がある。三十二番の法性寺は、岩盤に建てられた舞台造りの観音堂と、「般若の岩船」と呼ばれる奥院があり、かつての行場の趣を伝えるスケールの大きな境内が紹介される。いずれも、風光明媚な特徴的な景観をみせている。

「お船の観音」

般若《はんにゃ》村（小鹿野町）小名柿久保にある。挿図と本文の記述にしたがい参詣をしてみよう。仁王像を安置する鐘楼門を潜り、急な石段を上ると、右手に別当法性寺の本堂がある。さらに一町ほど行くと観音堂に至る。「堂ハ盤岩ノ片端ニ立テ。サナカラ桟閣ノ如ク結構頗ル牢《かた》シ。後ロヨリ危岩ノ高サ十余丈ナルカ擁圧セリ」。現在もまさにこの通りである。懸造《かけづくり》（舞台造り）で、享保四年（一七一九）再興の棟札がある。胎内潜りのような岩を潜り、奥院へ向かう。険しい岩山に懸りられた鎖や梯子に助けられながら登ると、十三仏を安置する岩窟に出る。さら

栃谷村　一番観音境内図

下影森村　二十六番岩井堂之図

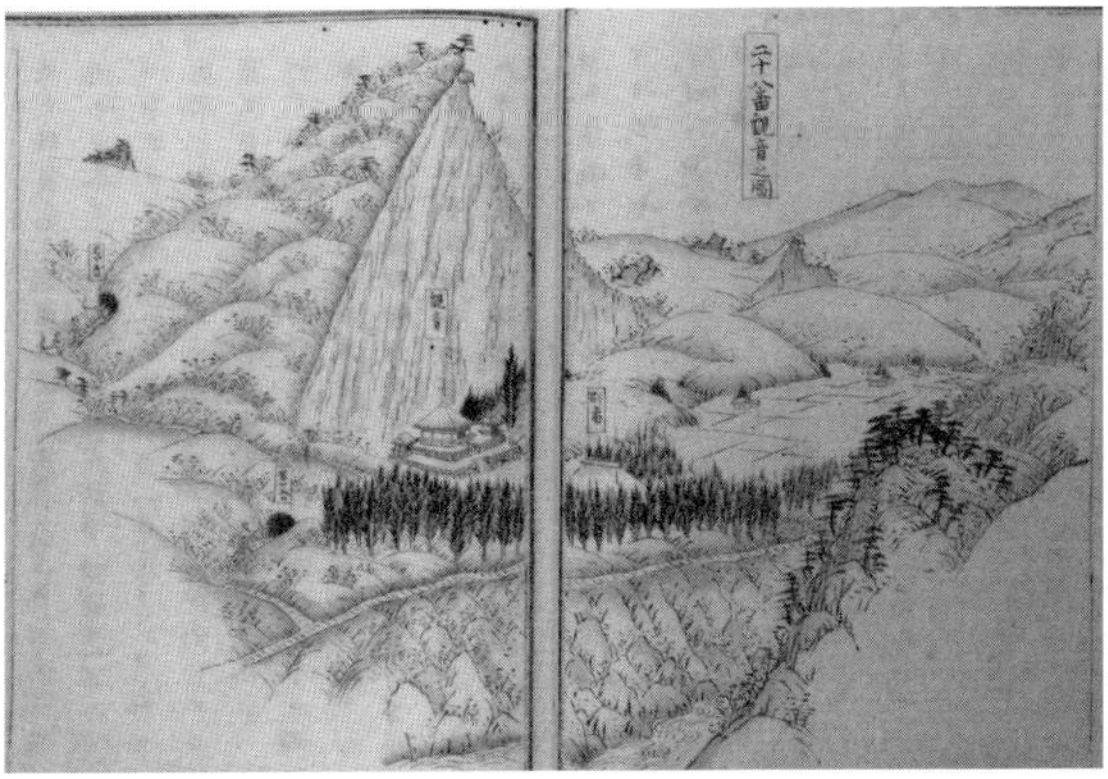

上影森村　二十八番観音堂図

に右の険阻を登り尾根に出る。ここまで観音堂から四丁（四三六メートル）とある。現在の地図で測ると標高差は約百メートルである。

この尾根全体が岩船山で、挿図では「般若ノ船」と記している。南北に一〇八間（一九五メートル）、幅五間余（九メートル）という。北を船の舳《へ》とし、金銅の聖観音を安置する。艫《とも》とされる南の岩窟には、奥院の本尊金銅の大日如来坐像を安置する。挿図をみると、観音の聖地が、この奥院から羅漢山、天狗岩へと続く岩尾根に囲まれているのがよくわかる。『風土記稿』は「此辺景趣イトスクレテ。郡中ニモ。亦コノ境ノコトク奇絶ナルハ比ナシ」と、その絶景を賞している。本尊大日如来坐像の台座には、宝暦二年（一七五二）三月の造立年月日と、浅草御蔵前講中や神田大和町講中の連名がビッシリと刻み込まれ、江戸庶民の信仰の篤かった様子をよく伝えている。

民間の人の記録

秩父札所を歩いた人々の記録も数多く残されている。なかでも、江戸の町人学者竹村立義の「秩父巡拝図会」や、信州坂木（長野県坂城町）の商家主婦沓掛なか子の「東路の記」は、記述の内容が豊かなことで知られる。ここでは札所三十二番、とりわけ奥院について詳しい記述のある「秩父巡拝図会」を紹介しよう。

立義が秩父札所を参詣したのは、文化六年（一八〇九）というから、ほぼ『風土記稿』と同時代である。納札堂の後ろから大きな石の下を潜って奥院へ向かう。急な登りでほどなく鷲の岩屋へ着く。そこで、歩き慣れた比丘尼が走って下っていくのとすれ違う。頂上近くでは、梯子や鎖、岩に刻んだ足場などをたよりに登ると、板葺きの堂があるという。そして『風土記稿』と同じように奥院を記述し、絶景を賞したあと、突然、ノアの方舟と比較する記述が出てくる。すなわち「或書に西洋アルメニアの山の嶺きに巨船のかたちしたる岩有、昔天地混沌せし時の船也といへるも、これにハ過しとおもはれ侍る」というのである。キリスト教は禁制であるが、それ

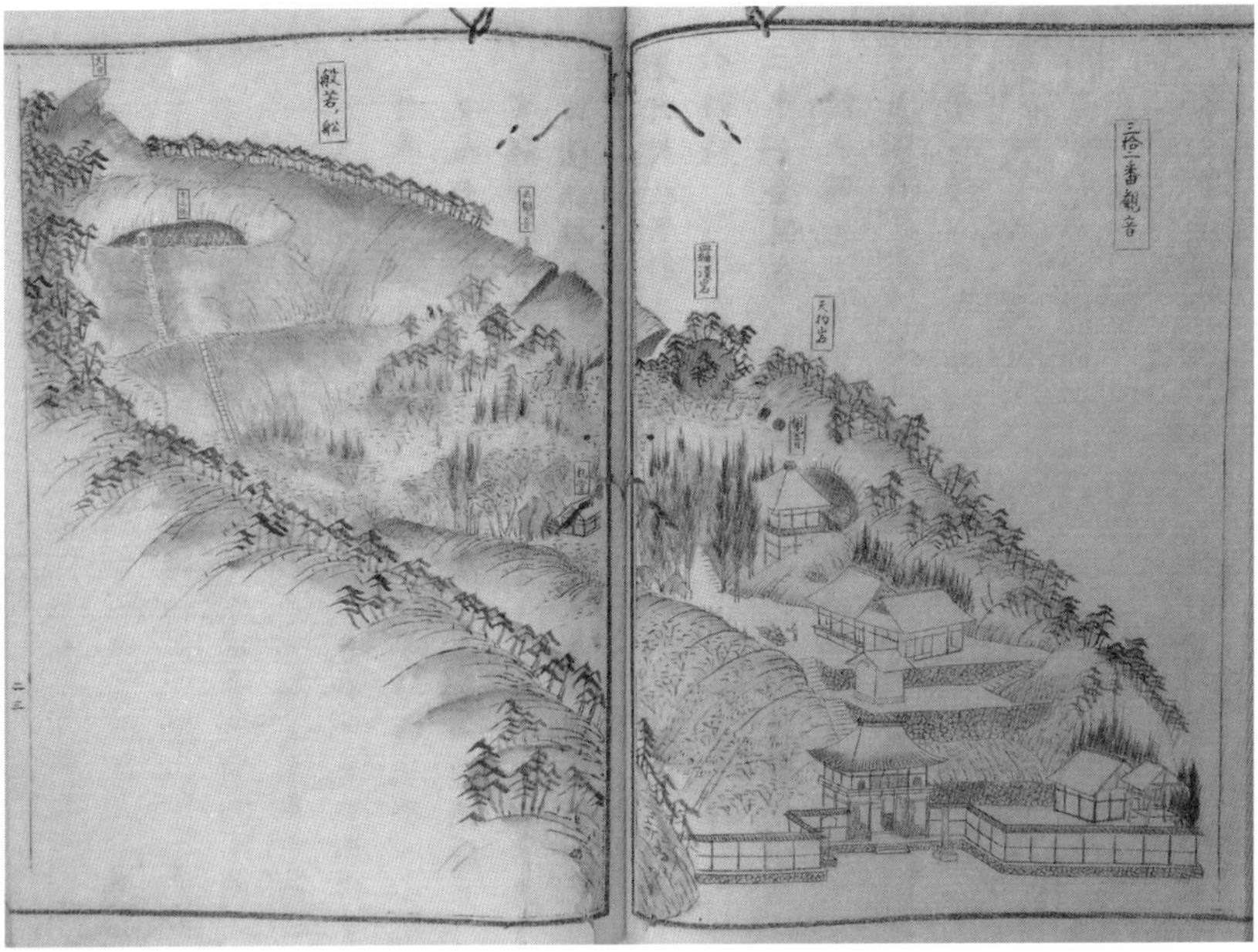

般若村　三拾二番観音

三十二番観音境内絵馬

を批判する立場からこうした知識も読書人には流布していたのであろう。

法性寺の本堂には、境内を詳細に描いた絵馬が掛かっている。これは江戸時代の後期に、地元の半田倉二郎という人が奉納したものである。参詣する老若男女が賑やかに描き込まれた画面は、観音堂と奥院が左右に相対するような構図で、「お船の観音」と称される奥院の船形の巨岩が強調されている。その舳先をよく見ると、岩に大きな亀裂が入っている。『風土記稿』の挿図では、「正観音」と書いた右側にある影が切れ目なのであろう。安政二年（一八五五）の大地震でこの切れ目から落下したともいわれるが、お寺では近在の古老の話としてつぎのように伝えているという。江戸時代の末頃、秋の長雨が止んだある晴れた日に、突然の大音響とともに、この切れ目から崩れ落ちてしまった、というのである。絵馬には亀裂の左右に金銅仏が見えるが，先端の仏様は岩と運命をともにしてしまったようで、今も所在は不明という。また、無事であった仏様も、太平洋戦争中の金属供出により失われ、昭和四五年（一九七〇）に再建されている。

［重田正夫］

【参考文献】

・千島寿「秩父三十四カ所案内」（『秩父坂東観音霊場』新人物往来社、一九八四）
・小宅里美「『秩父巡拝図会』からみる秩父三十四ケ所」（『法政史学』第六九号、二〇〇八）

樹木の名所―豊島郡稲付村・飛鳥山（東京都北区）ほか

奇木の描かれ方

本項では、樹木の描かれ方に注目して、江戸時代における樹木の名所の実態を、挿図から読み解いていく。まず注目したのは、挿図が持つ情報の多さである。『新編武蔵風土記稿』巻之十七、豊島郡之九の稲付村（東京都北区）法真寺には、次の相生松の記事がある。

相生松　囲ミ一丈余。地上一丈許ニシテ。楓樹寄生シ。年ヲ経タレバ。一樹ノ如クミユ。其図左ノ如シ。今相生ノ松ト記スハ。土人ノ唱ニ従フ。

文章からわかるのは元あった松に楓の種子がこぼれるなどして、松に寄生して一樹をなした点である。本来「相生の松」は、黒松と赤松が一つの根から生え出た松を指すのであるが、楓という異種の植物でありながら一樹の様を呈するためこう称したのだと思われる。記事では本来の意味が念頭にあるので、「土人ノ唱ニ従」うとわざわざ記したのであろう。図を見ると、まず向かって右側の枝が楓、左側が

稲付村　相生松（部分）

松と、葉や枝ぶりともにしっかりと描き分けられている点に気付く。また左下の小さな楓の存在は、おそらく種子が落ちて新しく芽生えた若木だとわかる。さらに、この松が人家にほど近い点も判明する。各地を遊歴した十方庵敬順《じっぽうあんけいじゅん》は、その著『遊歴雑記《ゆうれきざっき》』四編（文政六年・一八二三成立）に、この相生松の記事および図を載せる。そこには、傍らの小さな楓については図でも本文でも触れられていない。しかし、江戸の植木屋では、「楓樹を松に呼接《よびつぎ》にせし鉢植」は多いとして、人が介在したこのような奇木がもてはやされた当時の様子を記す。続いて「自然に生じて而も大木となりし寄樹を見しは初てなれば書載置もの也」と、自然に生じて大木となったから珍しいという感想を述べる。しかし、人家に近い木であることから、楓も松も元は人が植樹したものと思われ、偶然種子がこぼれ落ちたにしても、人が近くに住んでいたから生じた奇木である。このように図は、文章で書かれなかった点を雄弁に語る場合もままある。

文章と呼応する挿図

次に、文章と挿図を対比することで、図による風景の再現性の高さを証明したい。『風土記稿』巻之七十九、久良岐郡巻七の杉田村（横浜市磯子区）について触れた文章は、次のとおりである。

（前略）土地多斥鹵《せきろ》ナレハ穀類野菜相応セサルヲモテ。殊ニ梅樹ヲ多ク植テ其子ヲ採ル。今江戸ノ人杉田梅トテ花時観賞ノ遊客至ルモノハ即此所ナリ。初梅樹ヲ種シハ百余年前ノコトナレド。六七十年前迄ハ畠ノ周廻ニスベテ竹藪アリテ。梅花ノ賞今ノ如ク盛ナラズ。年ヲ遂テ多ク種樹シモテ行ホドニ。土地ノ応ゼシニヤ。皆能繁茂シテ梅林ヲナシ。近キ頃ハ其数幾千株ト云コトヲ知ラズ。其中元ヨリノ老樹モ多シト云。（中略）土性ハ野土ニテ砂交レリ。生産梅実ノ外漁猟ヲ事トス。海鼠腸殊ニ佳品ニシテ。貢税ノ定数アリ。御用舩及浦役ヲ勤ム。（後略）

ここでは、「斥鹵」という、塩分を含んで作物が育たない土地ゆえに、梅を植えるようになったとい

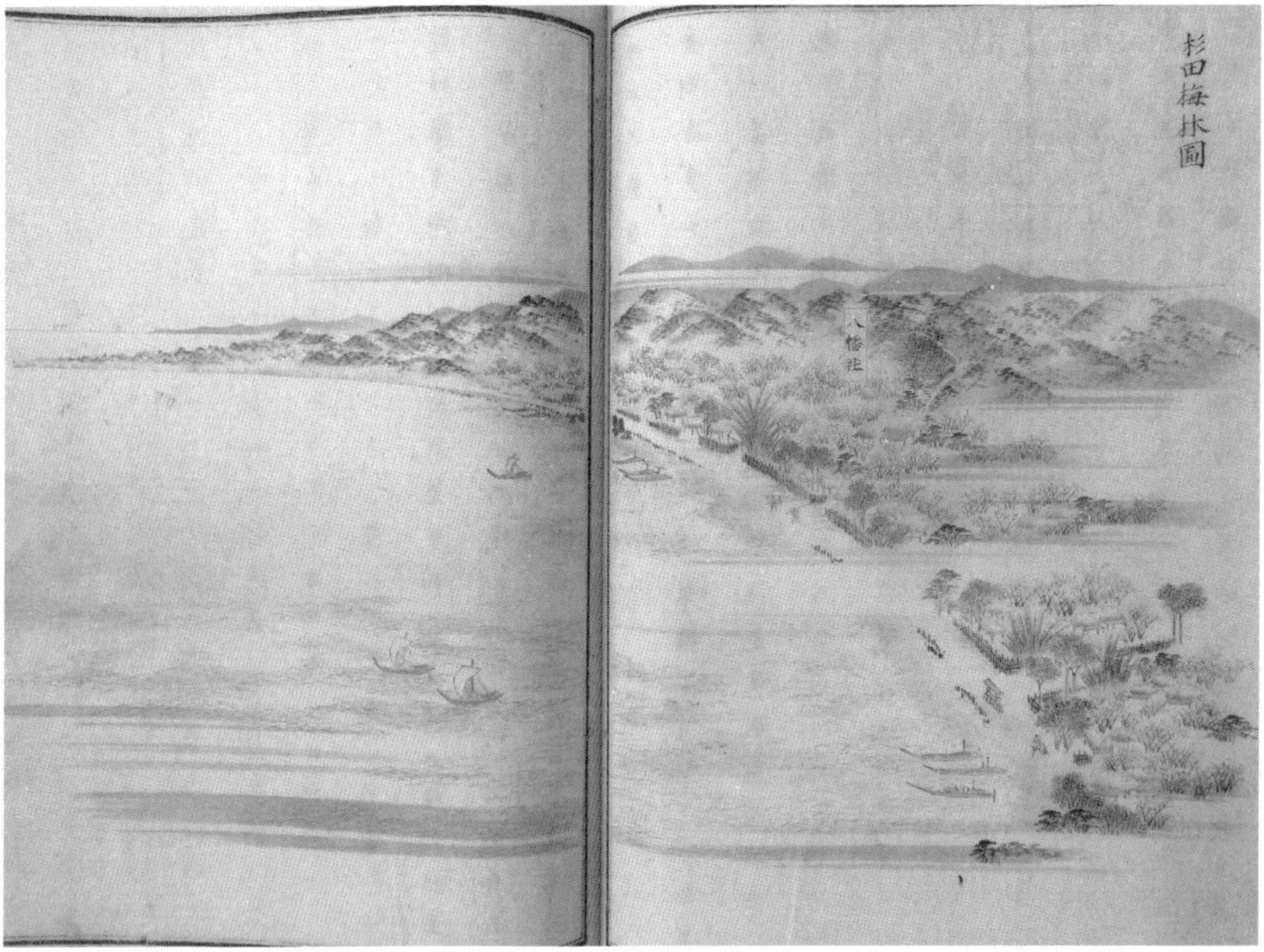

杉田村　杉田梅林図

う植樹の由来が述べられている。この文章が書かれた当時は、既に遊客が多く訪れるようになっていたが、六、七十年前は、竹藪が多かったという。そして挿図を見ると、文章とあたかも呼応するがごとく、松や雑木や民家の隙間を埋めるが如く、丈の低い、先端を点描にした同種の木として梅の群生する姿が描かれている。また、中央に釣竿を担った猟師が二人、手前に一人と、岸辺や海上に舟が数隻描かれ、梅とともに海鼠《なまこ》が名産だという、この地の特色を示す。

　現在挿図のような梅林の風景は見るすべもないが、横浜市磯子区杉田

妙法寺山門の古木の梅　このほか境内にも古梅が数本ある

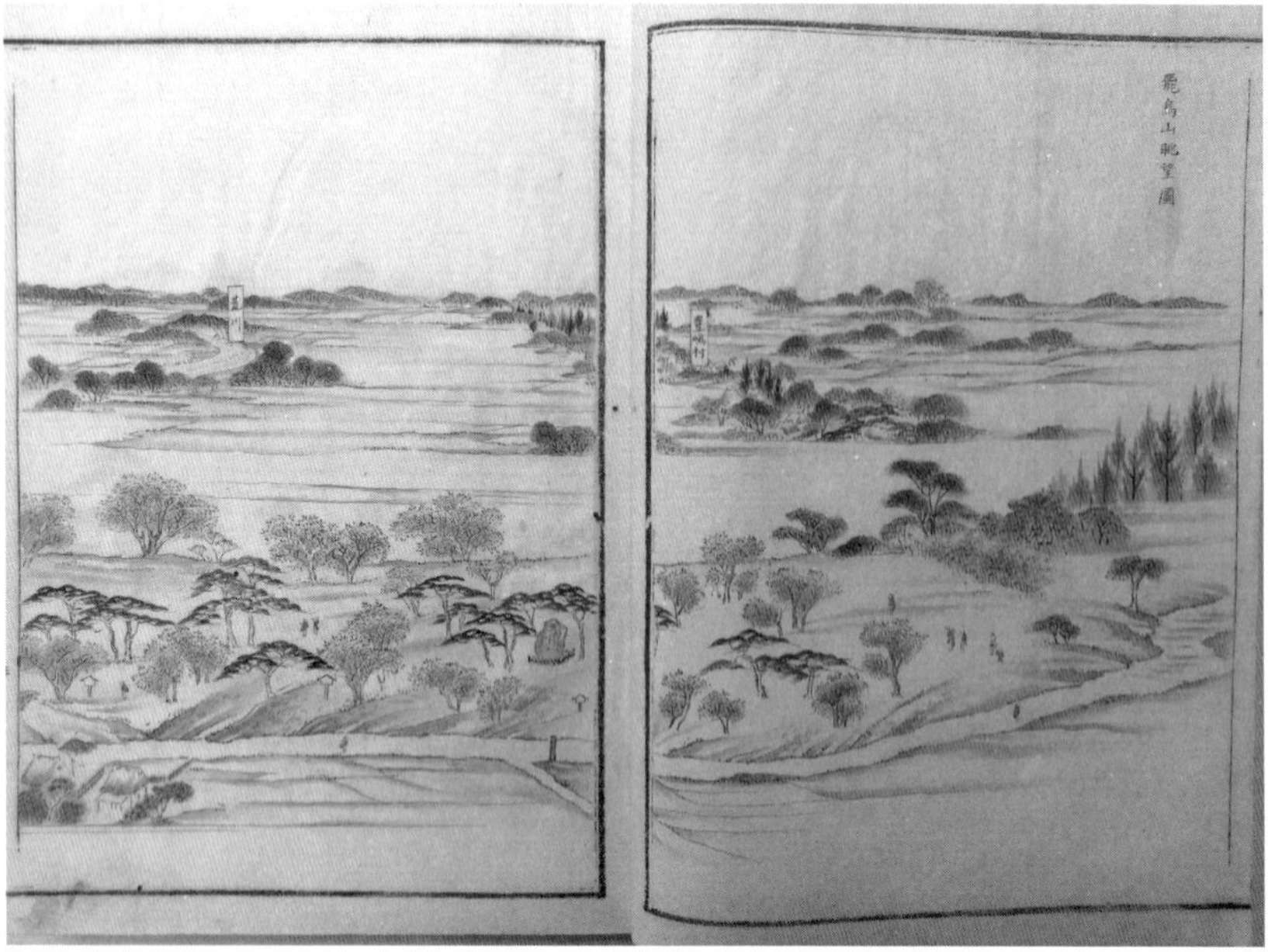

王子村　飛鳥山眺望図

中野村　桃園

の妙法寺境内に梅の古木が数本残っている。亀戸臥龍梅をはじめ江戸市中の梅の名所が今では全く消滅していることを考えれば、『風土記稿』がいう「老樹」の存在は、貴重といえよう。

花木のみを植えたのではない

樹木の名所図を見る時、私たちは得てして桜や楓など目的の植物以外の情報を無視しがちであるが、実際に植えられているのは花木や紅葉だけではない点に留意しなければならない。樹木の名所として多く採り上げられるのは桜であり、『風土記稿』では、飛鳥山（東京都北区）や御殿山（東京都品川区）など複数の地に描かれている。既に指摘があるとおり、御立場《おたてば》や立札《たてふだ》の存在は将軍の威光を示す証拠であるが、ことのほか松の木も多いことに気付く。飛鳥山は全部で二丁（四頁）にわたって描かれるが、若木か同じ木か不分明なものも多いので概数であるが、桜が三九本、松が二三本という割合で描かれていた（飛鳥山眺望図）。さらに、中野（東京都中野区）の桃園にも松の姿がちらほら見え（中野の桃園）、本文には、「御立場ヲ築立アマタノ松ヲ植。ソノ麓ヨリ道ヲヒラキシ」と、松を植樹し、道を整備した点が紹介される。このように、常緑樹である松を植える行為も、遊園としての要素に不可欠であった点に気をつけたい。それは、後の時代に浮世絵師によって遊客をクローズアップする構図となっていっても、飛鳥山などには依然として松の姿が描かれ、名所を形成する重要な要素であり続けたのである。

［平野　恵］

【参考文献】

・鶴岡明美「国立公文書館蔵「新編武蔵風土記稿」挿図についての考察（二）─支配者の側から見た実景の表現─」（お茶の水女子大学大学院『人間文化論叢』九、二〇〇六）

・平野恵「江戸の名木と名園　新旧名所の情報」（『浮世絵でめぐる江戸の花』誠文堂新光社、二〇一三）

名所の眺望―金沢八景（神奈川県横浜市金沢区）

金沢八景の立地性とその構成

武蔵国久良岐《くらき》郡の金沢（横浜市金沢区）の地は、多摩丘陵より続く丘陵が海へ落ち込む地点に位置し、柴より野島へと伸びる砂洲によって東京湾と隔てられた場所にあり、複雑に入り組んだ海岸線とそれを取り囲むように伸びる丘陵によって形成される風光明媚な景勝地＝「金沢八景」として知られていた。同時に称名寺や瀬戸神社などといった中世以来の寺社が残る歴史性を感じさせる場所でもあった。周辺には、梅林として知られる杉田、鶴岡八幡宮や鎌倉五山が存在する鎌倉、弁天社で有名な江ノ島、等々といった名所旧跡が存在しており、これらを巡覧する物見遊山のルートとして、江戸や東海道を往来するさまざまな人々が訪れている。

中国の名勝である瀟湘《しょうしょう》八景（瀟湘夜雨・洞庭秋月・漁村夕照・江天暮雪・遠浦帰帆・山市晴嵐・平沙落雁・煙寺晩鐘）を擬した「〇〇八景」という景勝地は、全国各地に存在するが、中でも西の近江八景と東の金沢八景が代表的なものであろう。

金沢八景は、具体的には洲崎晴嵐・瀬戸秋月・小泉夜雨・乙艫《おっとも》帰帆・称名晩鐘・平潟落雁・野島夕照・内川暮雪という八つの風景からなり、金沢地域に存在する各所に八つの景観を当てはめて構成されている。なお、金沢地域の入海には、野島と室木に挟まれた狭隘部を経て西へ広がる平潟湾と、それより瀬戸橋を経て北方に広がる内川入江が存在するが、内川暮雪の「内川」については、能見堂の直下に見える内川入江に比定するものと、それより瀬戸橋を挟んで遠くに位置する平潟湾に比定するものの二種類があった。

ところで、この八つの風景には、春・夏・秋・冬といった季節、朝・昼・夕・夜といった時刻、晴・曇・雨・雪といった天候、等々のさまざまな状況の中においても、必ず何らかの要素が組み込まれている。八景とは、晴嵐・秋月・夜雨・帰帆・晩鐘・落雁・夕照・暮雪というさまざまな特色を持つ景観が一体的に存在している所に成立するのであり、おそらく八景眺望の本来的なあり方は、こうした八つの風景を分割して見るというものではなく、それらを含み込んだ一つの風景として感じ取ることであったと思われる。地形的に考えれば、それは八景全体を一望可能な高所からの眺望ということになろう。

能見堂からの眺望

『新編武蔵風土記稿』には、こうした高所から金沢八景を眺望する図面が、「能見堂眺望図」と「四望亭眺望図」の二点存在する。

前者の眺望図が描かれている能見堂は、久良岐郡谷津《やつ》村（横浜市金沢区）にあり、東海道の保

金沢八景浮世絵

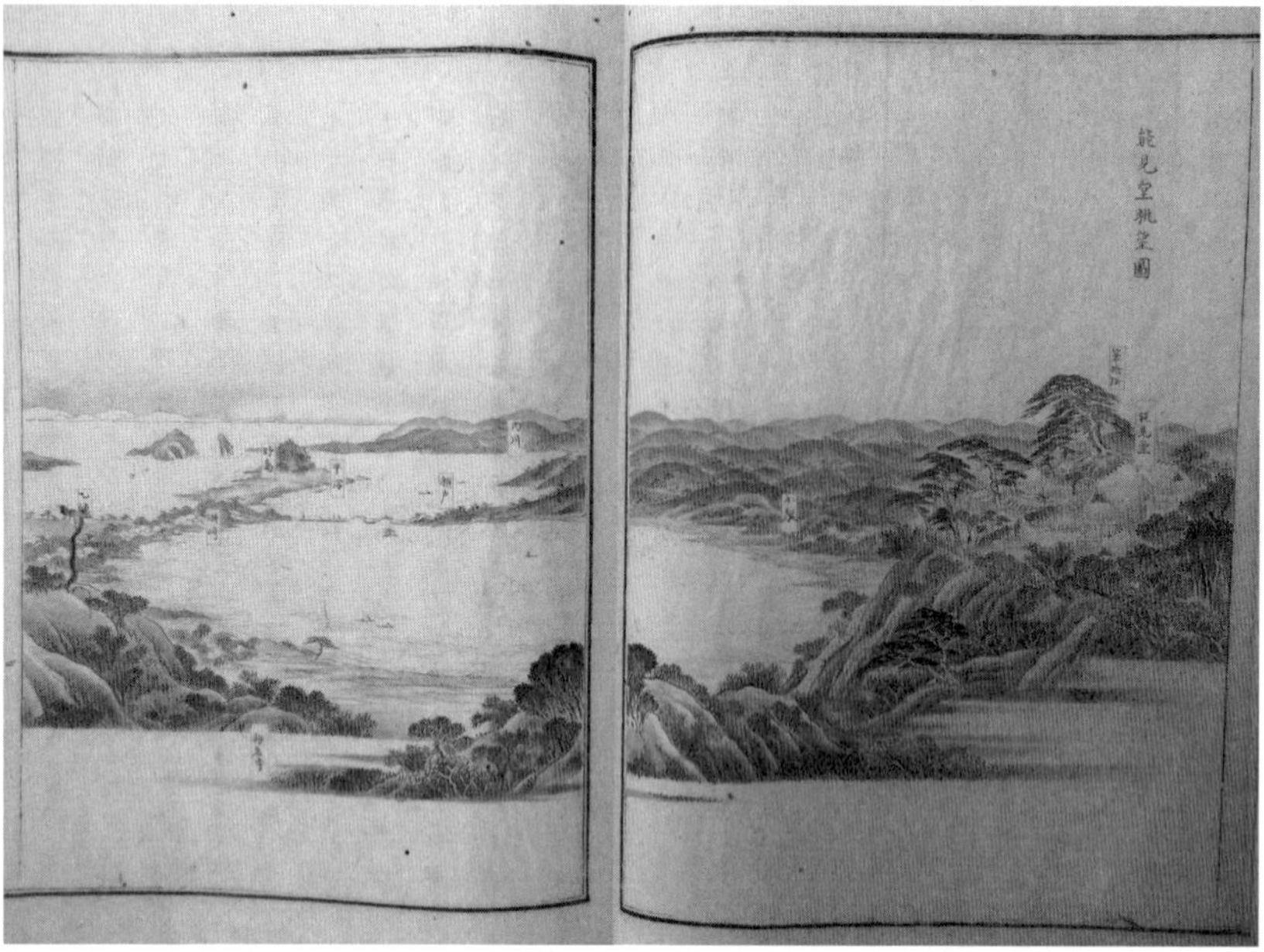

谷津村　能見堂眺望図

土ヶ谷宿（横浜市保土ケ谷区）で東海道から分岐して金沢へ至る金沢道の途中に位置している。道中の行程からすれば、それまで大岡川に沿って内陸部を通る道筋から、能見堂に至ると、この地点において、先述の内川入江や平潟湾だけでなく、野島を越えて東京湾から対岸の房総半島まで一望に見渡すことができる。早くから金沢八景の眺望地として知られ、能見堂作成の案内図などが作成されていた。「能見堂眺望図」によれば、右手中央に能見堂の堂舎が配置され、それより左側に広がる眺望には、左下より時計回りに「称名寺」「乙艫」「洲崎」「野島」「平潟」「瀬戸」「内川」「小泉」という、金沢八景に対応する八つの地名が記されている。なお、「内川」については平潟湾にその文言が付されている。ちなみに「瀬戸」の文字の左側に位置する橋が瀬戸橋である。

四望亭からの眺望

一方、後者の眺望図が描かれている四望亭は、六《むつ》浦三分《うらさんぶん》村（横浜市金沢区、社家分村・寺分村・平分村

社家分村　四望亭眺望図

の三か村を総称した名称）の小名「室木」に存在していた。能見堂との対比でいえば、瀬戸橋を挟んでちょうど対岸にあたる場所になる。「四望亭眺望図」からわかるように、「四望亭」の文字が記されている右下の小高い丘には建物はなく、案内人と思われる右側の人物が左側の二人へ説明をしている情景と思われる。左側の「金龍院」「米倉丹後守陣屋」「瀬戸明神社」などを初め、多くの地名が書き込まれているが、金沢八景に関わる地名は見られない。能見堂からの眺望のほうが本来的である旨を挿絵の標記からもうかがうことができようか。『江戸名所図会』など他の地誌には四望亭に関わる記事はあまり見ることができない。

　ところで、幕末期になると、金沢八景眺望の場所が、従来の能見堂から、八景の内部に位置する金龍院の九覧亭が中心となっていく。かつての高所からの一望から、八景の内部から三六〇度を眺望するように、見方が変化していく。初代広重による金沢八景の描写が八枚の浮世絵に描かれていくように、本来一体的に感じ取る八景の景観が、一景ごとに分割化されるとともに、その集積としての八景という理解への変化であろうか。

［斉藤　司］

【参考文献】

・『金沢八景 ―歴史・景観・美術―』（神奈川県立金沢文庫、一九九三）
・『図説かなざわの歴史』（金沢区制五十周年記念事業実行委員会、二〇〇一）

多摩の村落景観　―南多摩の村々（東京都八王子市、多摩市）

南多摩郡の村々

『武蔵田園簿』によると、多摩郡に属する三二一か村の石高は合計七万三七八二石余で、これは武蔵国全体の約七・五％にあたる。石高の内、田方が占める割合は、武蔵国全体が四九・八％であるのに対し、多摩郡は三五・〇％と平均を大きく下回る。

多摩郡を北多摩（一四五か村）・西多摩（五九か村）・南多摩（一一七か村）に分け、田方の割合を見ると、北多摩は三四・八五％、西多摩は一一・一％、南多摩は四七・八％で、南多摩が最も田方の割合が高い。南多摩郡内を『新編武蔵風土記稿』での郷領別に見ると、畑高比の高い村がきわめて多い由井領・小宮領、田高比の高い村がきわめて多い日野領と府中領、この中間でおおむね田高比が高い柚木《ゆぎ》領・木曽郷の三つに分けることができる。

谷戸の村落と沖積地の村落

多摩郡之八の柚木領別所村の項に付された「薬師堂」の図は、蓮生寺《れんしょうじ》（八王子市別所一丁目）の薬師堂とその周辺を南西上空からの視点で描いた図である。『武蔵田園簿』によると別所《べっしょ》村は総高四四石四斗余、田方二九石九斗余、畑方一九石五斗余の村である。『風土記稿』には「山林多クシテ。田畑ハ少シ村ノ開闢ハソノ年代を詳カにセズ。古キ寺観ノアルヲ以考フルニ。近キ世ニヒラケシ村トハ見ヘズ」とあり、蓮生寺を『東鏡』の寿永元年（一一八二）四月二〇日条に登場する古刹であるとしている。蓮生寺の周囲に描かれている別所村の景観は、多摩川へと繋がる大小の谷戸《やと》を主な耕作地とし、山裾に母屋を設けた南多摩の丘陵部村落の典型的な景観で

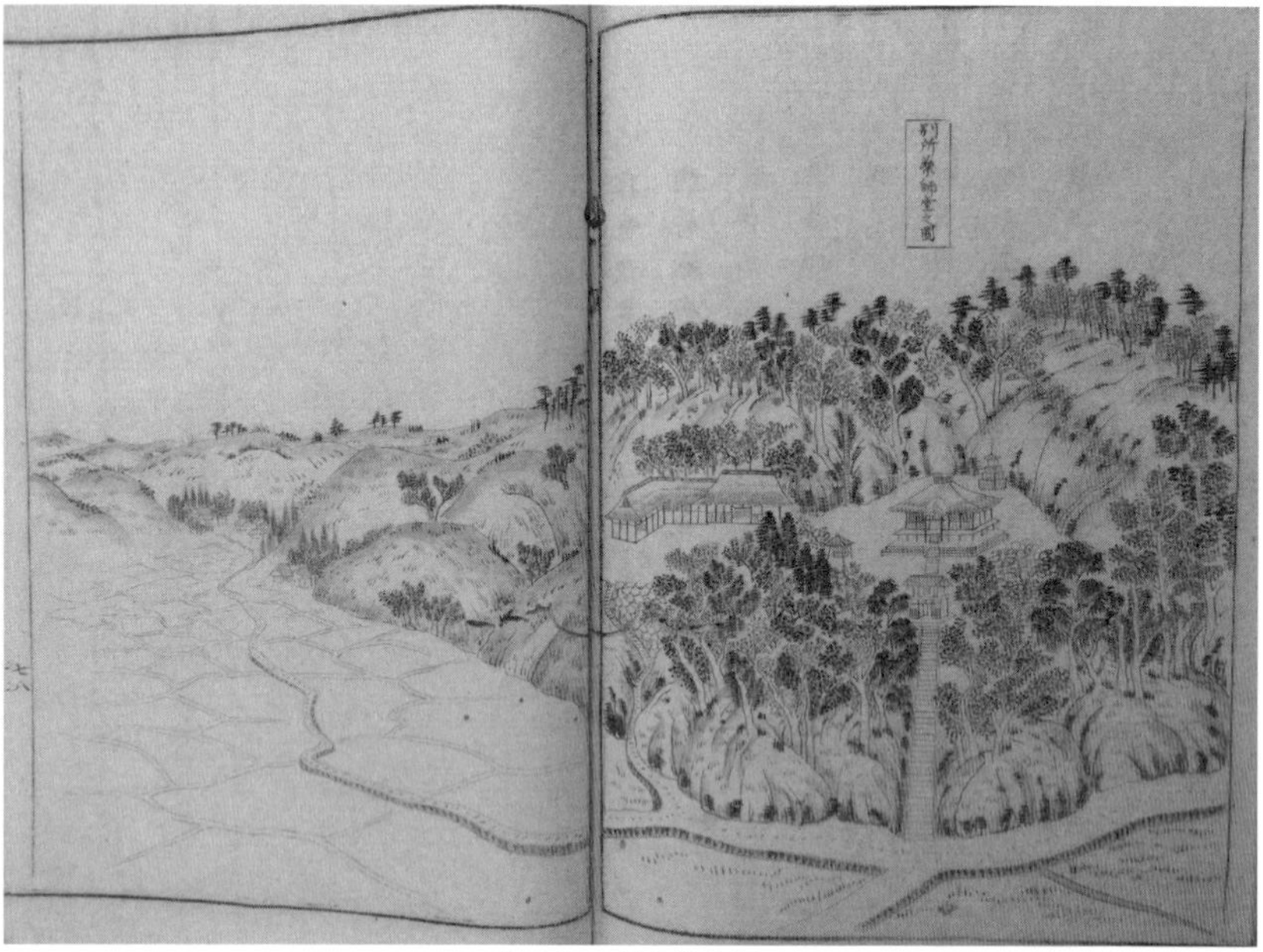

別所村　薬師堂之図

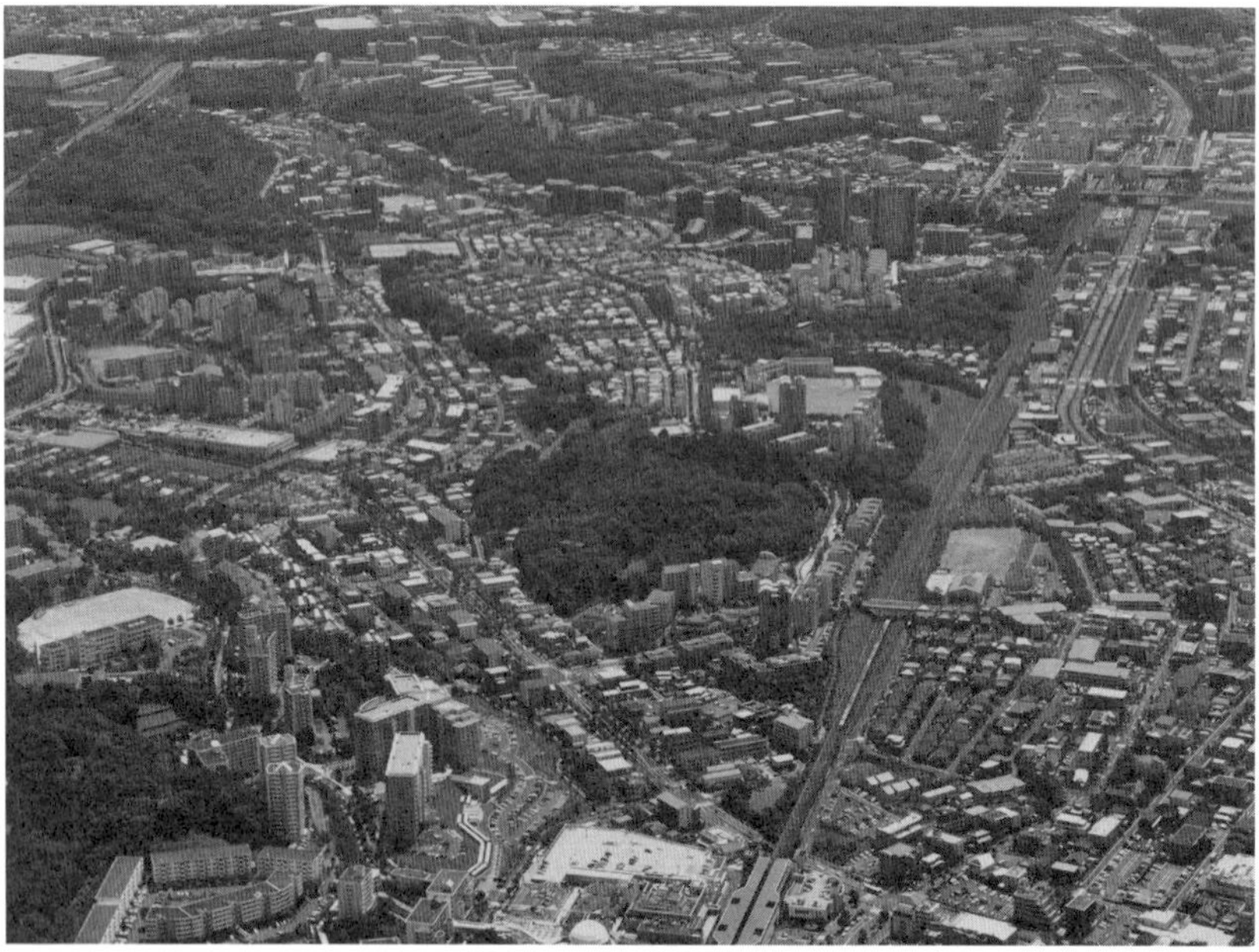

現在の八王子市別所周辺

百草村　清涼台眺望図

現在の多摩市一ノ宮周辺

ある。同様の景観は多摩郡九巻の柚木領下柚木村「永林寺《えいりんじ》境内図」や多摩郡十五巻の柚木領片倉村の「多摩郡片倉村総図」や多摩郡十九巻の川口村「鳥栖観音図」などにも見ることができる。

一方、多摩川に接する地域が描かれた多摩郡十一巻、小宮領百草《もぐさ》村の「清涼台《せいりょうだい》眺望図」や多摩郡十九巻の小宮領高月《たかつき》村の「高月村図（古城図）」には、多摩川によって形成された右岸の沖積地全体が水田化されている様子を見ることができる。特に日野領には、近世初頭に開かれた大規模用水である日野用水があり、同用水組合七か村の石高は二三七〇石で、日野領二一か村の総高の六割余、南多摩郡総高のおよそ四分の一を占めていた。「清涼台眺望図」内に見える一ノ宮村の場合、村内の大半を田方が占めたため、村外の丘陵部に秣場を有し、薪炭や下草などを調達していた。

現在に残る村の姿

昭和四十年代の南多摩には、多くの住宅団地が建設された。中でも、昭和四六年（一九七一）三月に入居を開始した南多摩新都市開発事業（多摩ニュータウン）は、総面積約三〇〇〇《ヘクタル》、計画人口は三〇万人を超える日本最大のニュータウンである。

先に見た一ノ宮村などの沖積地には、大正期に鉄道の建設が進められていたため、戦後早くに駅を中心に市街地化・宅地化が進められていた。一方、別所村などが位置する丘陵部は、純農村としての性格を色濃く残していた。多摩ニュータウンは、東京都心の深刻な住宅難の解消と懸念されていた南多摩丘陵部のスプロール化の防止を目的とし、現在の稲城市・多摩市・八王子市・町田市の丘陵部を事業区域とした。

計画当初は、谷戸に築かれた古くからの集落や母屋に隣接する主要な耕地（既存区域）を含めた計画区域全体を新住宅市街地開発法（新住法）によって買収する計画であったが、のちに既存区域は所有権を移さない土地区画整理法、丘陵部（ヤマ）は新住法による買収方式によって開発されることとなった。

多摩ニュータウン区域内は谷戸とヤマとが異なる方式で開発されたため、大型重機を用いた地形の変更をともなう大規模な造成が行われたにも関わらず、かつての集落とヤマの境が、事業区域の境としてきわめて明確に残っている。

別所村を例とすると、ヤマには高層棟を含む住宅団地や小中学校などのいわゆる「ニュータウン」が建設され、蓮生寺の丘陵は大規模な公園として残された。一方、区画整理事業によって開発された谷戸には、戸建て住宅や雨水・下水管が埋まる主要な道路、小規模な公園や集合住宅が広がっている。

多摩ニュータウン区域は農村時代からの変化が強調されることの多い地域であるが、役割に違いこそあれ、土地の区分の面から見ると、きわめて近世以来の農村の姿を色濃く残す地域なのである。

［清水裕介］

【参考文献】

・安澤秀一『近世村落形成の基礎構造』（吉川弘文館、一九七二）
・独立行政法人都市再生機構『多摩ニュータウン開発事業誌 通史編』（都市再生機構東日本支社多摩事業本部、二〇〇六）

自然景観―両神山之図（埼玉県小鹿野町）・荒川回流図（同秩父市）

秩父の名峰「両神山」（標高一七二三メートル）は、古くから修験の山として知られ、深田久弥により『日本百名山』の一つに数えられている。また、その鋸の歯のような峨々たる稜線と、扇を広げたようなずっしりとした山体は、『秩父山塊』の著者、画家・福沢一郎が〝容貌魁偉〟と評したように、どこから見ても圧倒的な存在感で迫ってくる。

山名は、イザナギ・イザナミの両神を祀ってあることに由来するが、日本武尊が東征の時に、八日間もこの山が見えたことから「八日見山」と呼ばれたのが初めとするなど、諸説がある。

『新編武蔵風土記稿』の「両神山之図」

「両神山之図」は、山体を東方から望んだ中遠景として描かれている。画面中央の太尾根の左の谷が

白石山越しに北東から両神山を望む（空撮写真）

白井差《しらいざす》集落（小鹿野町両神薄《すすき》）のある小森川、右の谷が両神神社のある薄川《すすきがわ》である。図中には、市販のガイドブックにはあまり出てこない山頂付近のいくつかのピークや岩峰などの名称が、詳細に記されている。さらに本文中には、天武将《あまぶしょう》・佐々伏《ささぶせ》・多喜久保《たきくぼ》・髭摺岩《ひげすりいわ》・日向丸《ひなたまる》・日影丸・矢筈岩《やはずいわ》（岩峰）、海老穴・風穴・子持穴（洞穴）、東眺望・西の眺望・富士見阪（展望地）、篠平《すずだいら》・七ツ瀧・手水場・一位墓（休憩場）などが登場し、岩峰や洞穴の解説には、高さ・幅・奥行なども記されている。

図のタッチは、丸みを帯びた尾根の表現に見られるように、大和絵風である。岩峰や東ノノゾキ直下の絶壁などは誇張されているが、杭岩下の両神神社（里宮）の鳥居や白井差の数軒の民家など、細かな部分も描かれている。

鋸歯状の稜線や岩峰は、山体を作るチャートという堆積岩の硬い性質に由来している。チャートは、水深数千メートルの大洋底に微小な放散虫の殻が層状に積もってできたものである。付近から産出する放散《ほうさん》

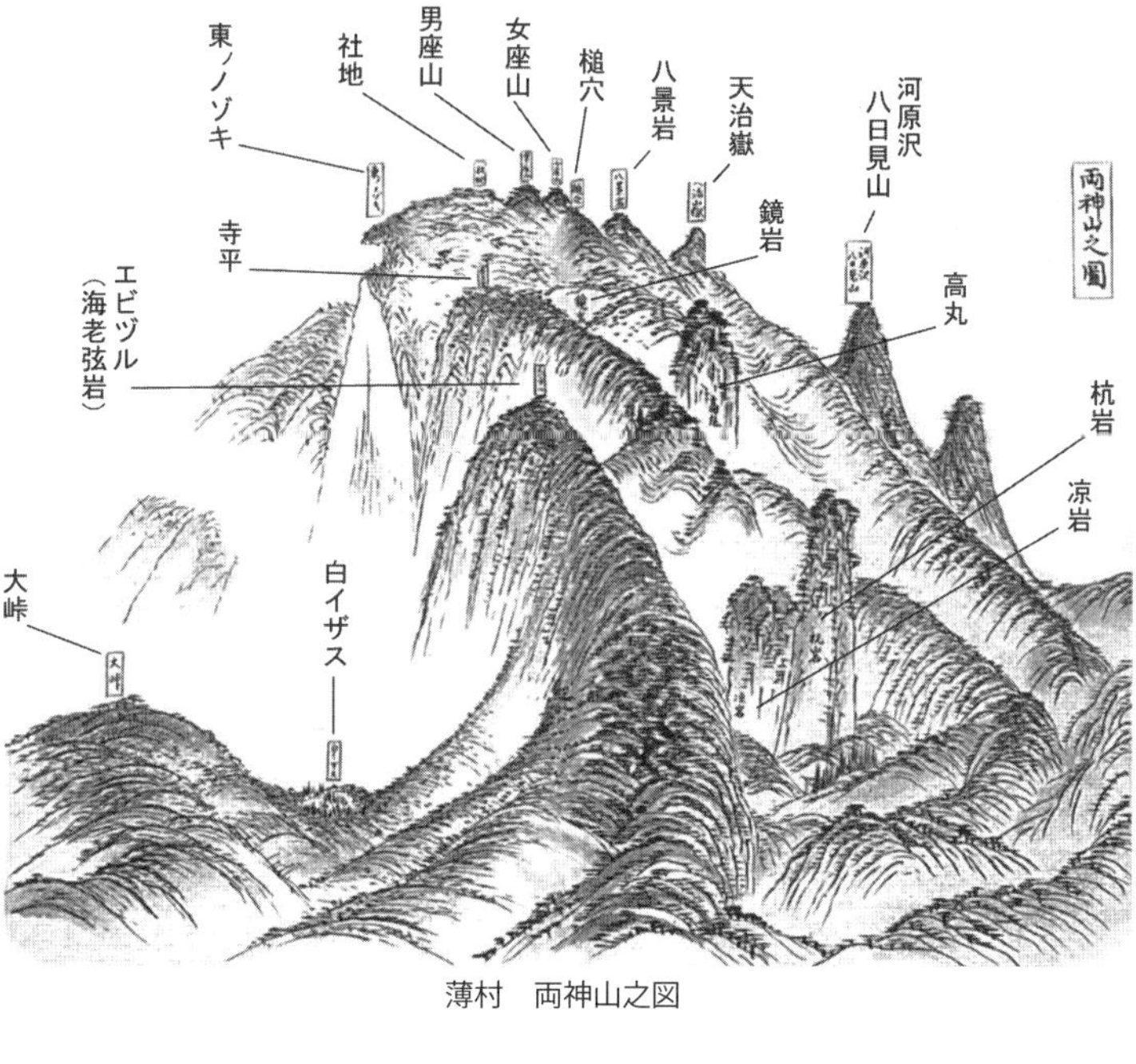

薄村　両神山之図

虫《ちゅう》化石により、その年代は、古生代ペルム紀前期（約三億年前）～中生代ジュラ紀前期（約一億八千万年前）と推定されている。両神山は、ジュラ紀の付加体である秩父帯の南帯に位置し、山体を作るチャートは、付加体中に取り込まれた大洋起源の古い岩塊の一つである。

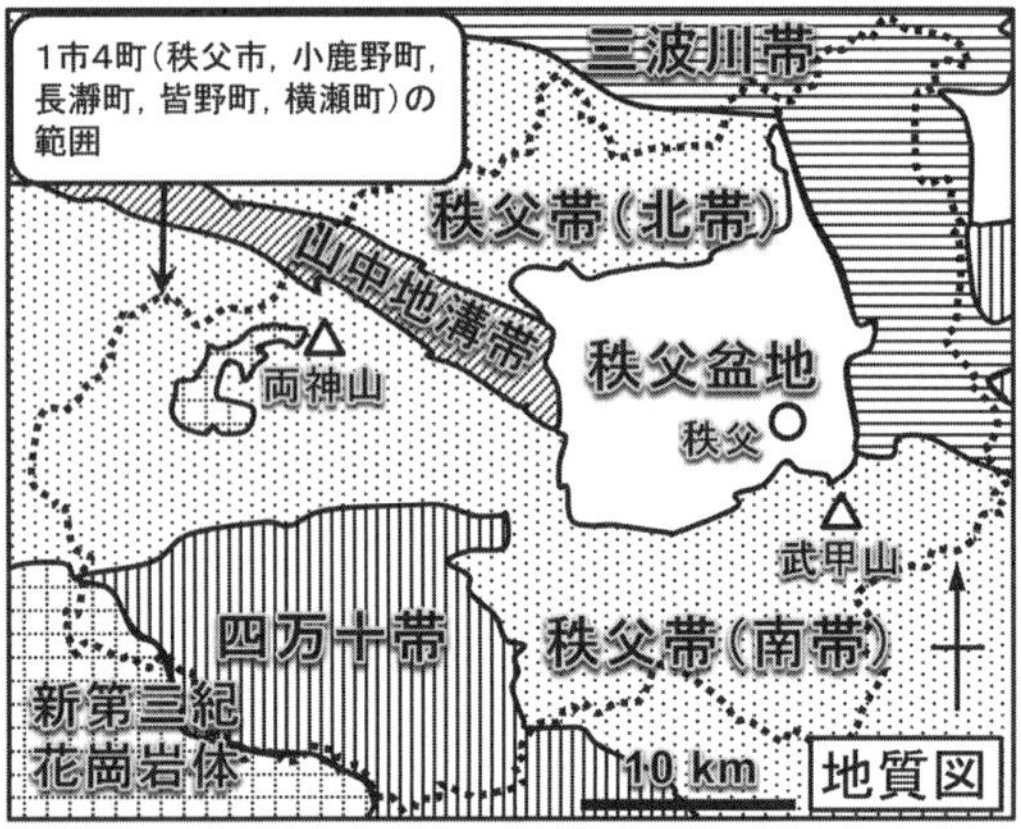

秩父地域の地質図

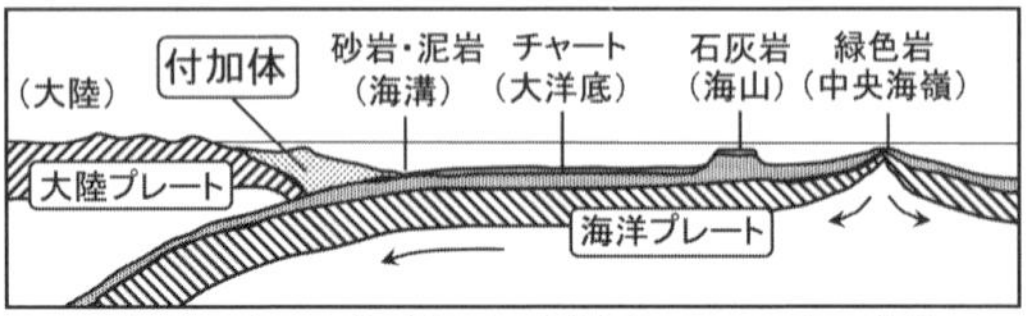

付加体の岩石の生成場所と海洋プレートによる移動

『風土記稿』の「荒川回流図」

秩父ミューズパークの展望台から東方を望むと、眼下に蛇行しながら北へ流れる荒川、対岸の河成段丘面上に広がる秩父市街地、その背後に連なる奥秩父～外秩父の山々などが一望できる。

ミューズパークは、約五〇万年前に荒川の氾濫により形成された尾田蒔《おだまき》丘陵（高位段丘）の段丘面上に整備されている。ここは、現在の荒川河床より二〇〇メートルも標高が高く、大地の隆起と河川による下刻作用の力を物語っている。

秩父ミューズパークの展望台から東方、秩父市街地方面を望む

「荒川回流図」は、ミューズパークの展望台よりやや南の地点から東方を鳥瞰したアングルで描かれている。この付近は、荒川が曲流（穿入《せんにゅう》蛇行）して〝巴川《ともえがわ》〟と呼ばれ、埼玉が生んだ洋画家・高田誠が、好んで巴川越しに武甲山を描いた地点である。しかし「荒川回流図」では、より高い視点から鳥瞰したと想定することにより、曲流の形態が明確になるように描かれている。また、近景に荒川の曲流と塚や民家、中景に低位段丘面上に広がる田畑や街道沿いに家屋が並ぶ大宮郷（秩父市）、遠景に羊山丘陵（中位段丘）とその背後に連なる武甲山・二子山・高篠山などが描かれ、この遠近表現が、地形の変化を読み取りやすくする効果を生んでいる。

　この図で、武甲山と二子山が険しく、高篠山《たかしのやま》がなだらかな山容を示しているのは、下図に補筆したように、それぞれの地域を構成する地質が異なるためである。固結度が高く硬い岩石からなる秩父帯は、風化・浸食に対する抵抗力が大きいため険しい地形を作るが、粘土鉱物を生じ、片理《へんり》（薄く剥がれ

久那村　荒川回流図

やすい性質）がほぼ水平に発達している変成岩からなる三波川帯は、風化・浸食に対する抵抗力が小さく、なだらかな地形を作る。この図では、地質の違いによる地形の違いが、客観的に描かれている。

しかし、この図で少し気になるのは、荒川の曲流による攻撃斜面（崖）の下にも、礫河原《れきがわら》が描かれていることである。曲流の円弧の外側では、水流による強い側刻作用が働いて急斜面（攻撃斜面）ができ、同時に下降流も生じて淵のできることが多い。反対に円弧の内側では、堆積作用がまさって砂礫がたまり、礫河原や緩斜面（滑走斜面）ができる。実際の

巴川の攻撃斜面（U）と滑走斜面（S）
（空撮写真）

巴川でも同様であるので、礫河原は描画の際の筆の勢いによるものであろう。

〝秩父の盟主〟と呼ばれ、信仰の山としても知られる武甲山（標高一三〇四メートル）は、石灰岩の採掘により、年々その姿を変えつつある。また、現在は鉄道が通り、低位段丘面上に民家が立ち並ぶ秩父市下《しも》影森《かげもり》～上影森地区は、この図では中景に相当するが、一面田畑となっており、民家はほとんど見られない。「荒川回流図」は、採掘以前の武甲山の山容や、河成段丘面上の土地利用の様子を伝える、貴重な記録の一つである。

［本間岳史］

【参考文献】
・福沢一郎『秩父山塊』（アトリエ社、一九四四）
・埼玉県立自然史博物館編『埼玉・大地のふしぎ』（埼玉新聞社、二〇〇四）
・秩父市・秩父商工会議所編『やさしいみんなの秩父学［自然編］』（さきたま出版会、二〇〇九）

河川と灌漑施設―見沼代用水柴山伏越（埼玉県白岡市）ほか

武蔵国の二大用水

北武蔵の用水には、利根川を取水源とする葛西用水と見沼代用水がある。葛西用水は、中川低地の主幹用水として、一七世紀に整備された。当初は江戸川から取水した中島用水であったが、一八世紀には大規模な模様替えを行い、利根川に水源を求めた。葛西用水は、近代以降も用水沿線の環境変化とともに複雑で多様な変化を遂げてきた。

後発の見沼代用水は、江戸幕府の新田開発政策の一環として、大宮台地間に分布する最大の沼沢地である見沼のほか、大小の沼の干拓のため開削された。干拓した沼に代わる用水のため「代用水」の名がある。葛西用水は、会の川・古利根川、見沼代用水は星川を利用しつつ、地形に応じた用水施設が駆使された。

葛西用水と溜井

葛西用水は、宝永元年（一七〇四）の水害により、享保四年（一七一九）以降は、中島用水から、羽生領の幸手用水に取水源を転換した用水体系に変更された。

葛西用水の特色は、蛇行部に自然地形を利用した水利施設である溜井《ためい》の設置にある。溜井は、上流部から、古利根川に琵琶溜井・松伏溜井、元荒川に瓦《かわら》曽《そ》根《ね》溜井がある。最下流部では、前期には亀有《かめあり》溜井、享保一四年（一七二九）以降は小合《こあい》溜井が設置された。溜井は堰《せき》によって水位を上げ、両岸の水路に導く役割を持つ。

松伏溜井は、利根川の本川俣（羽生市）から人工開削路→会の川旧河道→古利根川・琵琶溜井を経て流下した葛西用水が、東西に分水する地点にあ

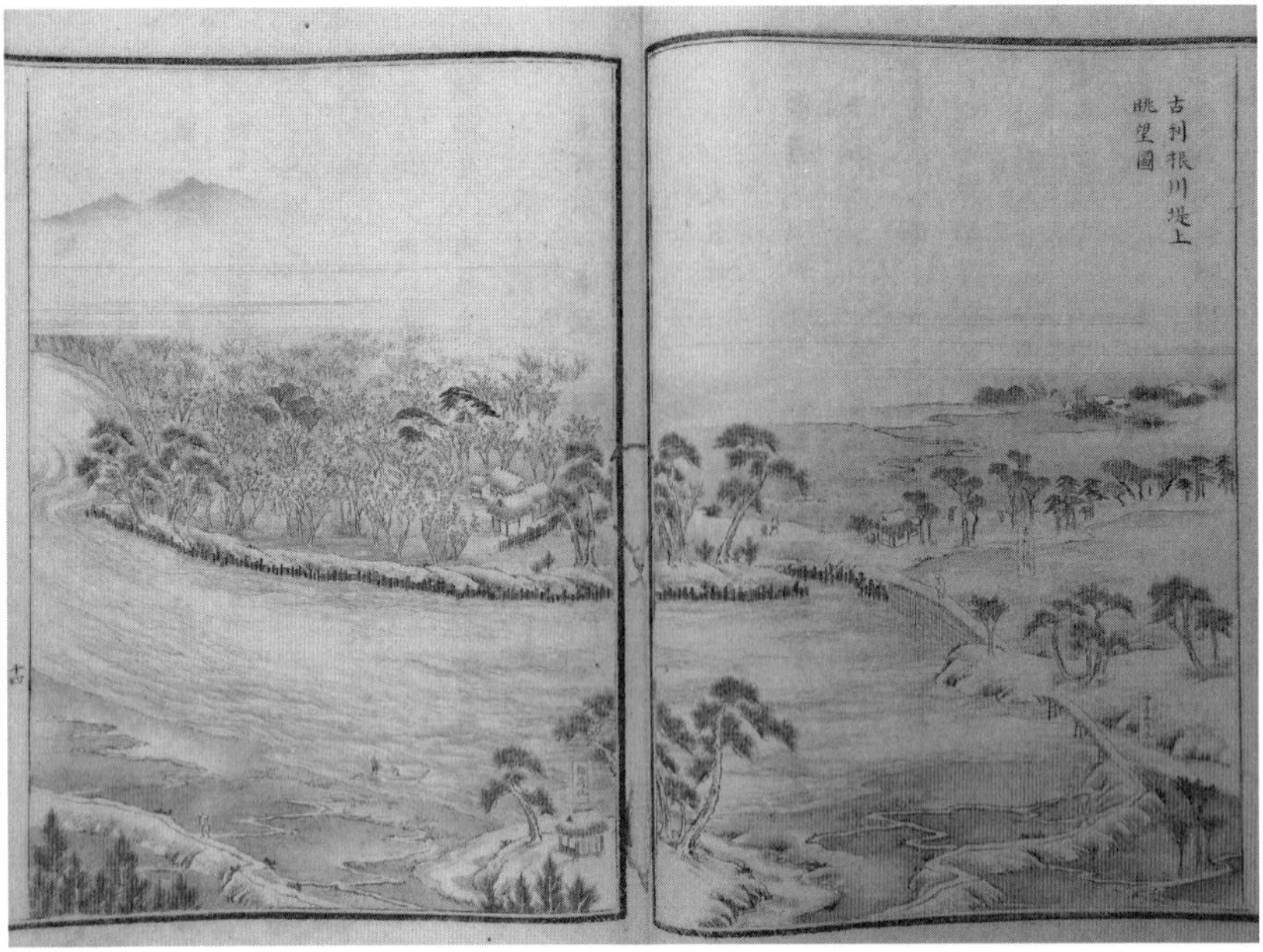

大吉村　古利根川堤上眺望図

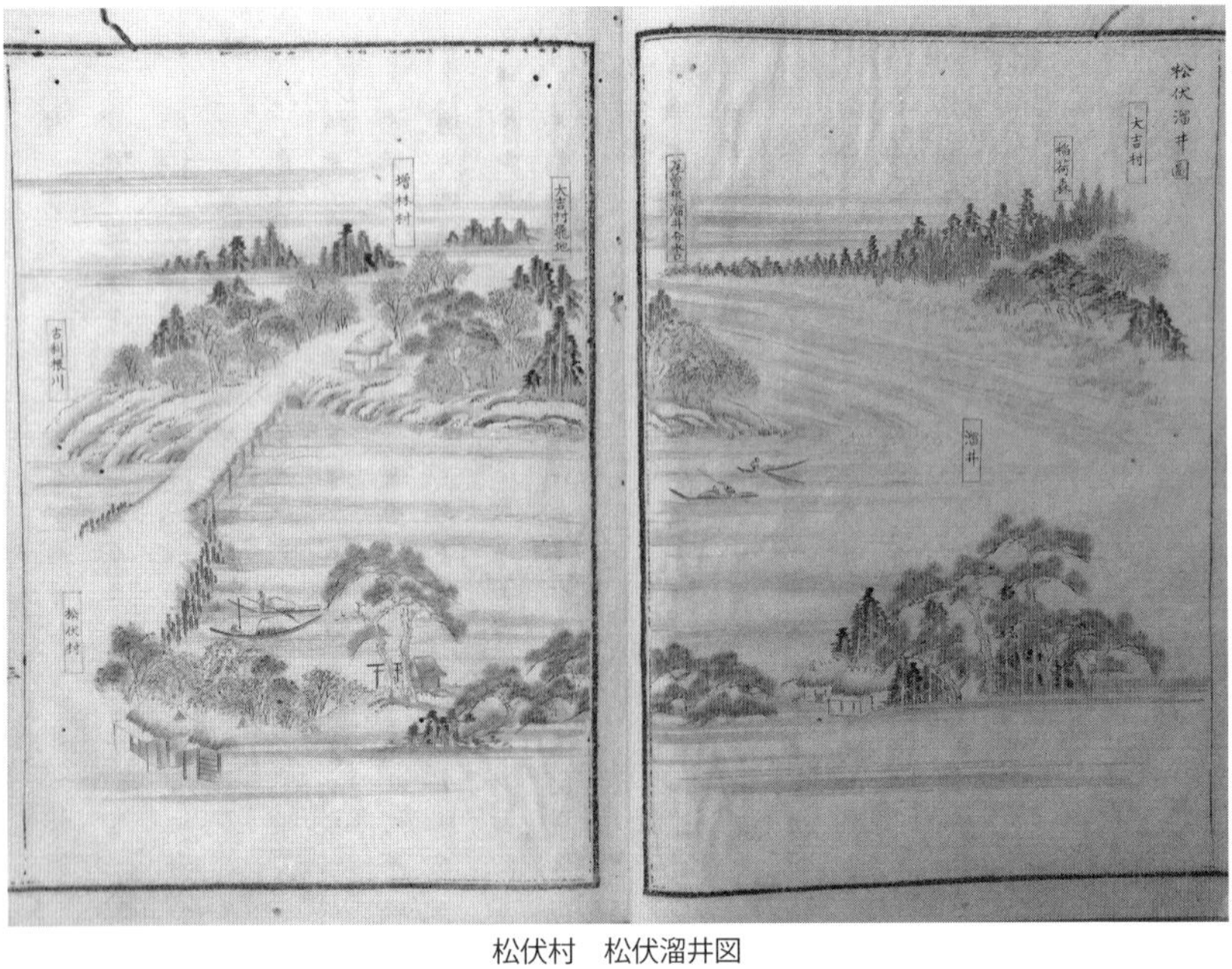

松伏村　松伏溜井図

る。『新編武蔵風土記稿』には二方向からの溜井周辺の挿図がある。「古利根川堤上眺望図」は、松伏溜井を西から東に展望した図である。南流する古利根川に設けられた堰上を人が歩いている。堰の左右には水路があり、手前にあたる西側には「西葛西用水」とある。東側の水路は、東葛西用水路の役割を担った二郷藩領本田用水路で、末流は小合溜井へ至る。河道を利用した溜井は、堰によって水位を塞《せ》き上げ、両岸の水路に分水する構造を持つ。

「松伏溜井図」は、松伏溜井を東から西に展望した図である。前図で「西葛西用水」とあった水路は、この図では「瓦曽根溜井分水口」と記される。瓦曽根溜井への水路は「鷺後《さぎしろ》用水」とも呼ばれ、古利根川の水を元荒川の瓦曽根溜井へ導いた。古利根川は、松伏溜井より下流は、用水の役割を終えて排水河川となるため、「大落し古利根川」の名がある。なお、古利根川は葛西領に入ると、「中川」と称された。

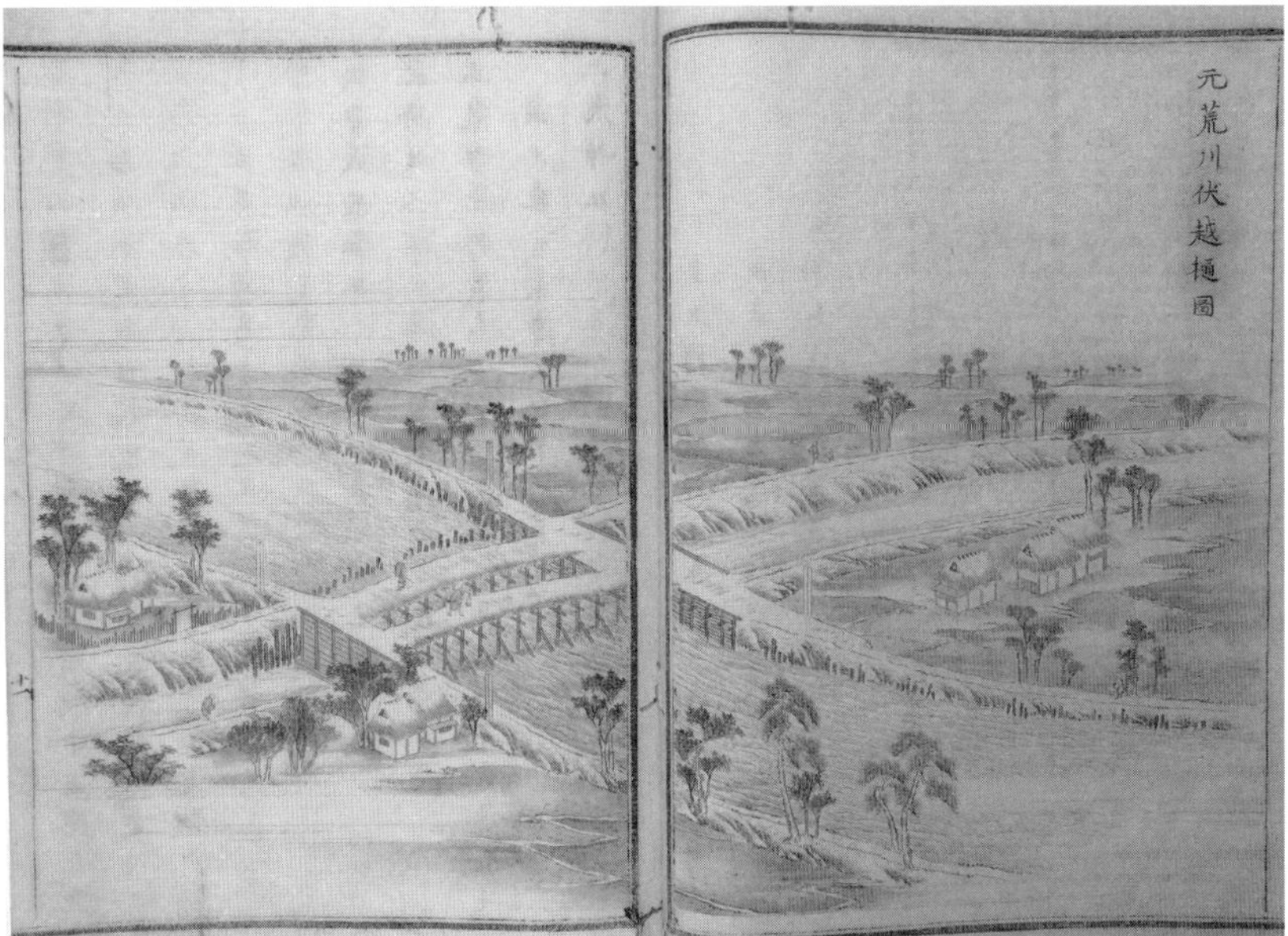

柴山村　元荒川伏越樋図

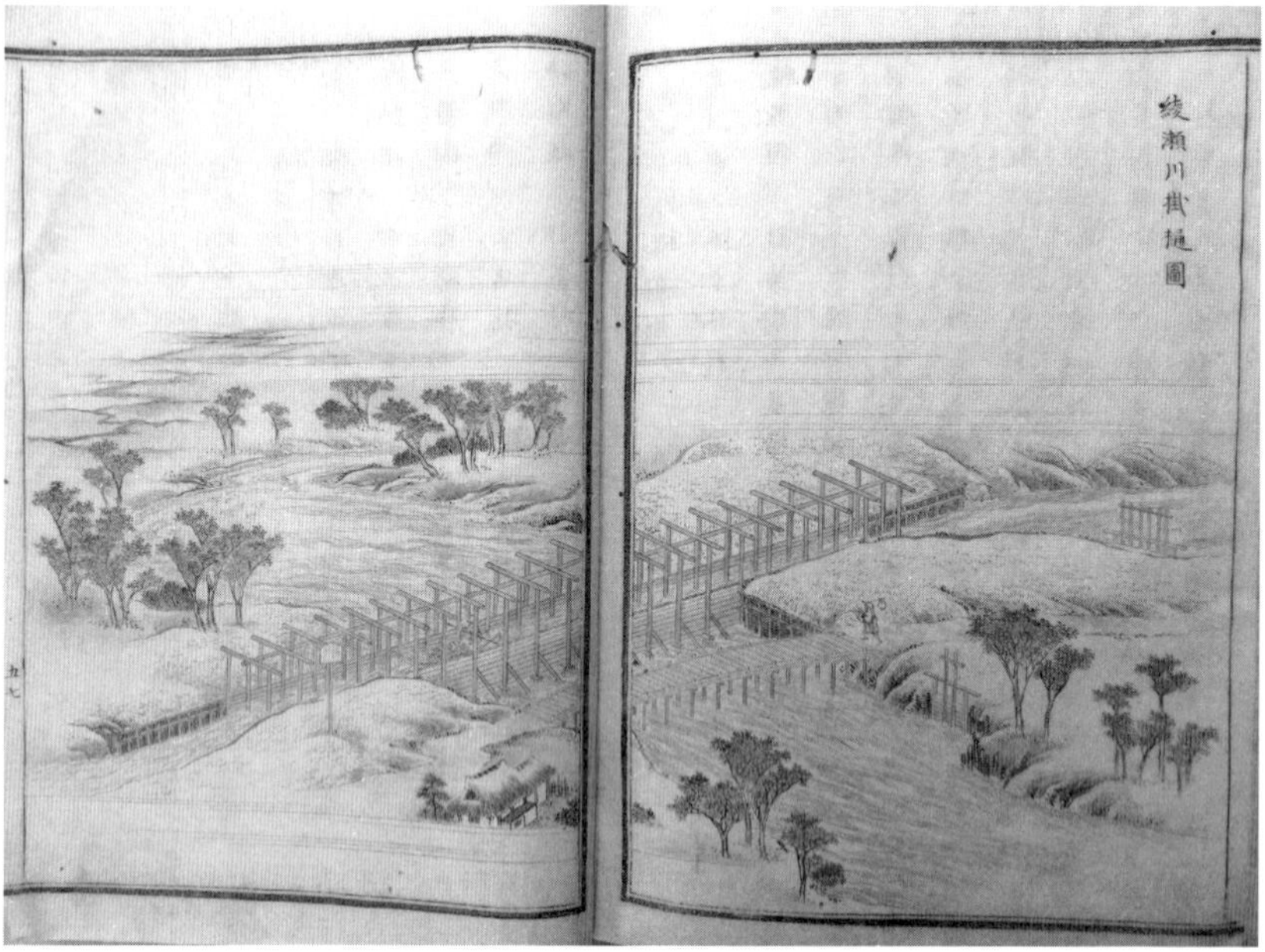

上瓦葺村　綾瀬川掛樋図

見沼溜井から見沼代用水へ

見沼は、約六千年前の縄文海進時に奥東京湾が入り込み、海退後に沼沢地となった名残である。寛永六年（一六二九）、荒川の瀬替えを行った関東郡代伊奈忠治は、台地間が最も狭くなる地点に八町堤を築き、見沼溜井を設けた。その後周辺の新田開発の進行で水不足となり、新たな水源が求められていた。

紀州藩主から八代将軍となった吉宗は、享保改革の一環として、財政難の打開策に年貢増徴政策強化のために新田開発政策を打ち出す。享保七年（一七二二）六月には武蔵野新田の開発が始まり、七月江戸日本橋に新田開発奨励の高札が掲げられた。吉宗の命を受け、開発を推進したのが、紀州から招聘した井澤弥惣兵衛為永である。井澤は、約十年間の在任中、関東平野内の内陸湖沼干拓と代用水の設置、捷水路（直流化）工事等を行った。

見沼代用水の構造

見沼代用水は、享保一三年葛西用水上流の下中条（行田市）に木造樋管を設けて取水口とし、星川筋を利用して用水を導き、工期は半年間で完成した。途中交差する河川を堰や伏越《ふせこし》・懸樋《かけひ》で送水した。星川との分離点である上大崎（久喜市菖蒲）には、星川側に十六間堰、見沼代用水側に八間堰が設けられ、通水の工夫がなされた。

元荒川の交差地点である柴山（白岡市）では、水路を川底に潜らせる伏越（逆サイフォンの原理）が設けられた。「元荒川伏越樋図」には、並行した土橋が、元荒川に架けられている。土橋の下にはそれぞれ伏越があり、土橋には水圧による浮上を防ぐ役割があった。

また下流の綾瀬川との交差地点である瓦葺（上尾市）には、木製の水路橋である掛樋《かけひ》が設けられた。「綾瀬川掛樋図」は、手前が上流側で、人が渡ろうとしている橋のさらに左岸と用水側に堰が描かれている。これは逃樋で、見沼代用水が増水した時、綾瀬川に

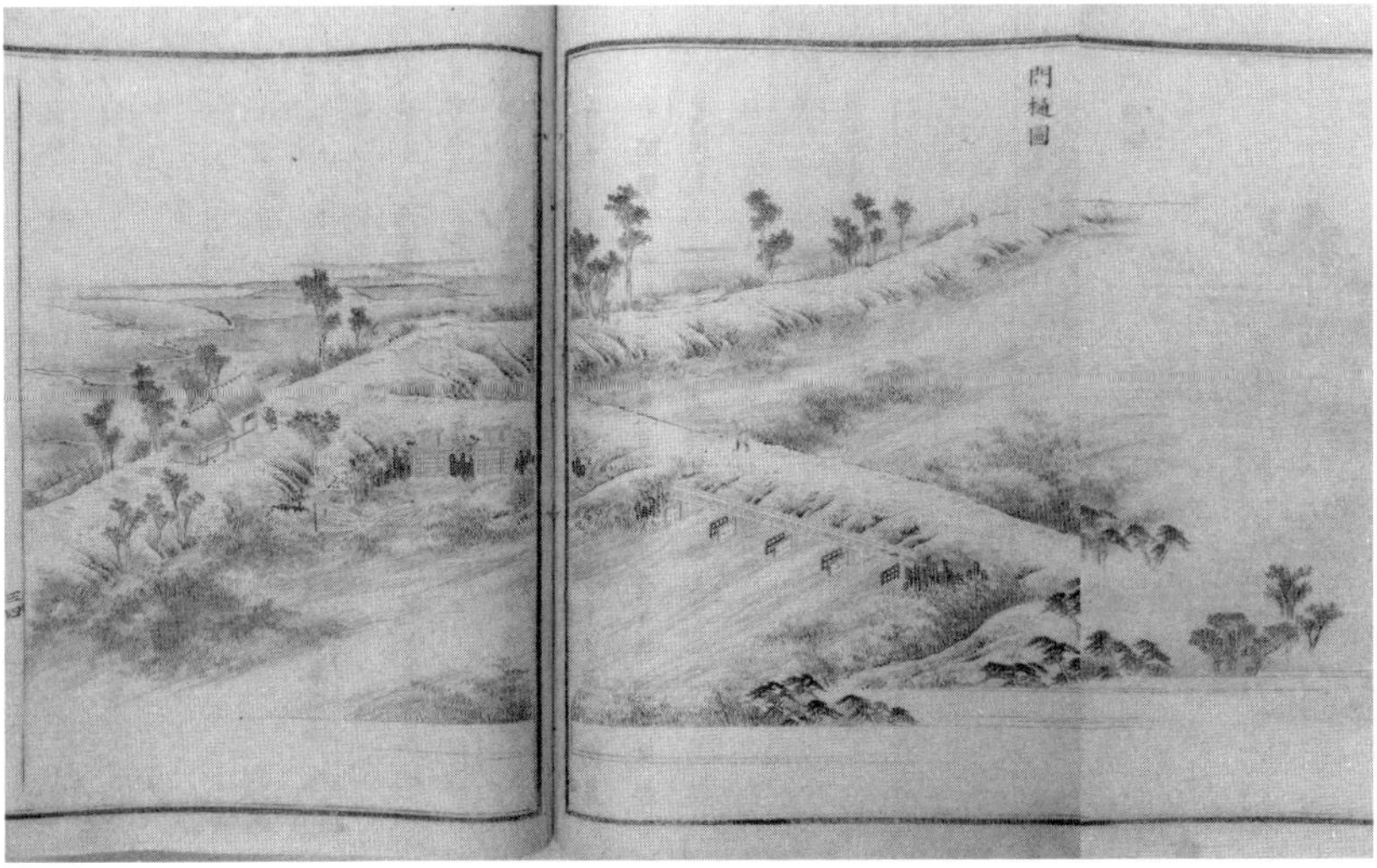

北大桑村　島川門樋図

放流するための設備である。

見沼代用水は、この掛樋の下流で、両岸の台地に沿って開削された東・西縁用水路に分水した。

島川と門樋

島川は、かつて渡良瀬《わたらせ》川・利根川の本流が流れた河道である。一六世紀期後期から承応三年（一六五四）にかけて行われた、複雑な利根川改変の結果、羽生領の村々の悪水を利根川に落とす河川となった。しかし洪水時には、権現堂川から逆流が起こるため、対策として宝暦九年（一七五九）に門樋《もんぴ》が構築された。設置された位置は、左岸が高柳（久喜市）、右岸が北大桑（加須市）である。

『風土記稿』には、門樋の開閉は水勢に任せて人力を待たないと記されている。しかしこの逆水留門樋でも羽生領の排水問題は解決をみず、天保四年（一八三三）にさらに八甫《はっぽう》村蛇田《じゃだ》堤へ移設された。八甫は慶長元年（一五九六）まで古利根川が中川低地から江戸湾に流下した地点でもある。『風土記稿』の挿図は、移設される以前の門樋である。現在、新旧二つの門樋があった地点には、古門樋橋と門樋橋があり、その名残りを伝えている。

［橋本直子］

【参考文献】
・『鷲宮町史　通史　中巻』（鷲宮町役場、一九八六）
・『見沼・その歴史と文化』（浦和市郷土博物館、一九九八）
・『合同葛西用水展～水の旅～』（鷲宮町立郷土資料館、二〇〇一）
・橋本直子『耕地開発と景観の自然環境学―利根川流域の近世河川環境を中心に』（古今書院、二〇一〇）

関所と渡し―房川渡（埼玉県久喜市）・栃本関所（埼玉県秩父市）

武蔵国には、日光道中に中田栗橋関所（久喜市）、日光脇往還（八王子千人同心道）に新郷川俣関所（羽生市）、秩父往還に栃本関所（秩父市）、甲州道中に小仏関所（八王子市）が置かれ、往来する通行人の監視を行った。

特に武蔵国の関所は、江戸の外郭に配置されており、「入り鉄炮に出女」の言葉どおり、江戸屋敷の大名の妻女が国元に帰ることと、江戸に鉄炮が入ってくることの監視が重要な任務であった。

房川渡しと中田栗橋関所

房川《ぼうせん》渡しは、『新編武蔵風土記稿』栗橋宿の項に利根川に続いて「渡船場」に「房川渡ト云。利根川ノ渡ニテ」とあるとおり、日光道中にあって利根川を渡河する際の渡船場である。北方の守りとして関所も設置され、渡船と関所の二重の障害となった。

ところで栗橋宿は、『風土記稿』にも記されているが、当初は現在の茨城県五霞町元栗橋にあった。やがて元和末から寛永初年頃に、現在地に移転した。そのため旧地を元栗橋、当地を新栗橋といったという。

さて、房川渡しについては、元和二年（一六一六）に幕府が指定した一六か所の定船場に指定されるなど軍事的に重要視されている。また、その名の由来を『風土記稿』は、次のように記している。栗橋宿内の常薫寺《じょうくんじ》は、法華宗（日蓮宗）であることから法華坊といい、その坊前の渡しであるから坊前《ぼうぜん》渡しといったのを、いつの頃からか房川渡しと改められたという。諸説として、川が房状であるためなどがあるが、名前の由来は定かでない。

通常の利根川の渡河は渡船によるが、房川渡しは唯一橋が架けられ対岸の中田宿へ渡る特別な手段として船橋が架けられることがあった。『風土記稿』には、「日光　御社参ノ時ハ。爰ニ船橋ヲ架シ。堤上ニ御茶屋ヲ構フ」とある。これは、将軍が徳川家康を祀る日光東照宮を参拝する日光社参では、江戸と日光間の最大の障害が利根川であった。将軍の威信のためにも川留などにより渡河を躊躇することがあってはならず、船橋が架けられたのである。天保一四年（一八四三）の十二代家慶の社参時には、残された構造図から、五二隻の船を並べて虎綱で固定し、筵や砂などで通常の街道と変わらない普請をし、欄干等も取り付けたことがわかる。

　さて、この房川渡しで渡河するためには、栗橋宿側の中田関所を通らねばならず、冒頭に記したように二重の障壁であった。『風土記稿』では、「利根川堤上にあり、其置れし年代詳ならず、見張番所を構へて往来の旅人を改む、是を房川渡中田御関所と唱ふ」などとある。設置年代は、慶長五年（一六〇〇）に徳川家康が小山（栃木県小山市）に陣を進めた際

栗橋宿　房川渡場図

に、伊奈忠次が元栗橋に関所を置いて防備を固めたとされ、前述の元和二年の関東十六定船場の指定場所以外の船渡しの禁止と旅人の取り締まりが行われていることから、江戸時代初頭から関所機能があったといえるだろう。関所の設置は、正式には寛永元年（一六二四）に開設されている。

また、名称について栗橋に置かれているため栗橋関所と通称されているが、正式には対岸の中田を冠した名称「中田関所」となっている。これは河川の渡河点に置かれた関所は、新郷（羽生市）に置かれた川俣関所、金町（葛飾区）に置かれた松戸関所、小岩（江戸川区）に置かれた市川関所など対岸の地名を冠しているためである。もっともわかりにくさもあり、各々「栗橋中田関所」、「新郷川俣関所」、「金町松戸関所」「小岩市川関所」などとも呼ばれている。いずれの関所も、近代の河川改修により河川敷の下となってしまい、その遺構を見ることはできない。

関所番士が四名、すなわち加藤・足立・富田・島田の四家が勤めていることが『風土記稿』に記されているが、設置当初から続く番士は、富田家のみである。近年まで、関所番士の家は残されていたが、スーパー堤防建設により残念ながら取り壊されてしまった。しかし、足立家、および島田家に伝わる関所日記などの史料群は、関所の実態を知る貴重な文化財として後世に伝えたいものである。

栃本関所

秩父往還は甲州裏街道とも呼ばれ、江戸・川越・熊谷と結ぶ甲州道中の脇街道の機能を持っていた。この街道は、甲州との物資輸送や秩父札所の巡礼者などの往来があった。

『風土記稿』の「古大瀧村・新大瀧村」の総説の項に「甲州ヘノ古道一条ノ往来アリテ。雁坂峠ヲ踰ヘテ（中略）偖又栃本及ヒ麻生ニ関門アリテ。不慮ノ警備トナシタマヘルコト。御打入ノ頃ヨリ爾ルヨシ。鉢形城全盛ノ頃ハ、コノ往来難所ナレトモ、両国ノ通路。ヒキモタヘズ賑ハヒ（後略）」とあるが、「古大瀧村」では、「（前略）道幅六七尺。但シ栃本ノ西

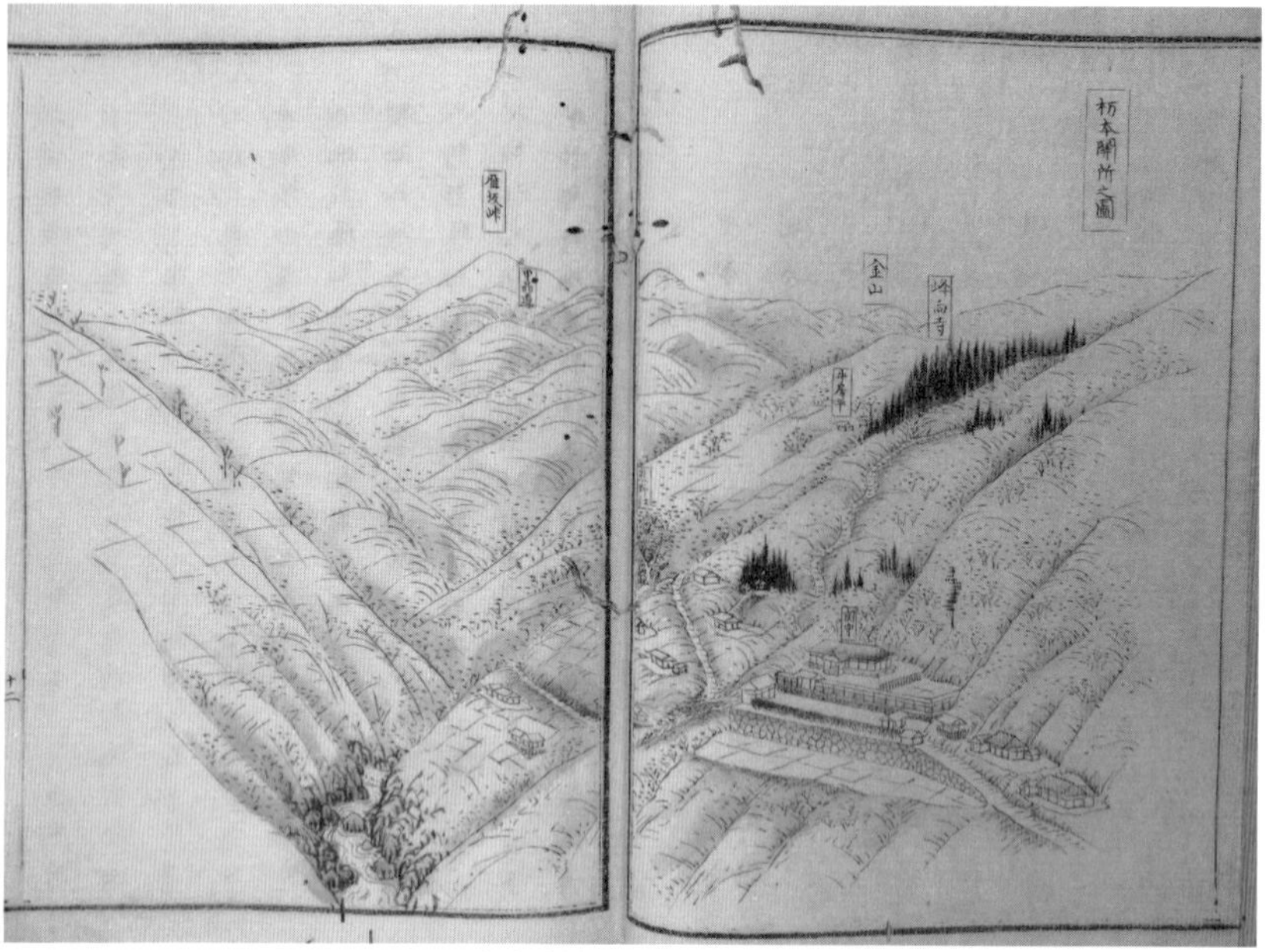

古大滝村　栃本関所之図

川又アタリヨリハ。漸々ト幅モ狭ク。人行モ稀ナレハ。茅ナド生ヒ茂リテ小徑ナリ」と、険阻で馬一頭がやっと通れる程度の山道であったようだ。挿図には、遥かに甲州との国界を成す雁坂峠を望み、北側の斜面に走る杣道のような山道の途上に栃本関所が描かれている。現在の栃本関所の景観と比べてみても、近世から全くといっていいほどその姿は変わっていない。

栃本関所は、名主兼帯する大村氏が慶長以降代々関所番士を務めていた。敷地の東西に関門があり、番所は敷地北側に大村氏の居宅を兼ねて建てられていた。道の南側は数十丈（一丈は三・〇三《メートル》）の深い渓で荒川に落ち込んでいる。土地は険隘《けんあい》であり要害堅固な立地である。関所には、三つ道具（袖絡《そでがら》み、突棒《つくぼう》、刺股《さすまた》）、十手、捕縄が常備され、関門や柵矢来等の造営や修復などは古大瀧村の費用で賄っているという。なお、将軍の日光社参の際には、村人は関所を警護すれば伝馬役が免除された。

また、栃本から東へ一里ほどの麻生の名主・千島家敷地内には、加番所が置かれた。「即チ栃本ノ加番所ナリ。関門ナク僅ノ箱番所ヲ置テ、里民一人ツ、代ル〳〵守レリ」とあるように、簡素な箱番所で、村人が交代で守ったのである。関所道具などの拝領品はなく、番小屋も村の費用で建てられた。寛永時に派遣された巡見使の旗本の大岡忠世らが、この村の様子を見て非常の際の警備の必要性から加番所設置を命じられたことによる。運営は、近隣の三組の家々の二五人の輪番制で行われた。

この麻生加番所では、甲州に赴く際には往来手形を提出して判鑑を受け取り、栃本関所で提出して書替切手と引き替えて甲州側の川浦番所（山梨市）へ提出したという。反対に甲州側からの通行人は、川浦番所で改手形を受取り、栃本関所で印判を受けて麻生加番所で提出したという（『新大滝村誌』）。秩父往還では、麻生加番所、栃本関所、川浦番所の三か所で関所機能を有していたといえるだろう。

なお文化一一年（一八一四）麻生側からの訴訟が起こり、文政三年（一八二〇）は次のように幕府は裁決をした。栃本では「関所」という名称を止め、「口留番所」とし、麻生は「加番所」とするというもので、以降、公文書上ではこの使い分けが定着した。

現在では、埼玉県内の関所遺構は、国指定史跡として栃本関所が残るのみであるが、往時の姿をよく残している。

［杉山正司］

現在の栃本関所

【参考文献】
・『歴史の道調査報告書　第三集　日光道中』（埼玉県教育委員会、一九八五）
・『歴史の道調査報告書　第十一集　秩父甲州往還』（埼玉県教育委員会、一九九〇）
・『大滝村誌』上巻（秩父市、二〇一一）

古代の遺跡―埼玉古墳群・小埼沼（埼玉県行田市）

埼玉古墳群と小埼沼について

埼玉《さきたま》古墳群と小埼《おさき》沼は、ともに埼玉県名発祥の地である埼玉県行田市埼玉に存在する古代の史跡である。

埼玉古墳群は、東日本最大規模の古墳群で、この古墳群の稲荷山古墳から出土した国宝の金錯銘鉄剣《きんさくめいてっけん》は、多くの教科書に掲載されて広く知られている。

埼玉古墳群の現況航空写真

万葉遺跡小埼沼は、『万葉集』に歌われた「小埼の沼」、「埼玉の津」に関わるとされている沼で、宝暦三年（一七五三）に忍《おし》城主阿部《あべ》正因《まさより》によって、「埼玉の津」と「小埼の沼」の歌を刻んだ武蔵小埼沼の碑が建てられている。残念ながら現在では沼は林の中の小さな池となってひっそりと佇んでいる。

『新編武蔵国風土記稿』に見る二つの史跡の評価

埼玉古墳群については、将軍山、御風呂山（鉄砲山）、浅間社の塚（浅間塚）、丸墓山の四基の古墳が別個に記述されている。

御風呂山については、「当村ノ名旧クヨリ聞エシヲモテ考レハ。モシクハ是ラノ所ハ国造県主ナトノ墳墓ナリシナランナド土人イヘリ。サレトコハイカニモ古代ノコトニテ。ソレヨリ後モ名ニ聞エシ人ノ塚ナランハシルベカラズ。」と記されており、この当時既に地元ではこれら古墳が古代の武蔵国造の墳墓と考えられていたことがわかる。また、編者の歴史的評価に対する慎重な姿勢も伺える。

浅間社の塚については、忍城主成田氏長が築いたとする伝説を紹介した後、「其様殊ニ古ク。尋常ノモノニハアラス。上古ノ人ノ墳墓地ナルモ知ベカラズ。」と、ここでも慎重である。

丸墓山古墳については墳頂からの景観を紹介し、「イト勝景ノ地ナリ。」とたたえているが、「モシクハコノ塚。上代国守ノ墳墓ナドニテアリシモ知ベカラズ。」と歴史的評価についてはやはり慎重である。

小埼沼については、埼玉沼（附小埼沼）として「古ヘ小埼沼。或ハ埼玉津ナト云テ。皆万葉集ニモ歌アリテ。当国ノ名所ナリ。」と記されており、万葉の古蹟として既に広く知られていたことが伺える。しかしながら編者は、「サレド是ハ上古ノ事ニテ。土地ノ大変革モアリシナルベケレハ。兎角論シガタ

埼玉村　忍城之図（手前に丸墓山、将軍塚（山）古墳）

シ」と土地の変革に対して卓越した認識を示し、「埼玉の津」については足立郡見沼池、「小埼の沼」については現在の岩槻市域の尾ケ崎村や羽生市域の尾崎村とする説を挙げ、「ソノ実ハ知ルベカラズ」と、やや批判的かつ慎重な歴史的評価を述べている。

立地環境の大変革

『風土記稿』の編者が示唆していた通り、二つの史跡の立地環境は、時代を経て大きく変化していた。史跡が立地していた場所は、ともに古代には低地を望む台地上であった。それがこの地域特有の関東造盆地運動による地盤沈下と、利根川・荒川等の氾濫によって、この時代には沖積低地の下に台地が埋没して、挿図に見られる平坦な地形に変わっていたのである。小埼沼付近が挿図のように沖積低地化するのは、周辺の発掘調査成果から中世以後と考えられ、万葉集が編纂された奈良時代にこの場所が「小埼の沼」や「埼玉の津」であった可能性は、きわめて低いことが現在では判明している。

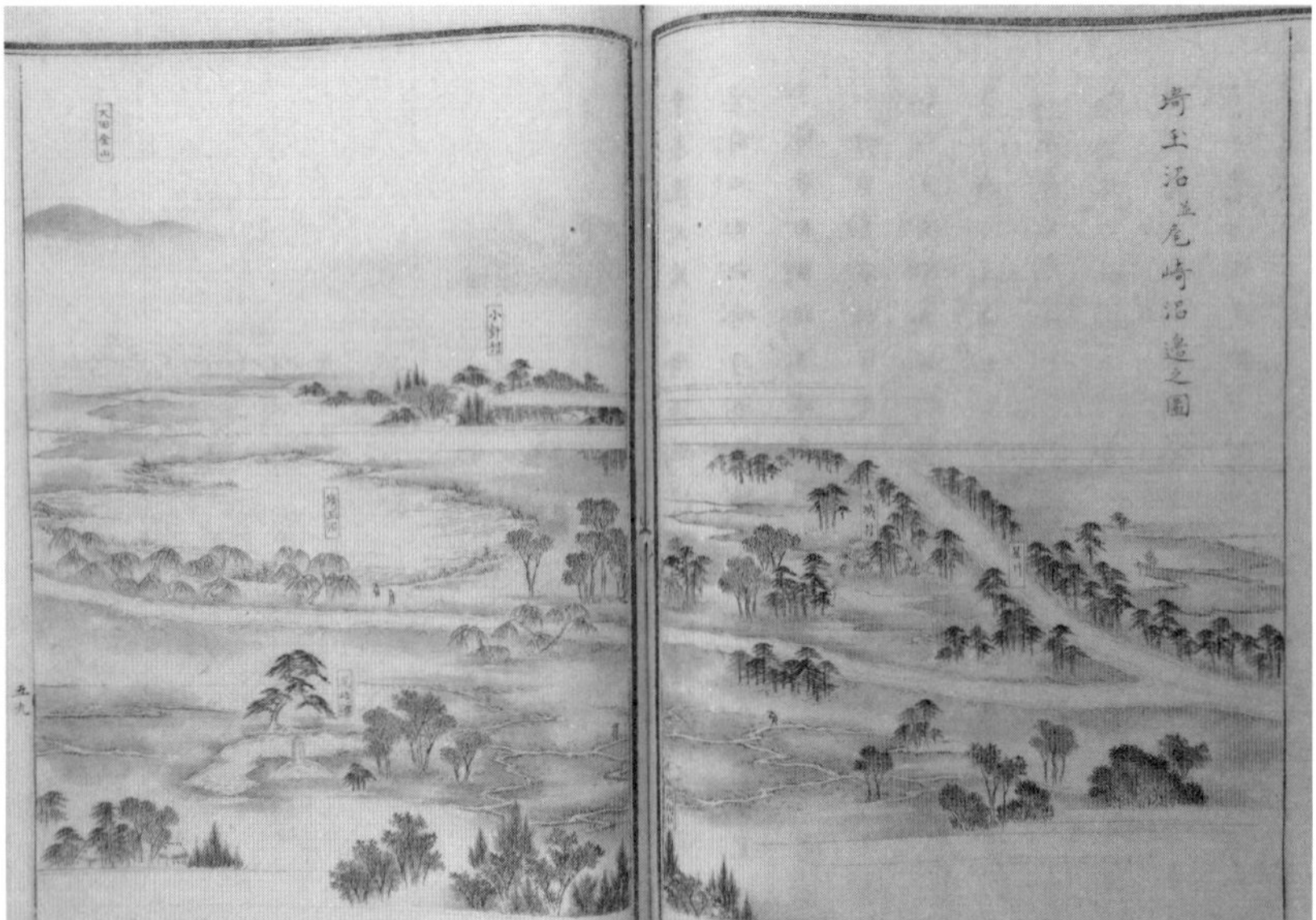

埼玉村　埼玉沼並尾崎沼辺之図

歴史的評価の移り変わり

　しかしながら、天保一一年（一八四〇）の『増補忍名所図会』では、小埼沼が『万葉集』に歌われた「小埼の沼」の場所であるとする武蔵小埼沼の碑の内容が肯定的に紹介され、万葉遺跡として評価が定着していく。『万葉集』への関心の高まりもあって、明治一〇年（一八七七）の『埼玉縣地理抄』でも「本県管内第一ノ旧趾」と評価されており、大正一四年（一九二五）には埼玉県指定史跡に指定されている。戦後、万葉遺跡としての根拠に疑義が抱かれ始め、昭和三六年に旧跡に指定変更となった。現在では忍城主による万葉集顕彰活動の史跡として評価されている。

　一方埼玉古墳群は、幕末に御風呂山が一部崩されて忍藩の砲術練習場（角場）となり、やがて鉄砲山と呼ばれるようになる。明治二七年には将軍山が崩されて発掘され、昭和一〇年には稲荷山の前方部が土取りで失われた。しかしながら当時の埼玉村の尽力により保存が図られ、日本最大の円墳と八基の大型前方後円墳が密集して築かれているその重要性から、昭和一三年に国指定史跡に指定された。その後発掘調査と研究が進められ、昭和五三年に稲荷山古墳出土の鉄剣から、一一五文字の金錯銘が発見された際には、「世紀の大発見」と一躍注目を集めた。そして現在はその大半が、「さきたま風土記の丘」として整備・公開されており、多くの人が見学に訪れている。

小埼沼の図（『増補忍名所図会』）

小埼沼の現況写真

調査研究の積み重ねが歴史的評価に繋がり、保存・整備・活用が進められて、多くの人が訪れる埼玉古墳群。伝説が裏付けなく独り歩きし、真実が判明して今では林の中にひっそりと佇む万葉遺跡小埼沼。『風土記稿』編者の歴史的評価への慎重な姿勢に、今も学ぶべきところは多い。

［中島洋一］

【参考文献】
・『埼玉の古墳　北埼玉・南埼玉・北葛飾』（さきたま出版会、二〇〇四）
・『埼玉の津と埼玉古墳群』（関東図書、二〇一一）

戦国期の城跡—男衾郡白岩村鉢形城蹟（埼玉県寄居町）ほか

『新編武蔵風土記稿』にみられる城館

『風土記稿』には、実に多くの城館跡の記載がある。戦国時代の為政者への畏敬の念もあろうが、戦国時代の城館は土塁や堀により地形が大きく造作されていることもあり、それらを破壊してまで開発は進められていない。また、丘陵や山地の頂部に造られた山城は、地域を見下ろす場所にあり、長く象徴的な場として破壊されることもなく後世に伝えられている。

戦国時代には小田原北条氏の拠点となり、江戸時代には城下町として発達した川越城、岩槻城、忍《おし》城に戦国の城館の面影を追うことは難しい。ここでは、比企郡から男衾《おぶすま》郡域を中心に戦国時代の城館を追ってみよう。

両上杉氏の抗争の頃の城館をみる

松山城、鉢形《はちがた》城、菅谷《すがや》城、青鳥《おおどり》城などが、さまざまな文献からも両上杉氏の頃に成立した城であることはまちがいない。

例えば、菅谷村（比企郡嵐山町菅谷）の古城蹟は、『風土記稿』の記述をみると地勢、規模、堀・土塁などの存在や本丸・二丸などの名称が残っていることが明記され、ほぼ現在の菅谷館跡の状況と大差ないことを推測させる。加えて、『吾妻鏡』や『梅花無尽蔵』などを引用し、畠山重忠、須賀谷《すがや》原に関する記述もある。古城蹟眺望図では、槻川《つきがわ》と都幾川《ときがわ》の合流付近の平坦な高台が城跡と思われる。

石橋村の小名内青鳥（東松山市石橋）にも城跡の記述がみられ、現在では青鳥城と呼称されている。山林にして「反別凡二町許」と記述されているが、現在本郭とされる箇所が一辺約一〇〇メートルほどであり、さらに一番外側を巡る郭は一辺五〇〇メートルを測り、規模の上では菅谷城より大きい。さらに「太田道灌状」など文献に青鳥城と思われる文献はみられるが、『風土記稿』にはその記述はない。菅谷館がわりと正確な記述であるのに対して、青鳥城は図もなく明確でない。

　現在の比企郡嵐山町から小川町には杉山城、越畑《おっぱた》城、小川町高見《たかみ》城、中《なか》城などが点在している。いずれも『風土記稿』での記述は塁蹟などと固有名詞では呼ばれていなく、例えば杉山城が金子家忠居住とあるように、伝聞の域を出ていない記述が多い。そして、これらの城は、城郭研究の分野では、長く北条氏段階の城と考えられていたが、最近の城郭研究では菅谷館、青鳥城などと同様に、両上杉氏の抗争の頃である一五世紀末から一六世紀前半頃の城と考えられている。

　当時、山内上杉氏の陣所として重要な役割を担った本庄市五十子《いかっこ》陣があるが、『風土記稿』において

菅谷村　古城蹟眺望図（左手前に菅谷館跡）

は見出しとして古城蹟とあり、さらに「当所ノコト諸記皆陣トスノミ記シテ城ト云ハズ」と記述されている。実際のところ、五十子陣は、形成された時期は短いが、発掘調査などから類推して、相当な広範囲にわたり建物や屋敷があったことがわかってきた。また、五十子陣を記載した文献も多く、当時の五十子陣の歴史的役割からすると、図もなく説明も少ない。このことは、五十子陣が『風土記稿』が作られる頃には、城としての構造的形態をとどめていなかったのかもしれない。いずれにしても、両上杉氏の抗争の頃の城・陣は、現在も多くその形をとどめるが、『風土記稿』には、菅谷館以外ほとんど図示されたものもなく記述も少ない。

近年の研究では、五十子陣のような事例について、概念での陣所と城館、史料語彙の「陣」との関係を考えるうえで重要な事例とする指摘もある。五十子陣における『風土記稿』の記述と重なり興味深い。

小田原北条氏の城館をみる

両上杉氏の抗争の頃、既にそれぞれの陣営の拠点の一つとして存在した松山城、鉢形城がある。この二つの城は、その後、北条氏の支配の重要な拠点として、北条氏の滅亡まで継続的に使用された。現在残る城の構えはほぼ北条氏の滅亡時の形をとどめているものと思われる。

なかでも大里郡寄居町の鉢形城は北条氏の支城として重要な役割を担っていたことから、城の立地や郭の配置のみならず、城下町の記述も詳しい。『風土記稿』の記述では「城南を首とし、北を尾とす、本丸・二丸・三丸・諏訪曲輪・秩父曲輪・逸見曲輪・大光曲輪・笹曲輪等の名あり」などとある。天正一八年（一五九〇）に北条氏が滅亡後、徳川氏家臣の成瀬氏が入城したが、その後あまり時期を置かず廃城となっていることから、天正一八年以降の改変は少なく、現在の状況はほぼ北条氏滅亡頃の城の形態を伝えていると思われる。『風土記稿』では、鎌倉大草紙なども引用され、一五世紀後半段階の記

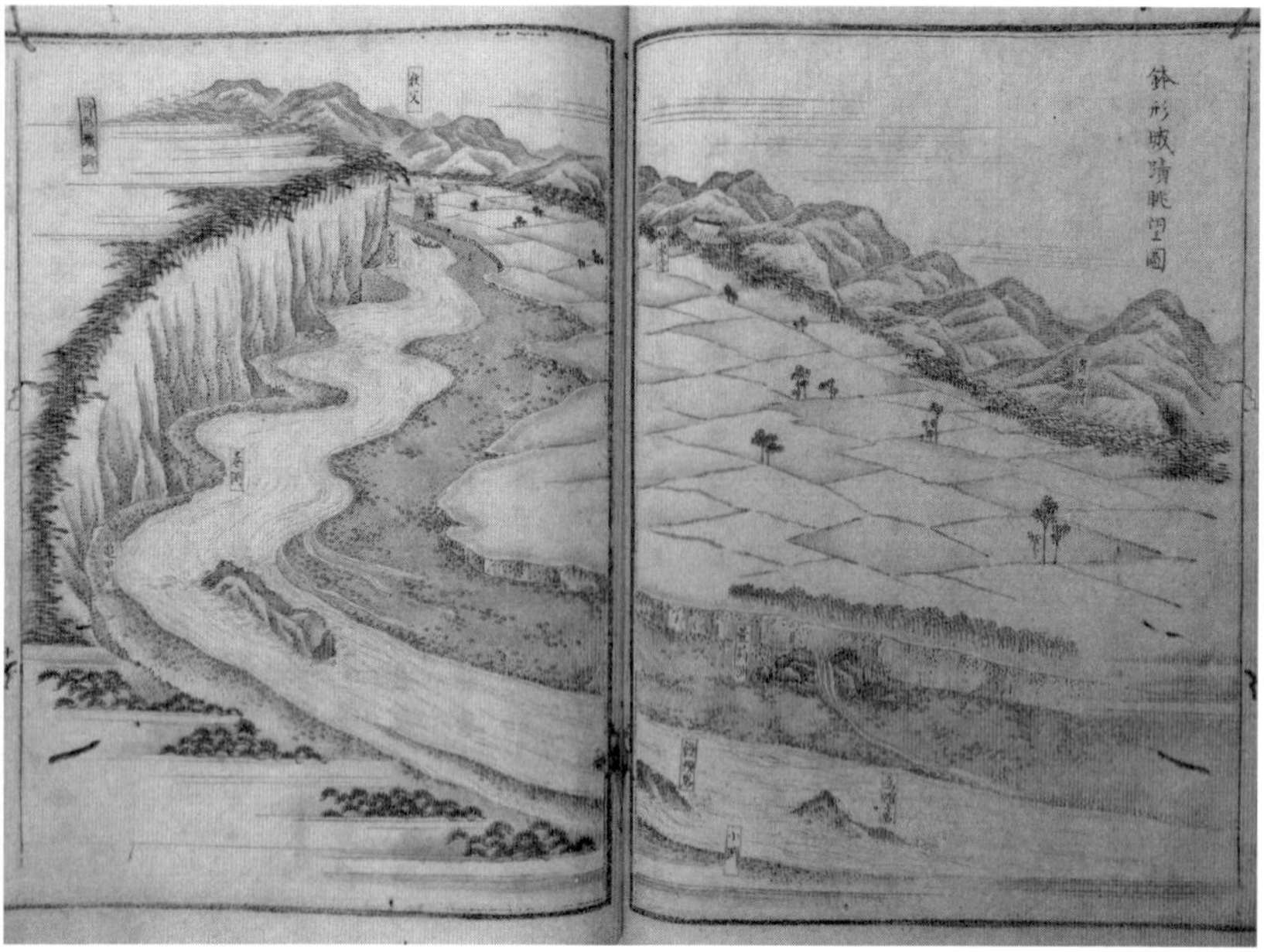

白岩村　鉢形城蹟眺望図（左手が城跡、中央は荒川）

述も詳しい。近年、二の曲輪、三の曲輪（伝秩父曲輪）比定される郭の発掘調査が行われ、北条氏段階、さらにその下層から一五世紀後半の上杉氏段階の遺物が確認され、『風土記稿』の記載とも符合する。

また、城周辺の村々の記述では、殿原小路・新小路・鉄砲小路・連雀《れんじゃく》小路・鍛冶小路などの名がみられ、城と密接に関わる城下町が形成されていたことがわかる。

少し視点を変えて『風土記稿』に示された図に注目してみたい。鉢形城とともに北条氏の支城の一つである八王子城は、鉢形城同様に立地や郭の配置などが詳細に記述されているとともに、眺望図に加えて古城跡図も掲載されている。「石垣等今に存せり、此山の西に滝沢山・竹林山など云山あり、ここにも石垣の残れり、この辺より要害の構ありしにや、村の詰入に升形のあとあり、又千畳敷の跡と云所あり、五十間四方ほどの所なり」と内容も詳細である。現在の八王子城をみると、石垣で造られた桝形虎口があり、その先には北条氏照の居館とされる御主殿跡

元八王子村　古城跡図（八王子城跡）

があり、これが千畳敷である。この一帯は、発掘調査が行われ二棟の大型礎石建物を中心に付属の建物、庭園が発見された。

『風土記稿』の鉢形城をはじめとして北武蔵の城跡には古城跡図がない。なぜだろうか。表現するに足る景色がなかったのであろうか。確かに八王子城のような堅固な石垣はないが、鉢形城では発掘調査の結果、三の曲輪（伝秩父曲輪）とされる西側の土塁には階段状に河原石が積まれていたことが確認され、なかなかの景観であった。南武蔵の八王子城以外にも小机城、滝山城などの古城跡図がある。このような違いは城館の重要性や残存状態のみならず、記述者の意図するところに違いがあったのであろうか。

［浅野晴樹］

【参考文献】
・峰岸純夫・斎藤愼一編『関東の名城を歩く』南関東編（吉川弘文館、二〇一一）

仏像と鋳物師―埼玉郡町場村大聖院（埼玉県羽生市）ほか

仏像調査のナビゲーター

改めて説くまでもなく、『新編武蔵風土記稿』は仏像等寺社に伝わる文化財を調査研究する際には欠かせない基本図書である。

長らく県内の仏像調査に携わってきた筆者にとっては、調査の前や後に必ず該当寺院に安置される尊像の名称や法量、由来・伝承等をはじめ寺の縁起や沿革を『風土記稿』で確認し、調書を作成することがならいとなっている。『風土記稿』の記述により、他の関連史料の渉猟や現地の踏査を行い、いかに未知の情報を多く得たことか。本書は、座右に置く必備の書として重宝極まりない存在といってよい。

失われた羽生大聖院の毘沙門天像

調査で出会った仏像の大半は『風土記稿』中にその所在を確認することができるが、逆に『風土記稿』に収録されながら、今日その所在を失しているものもかなりある。一例を挙げれば、埼玉郡羽生領町場村（羽生市）の条に見える大聖院毘沙門堂の本尊毘沙門天立像などはその好例であろう。

同書には「毘沙門堂　毘沙門ハ唐銅ノ立像ニシテ。長一尺余。重サ十二貫。此像何ノ頃ニヤ。当寺池辺ニ埋レテアリシヲ、村童見出セシカバ、ヤガテ堂宇ヲ創造シテ安セリト。イト古色ナレバ其図ヲ左ニノス」の記述に続けて、やや左斜め向きに甲冑で身を固め、左手に三叉戟《さんさげき》、右手に宝塔を執り、邪鬼を踏みしめる毘沙門天像の「表図」と「武州太田庄北方／古江郷住僧檀那／舜栄　聖宝金／大工禅秀　応永九年壬午九月廿二日」の銘を刻む「裏図」を挿図として掲載している。記述の内容や挿図の正確さから

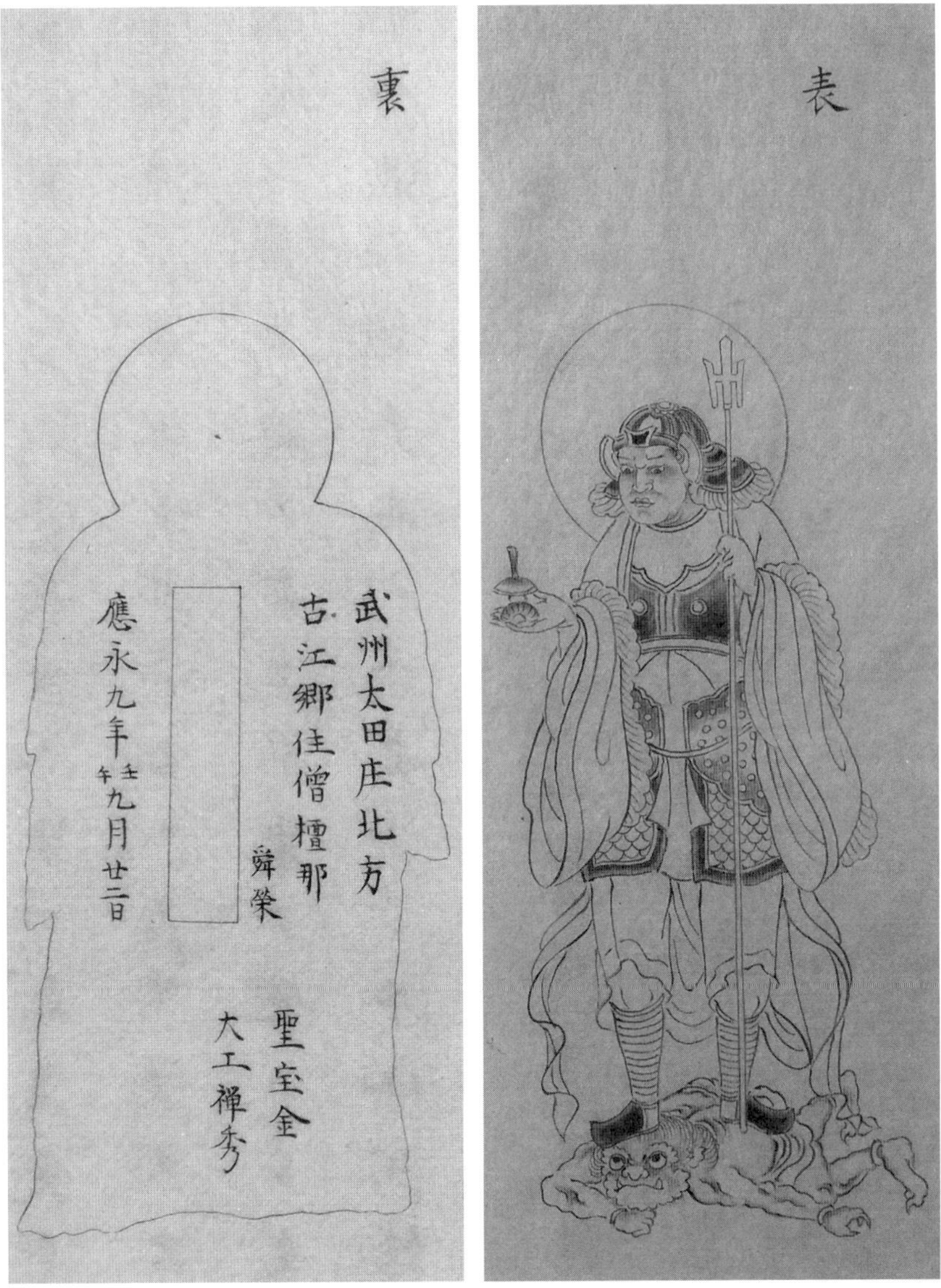

町場村大聖院　毘沙門堂の本尊毘沙門天立像

すると、この記事は採録者が実際自ら検分のうえで収録したことがうかがえる。採録者の関心の向きや気質の違いもあろうが、各郡や巻によって項目の取りあげ方や記述の内容に精粗の差を感じることが多々あるが、おおむね埼玉郡の記述は丹念・精密で、読んでいるとついつい書中に入り込んでしまう時がある。応永の銘文の存在もあろうが、採録者にはかなりの鑑識眼があったことは「イト古色ナレバ其図ヲ左ニノス」の文言からうかがえる。また、併せて相応の歴史知識と抑制のきいた判断力の持主であったことは、「町場村」解説の項で毘沙門天像の銘文を引用しながら、

郷名ハ伝ヘザレド。村内大聖院ニ安セル毘沙門ノ銅像応永年中ノ銘ニ。武州太田庄北方古江郷ト鐫タレバ。元此辺ニ此郷名アリシコトシラル。且郡内村君村ニ経江明神アリ。今ハケウエト唱レド経江ハフルエニテ。ソコモ元ハ古江郷ニ属シ、郷名ヲモテ神号トセシモノナラン。(以下略)

といった記述にその一端が表れていよう。

今改めてこの図を見ると、持物を執る左右の手が通例と異なるのは気がかりだが、なかなか厳めしい毘沙門天像の姿は迫力があり、背面の応永九年(一四〇二)の銘とともに、中世金銅仏の遺例として見過ごせない存在である。地元の教育委員会や関係者に当像の所在を確認したが、既に大聖院自体が廃絶となり、像も以前から行方が知れず手がかりもないとのことであった。是非この眼で実見したいと願っていた筆者にとっては残念至極な話ではある。おそらく明治の廃仏毀釈か戦時中の金属回収の難に遭い失われてしまったものと考えられる。像高一尺余、重量一二貫のブロンズ像なら相当の見ごたえがあったであろう。

作者「大工禅秀」とは?

『風土記稿』の採録者がこだわった古江郷の考証にも興味がわくところだが、銘文中にみえる像の作者「大工禅秀」の名も中世鋳物師の動向を知るうえで気にかかる存在である。

この応永年間の頃は、仏像のほかに梵鐘、鰐口、懸仏等金工品の制作が盛んで、武蔵国内でも多くの鋳物師が活動していた。明徳～応永年間にかけて大里郡塚田（寄居町）を本拠に活動した塚田鋳物師をはじめ、明徳四年（一三九三）高麗郡佐西郷熊野堂鰐口（川島町善福寺蔵）を制作した大工河内権守国光（物部鋳物師系）、応永二年（一三九五）鴻巣勝願寺鐘（今亡、旧下総華蔵寺鐘）を鋳造した大工大和守卜部家光（天命鋳物師系）、同十五年（一四〇八）男衾郡本田教念寺鐘（今亡）を鋳造した大工沙弥大阿、同年大里郡西之入村（寄居町）婆羅門社懸仏を制作した大工山城権守某、下って応永三十三年（一四二六）下総国下河辺庄上高野香取神社鰐口の作者大工祐全等の名が知られている。

その中では「禅秀」の名は初見だが、ほぼ同じ時期に「禅」字を用いる鋳物師が一人いる。明徳三年（一三九二）に安房清澄寺銅鐘を、応永二年（一三九五）に寄居町塚田三嶋宮鰐口を鋳造した塚田鋳物師「道禅」がそれである。彼は、安房清澄寺鐘銘に「大工武州塚田道禅」と名乗り、三嶋宮鰐口銘に見える「塚田宿」の住人であることを明らかにしている。

鋳物師をはじめこの頃の中世職人社会では、その出自・系譜を明らかにするため、ある一字を系字として名前に用いることが慣例となっていたことはよく知られるところである。「道禅」と「禅秀」、「禅」字を系字とすることからすると、あるいは同じ系譜の鋳物師であったとも考えられよう。ただ道禅は北武蔵西方の人、禅秀は北武蔵東方も下野に近い地の人とみるなら、禅秀は中世に鋳物生産地として名高

安房清澄寺銅鐘

三嶋宮鰐口

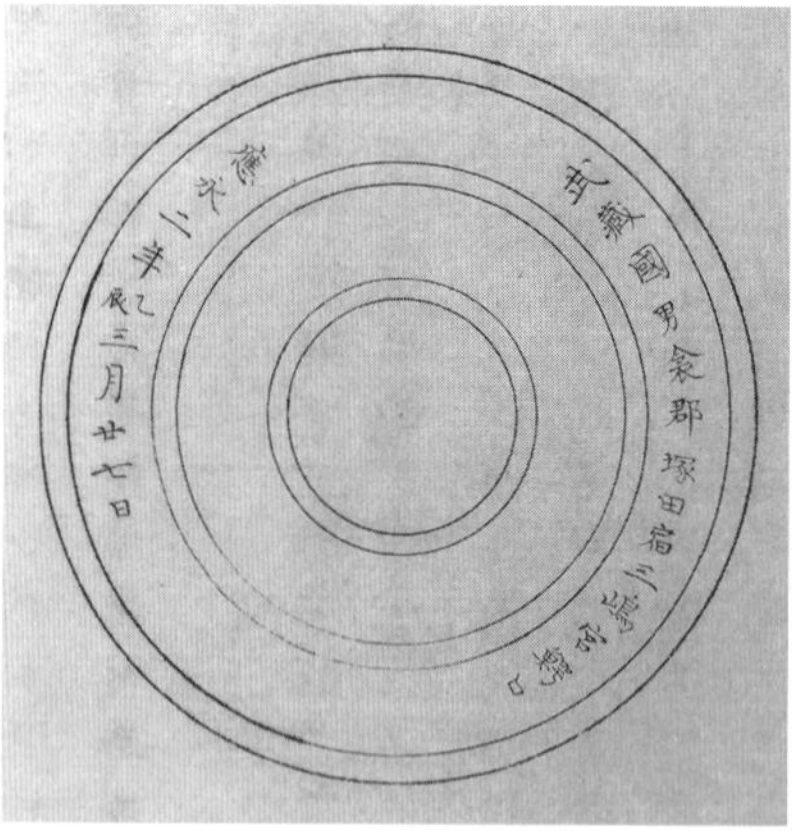

赤浜村三島社　鰐口

い佐野天明系の鋳物師であった可能性もあり得る。

想像は尽きない。『風土記稿』の記事に導かれながら、目の前に提示された歴史や美術史の課題を一つ一つ繙いていく作業は、ある種ひそやかな快感ともいってよい。

［林　宏一］

【参考文献】
・林宏一「武蔵鋳物師拾遺　応永二年　三嶋社鰐口と塚田鋳物師」（埼玉県立歴史資料館研究紀要第6号、一九八四）
・『新編埼玉県史　通史編2　中世』第二章　中世武蔵の文化、第四節　美術工芸・建築、三　工芸（埼玉県、一九八八）

武器と武具―埼玉郡久喜町甘棠院（埼玉県久喜市）ほか

『風土記稿』には、社寺に伝来した甲冑や刀剣を古器物として収載しており、刀剣類に関しては特徴ある形状や銘文を持つものに関しては図示されているものの、多くは記述のみである。

図示されている古器物（このうち武器・武具については以下、「武器・武具」）を見ていくと、他の古器物（文化財）についても共通していることであるが、社寺などに中世以前からの伝来であること、地域の有力者が所有していること、そして、使用者や由来など歴史的価値があることが基準であると考えられる。また、挿図が付されていない記述のみの古器物も、同様な基準で収載されたのだろう。

文言記載

まず、文言記載の武器・武具の例を見ていこう。

大里郡熊谷町の旧家新右衛門。同氏は竹井家を名乗り、中山道熊谷宿本陣と問屋を兼帯する家柄である。当家の所有として刀が、一振《ひとふり》記されている。記述は、「刀ハ長三尺許ニシテ。寒念仏ト名付ク」とあり、「寒念仏《かんねんぶつ》」と号する刀であることがわかる。同家には「寒念仏」と号する太刀が伝来し、『風土記稿』記載の刀がこれにあたるとみられ、現在では埼玉県指定文化財となっている。

「寒念仏」の号の由来は、寒中にこの太刀を佩《は》いて念仏を唱えながら市中を廻る、いわゆる寒念仏の業を修めたことに由来すると伝えられている。

太刀寒念仏の現状は、『風土記稿』の記載通り三尺一寸二分（約九・二センチ）と長寸の太刀である。銘にある作者・安家は、鎌倉時代末期の備中国青江派の刀工であるが、銘文には「備前国住安家作」と刻んでおり、安家が一時備前国で活動していたことを想起させる史料でもある。また、太刀の刀身には、長い間の研ぎ減りのため梵字の痕跡をわずかだが確認できるだけである。

『風土記稿』の記載から、太刀にまつわる由来を知ることができ、このことにより一層太刀の資料的価値を高めている。

社寺伝来

高麗郡新堀村（日高市）の高麗神社には、現在「鳩榊文長覆輪太刀」が伝来している。戦前の重要美術品認定時の名称は、「鍍銀鳩榊彫文長覆輪太刀」とある。『風土記稿』には、「神宝」の一つとして「太刀一腰」が挙げられ、本品がこれにあたる。記載は「鞘赤銅板カネ巻毛彫模様図ノ如シ、ソノ余カナモノ真鍮ナリ、中身延鉄刃ナシ」「鐔ノ経リ二寸六分真鍮、切羽同ク一寸八分赤銅」とある。これによれば、鞘は赤銅板で毛彫が図の如く施されて、それ以外は真鍮である。刀身は素延の鉄で刃がついていない。鐔

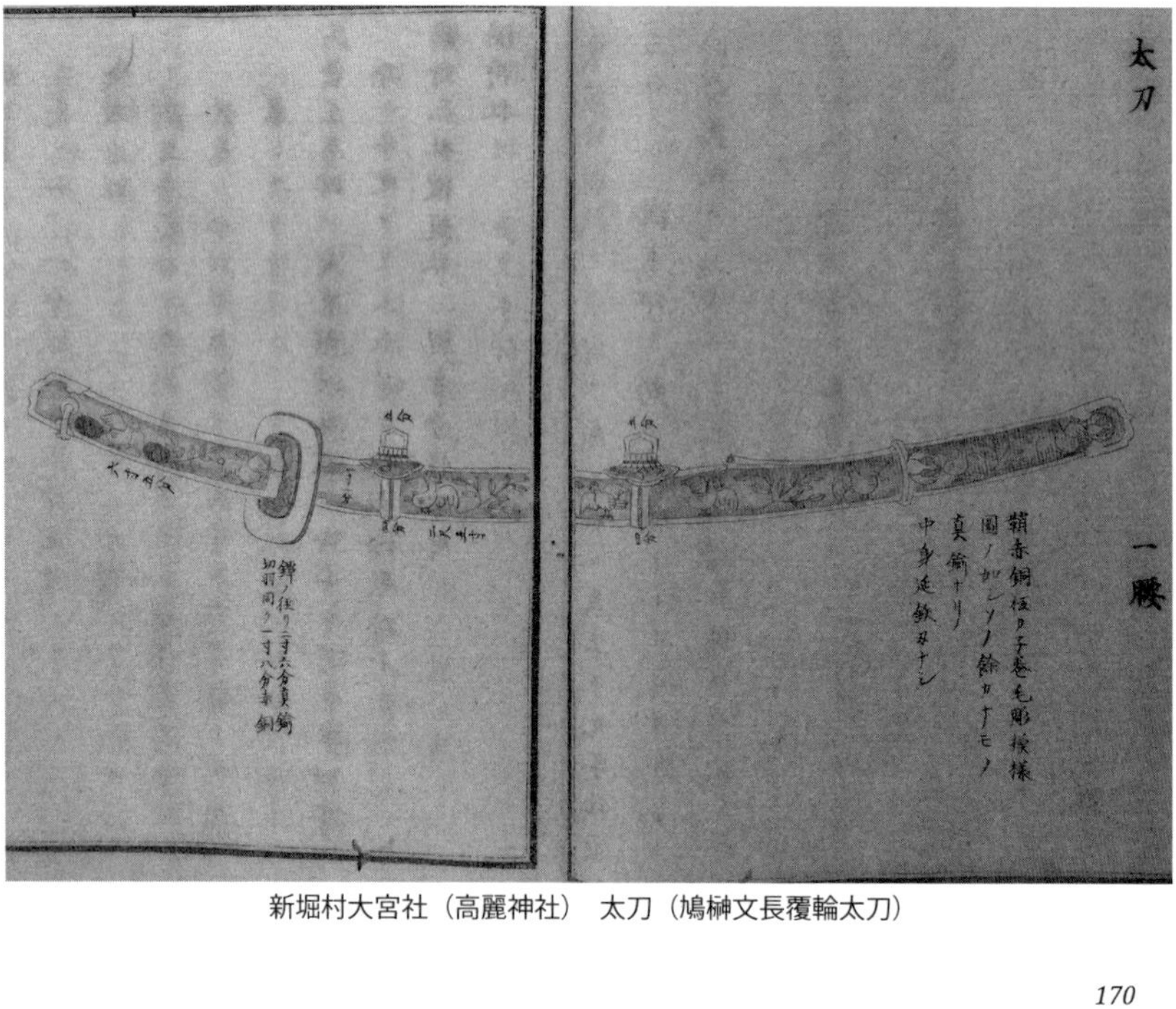

新堀村大宮社（高麗神社）　太刀（鳩榊文長覆輪太刀）

は二寸六分（約一一センチ）の真鍮、切羽も一寸八分（約五・五センチ）の赤銅と記している。全身に鳩榊文を散らした詳細な挿図もあり、寸法なども詳細な記載である。『風土記稿』収載の古器物では、絵師が実見しないまま文字か伝聞などから描いたものもある中で、実際に調査して見ていることがわかる。ところで現状を詳細に見ていくとわずかに金鍍金の痕跡が確認できる。しかし、重要美術品認定時には「鍍銀」としていることに不審がある。現状から見て、当初は金色であったと考えられる。

なお、大系本（赤本）では、太刀の図では、柄と鞘の胴板に刻まれた鳩榊紋は若干異なるものの、それ以上に記述が大きく異なっている。すなわち献上本では記述が無い、太刀の説明の一条が加わっている。「中身延へかね刃なし、鐔赤銅切羽滅金、其外帯取より芝曳に至る迄、惣かなもの滅金にて、雀からくさの彫あり、」という一文が掲載されている。これは明治期に大系本を編纂する際に、この太刀を再調査して追記したことが想像されるが、他に同様な事例が無いことから、何故、高麗神社の太刀のみが追記されたのか、今後の研究が必要である。

使用者と由来

最後に、使用者と由来から収載された武器・武具をみていきたい。

埼玉郡久喜町（久喜市）の古刹甘棠院の項には、開基となる第二代古河公方の足利政氏ゆかりの甲冑や槍等の武器・武具類が収載され、また挿図も掲載されている。

甲冑は、『風土記稿』によれば、「寺宝　甲冑」として「児鎧ト名ク。政氏幼年ノ時著セシモノト云」とあり、現状を見ても記載どおり同時代の成年の甲冑に比して小ぶりである。また同書記載には、兜は黒漆塗、胴は五枚胴という四か所蝶番《ちょうつがい》で綴じられた薄鉄の胴丸で、黒漆の上に足利氏の家紋である桐紋散しの蒔絵《まきえ》が施され、色褪せているので明らかではないが、本来は紅糸威《くれないいとおどし》であったのではないかとしている。籠手《こて》にも桐紋ほかが散らされている。

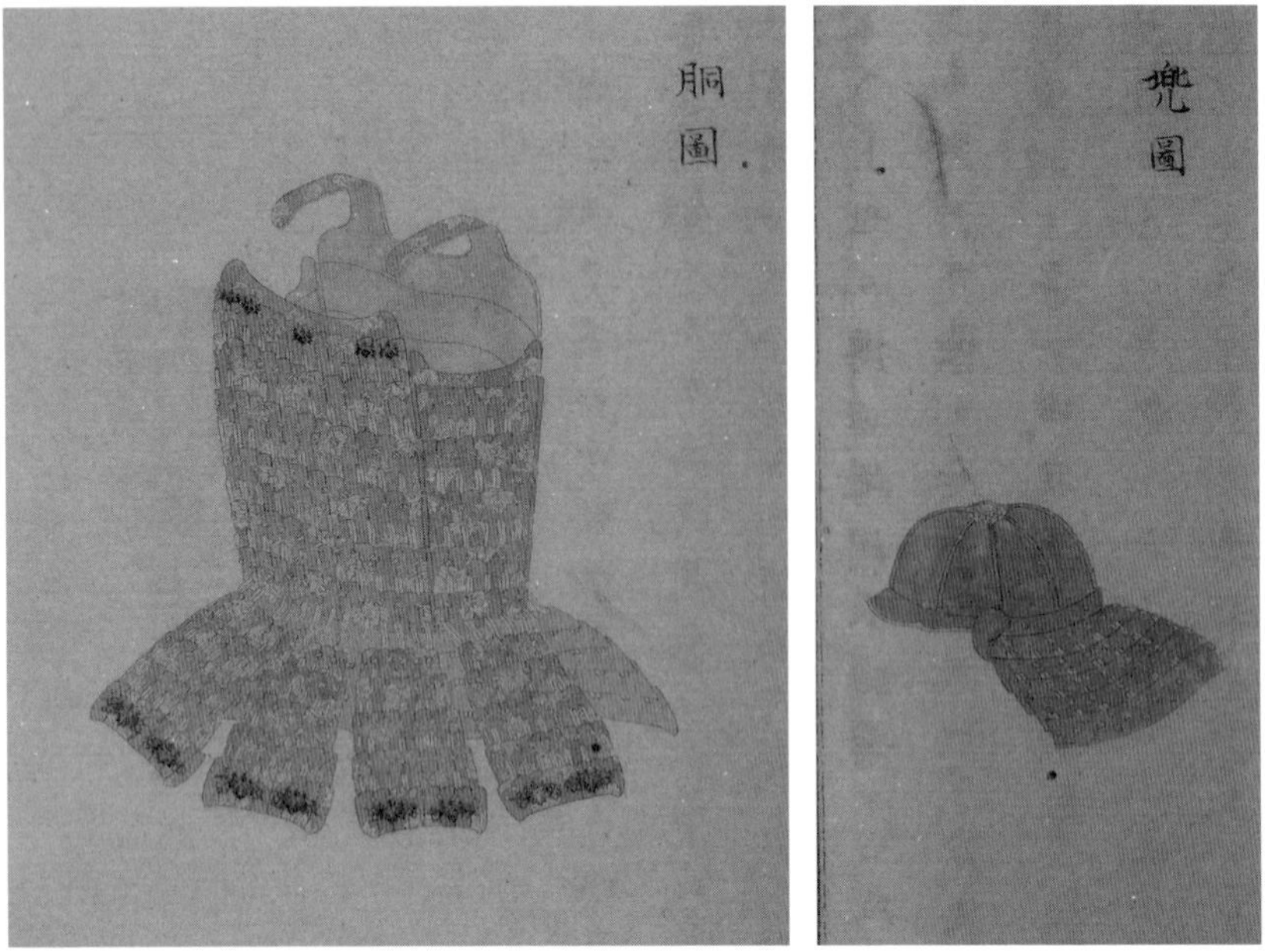

久喜町甘棠院　兜図と胴図

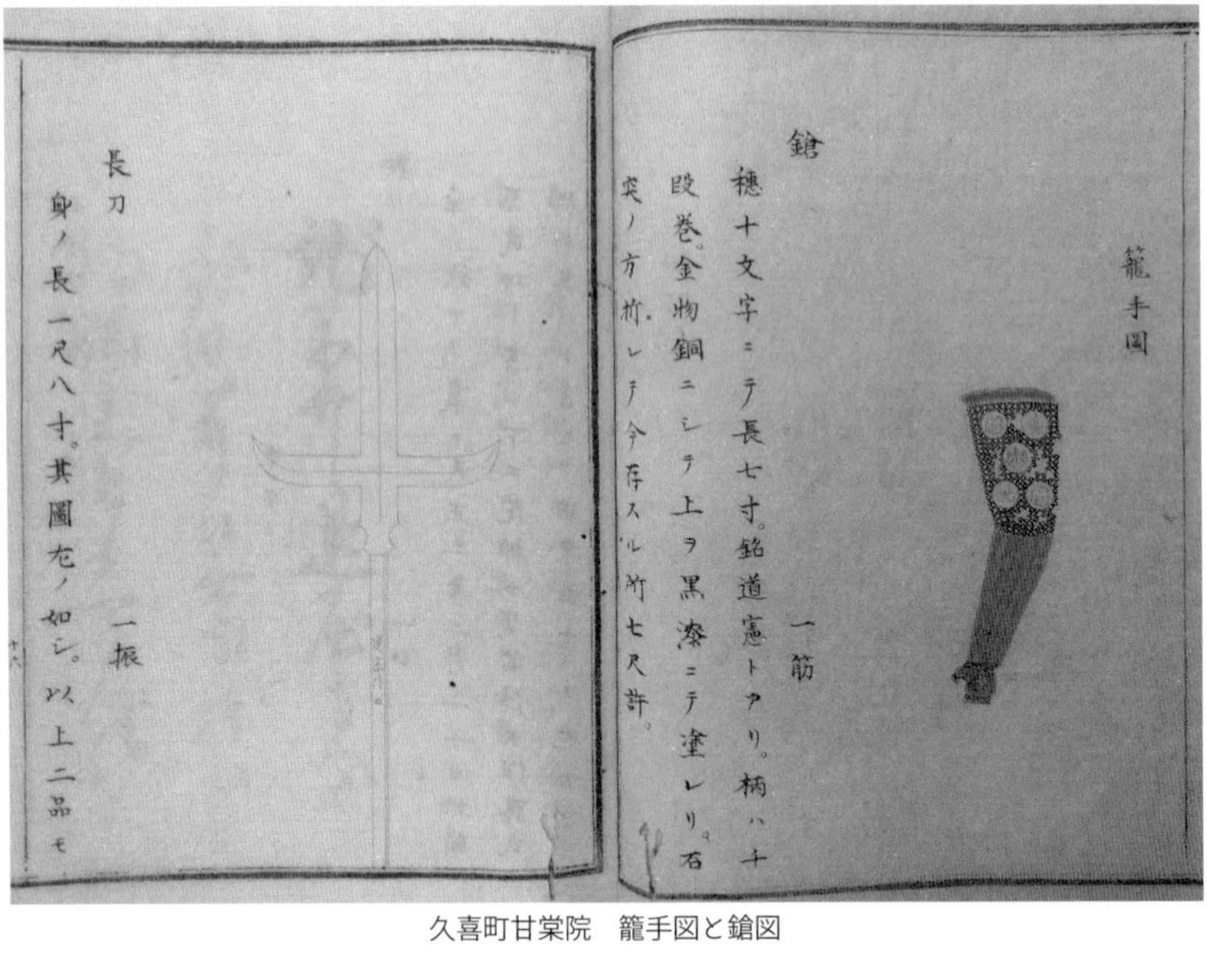
籠手圖

鎗　一筋
穂十文字ニテ長七寸。銘道憲トアリ。柄ハ十段巻。金物銅ニシテ上ヲ黒漆ニテ塗レリ。石突ノ方折レテ今存スル所七尺許。

長刀　一振
身ノ長一尺八寸。其圖左ノ如シ。以上二品モ

久喜町甘棠院　籠手図と鎗図

製作当初の姿に甦った「縹糸威最上胴丸具足」

この政氏所用の甲冑は、『風土記稿』では兜鉢と胴、そして籠手が図示されている。いずれも当初の完形の姿ではなく、この頃には威糸《おどしいと》が切れて主要な部品が個々に残っている状態であったようである。この甲冑は、昭和五四年（一九七九）に埼玉県立博物館（現・埼玉県立歴史と民俗の博物館）に寄贈された。

甘棠院からの寄贈時には、挿図よりも状態は当初の姿を保っており、兜には綴《しころ》があり、佩楯《はいだて》や臑当《すねあて》なども残っていた。おそらく図示にあたって「威衣地ハ損失ス」との記載がある通り、家地（裂地《きれじ》）の状態が全体に良好ではなかったことから、甲冑主体部の形状が明らかな部分のみを挿図としたのではないだろうか。図を描くにあたって、胴に施された桐紋の蒔絵の位置は比較的正確であり、実見して写生したとみられる。なお、同館では約二年の歳月をかけて修復を行い、ほぼ製作当初の姿に甦った。この結果、形式や装飾等から『風土記稿』の記載による古河公方足利政氏所用であることが首肯され、また数少ない実戦用甲冑として、昭和五七年に埼玉県指定文化財となった。

　また、このほか「鎗一筋」、「長刀一振」、「鞍一《ひと》口《くち》」の記載があるが、このうち鎗（槍）と鞍は現存し、埼玉県立歴史と民俗の博物館に収蔵されて、いずれも埼玉県指定文化財となっている。

　槍は、『風土記稿』の記載では「穂十文字ニテ長七寸。銘道憲トアリ」という記載と挿図どおりの十文字槍の姿を今に見せている。

　鞍について挿図はないものの、「車ノ紋アリ。裏ニ天正三年二月二十日於関原武功ト書シ。下ニ花押アリ、其傍ニ伊藤氏御馬具司ト書セリ、由来詳ナラズ」とある。現状では、前輪《まえわ》と後輪《しずわ》に源氏車紋を漆で型抜きされて金箔押が施されている実戦用とみられる。『風土記稿』には記載されていないが、この鞍には障泥《あおり》・鐙《あぶみ》・轡《くつわ》が付属している。

　この甘棠院寺宝に見られるように、武器・武具については、甲冑のように使用者が明らかな武器・武具は挿図があり、槍のように作者などの由来が明らかな武器・武具についても図示される。一方、使用者や由来が詳らかではないものについては、記述のみで図示されていない。必ずということではないが、『風土記稿』収載と挿図掲載のおおよその傾向が感じられる。

［杉山正司］

【参考文献】

・『特別展　武蔵ゆかりの武器・武具』図録（埼玉県立博物館、一九八七）
・『さいたまの名宝』（埼玉県立博物館、一九九一）
・『博物館ブックレット第一集　『新篇武蔵風土記稿』の世界』（埼玉県立歴史と民俗の博物館、二〇一三）

石造物―比企郡下里村大聖寺（埼玉県小川町）

小川町下里地区の景観

比企郡下里村は、現在の埼玉県小川町大字下里に相当する。小川盆地の南東部で外秩父山地の東縁部にあたり中央を槻川《つきがわ》が弧を描くように東流する。付近には下里石と呼ばれる緑泥片岩《りょくでいへんがん》を産出し割谷《わりや》地区をはじめとする槻川の両岸一帯は、中世に盛んに造立された供養塔婆の一種である板碑《いたび》の石材採掘遺跡が点在する。神社は八宮神社・八坂神社、寺院は天台宗の大聖寺《だいしょうじ》があり、境内の緑泥片岩製の六角塔婆は石造法華経供養塔として重要文化財に指定されている。また西の尾根には戦国期に築かれた青山城があり、土塁・空堀の一部が残されている。

大聖寺と六角塔婆の概要

ここに紹介する大聖寺の六角塔婆は、板石を六枚立てて幢身《どうしん》とし、六角形をした笠石と六個のほぞ穴のある四角い台石を施したもので、近年、長野県千曲市の社宮司《しゃぐじ》遺跡で六角形の木幢が出土し、木製が初めて確認されたことで注目を集めた塔婆形態である。緑泥片岩製の六角塔婆は、小川町やときがわ町

康永３年銘六角塔婆（石造法華経供養塔）

を中心とした天台宗寺院に集中する傾向にあるが、ほとんどは部材の一部が残されているだけであり、六枚の板石がすべて揃った塔婆は、大聖寺のほかに東京都立川市・普済寺の延文六年（一三六一）銘の四天王像と仁王像が浮彫された塔婆が知られ、『風土記稿』の多摩郡柴崎村（立川市）普済寺の項に挿図が掲載されている。

大聖寺の六角塔婆は、高さ一一七センチ、幅三一センチ、六角の各面の上部には、蓮座上に阿弥陀如来を表すキリークを彫り、下部に銘文がある。

造立の目的は、第一面に「開山希融　平貞義」、中央に「奉読誦法花経一千部供養」とあり、また第四面に「康永三年三月十七日　一結之諸衆　敬白」とある。他の四面には、「覚妙」「善阿」など、各十名の法名が整然と刻まれ、総勢五一名が「一結之諸衆」として法華経一千部を読誦したことを期して建てたことがわかる。法華経は妙法蓮華経のことで、鎌倉時代になると日蓮が仏法の真髄はこの経にあるとして法華宗（日蓮宗）を開いた。第一面に見える「開

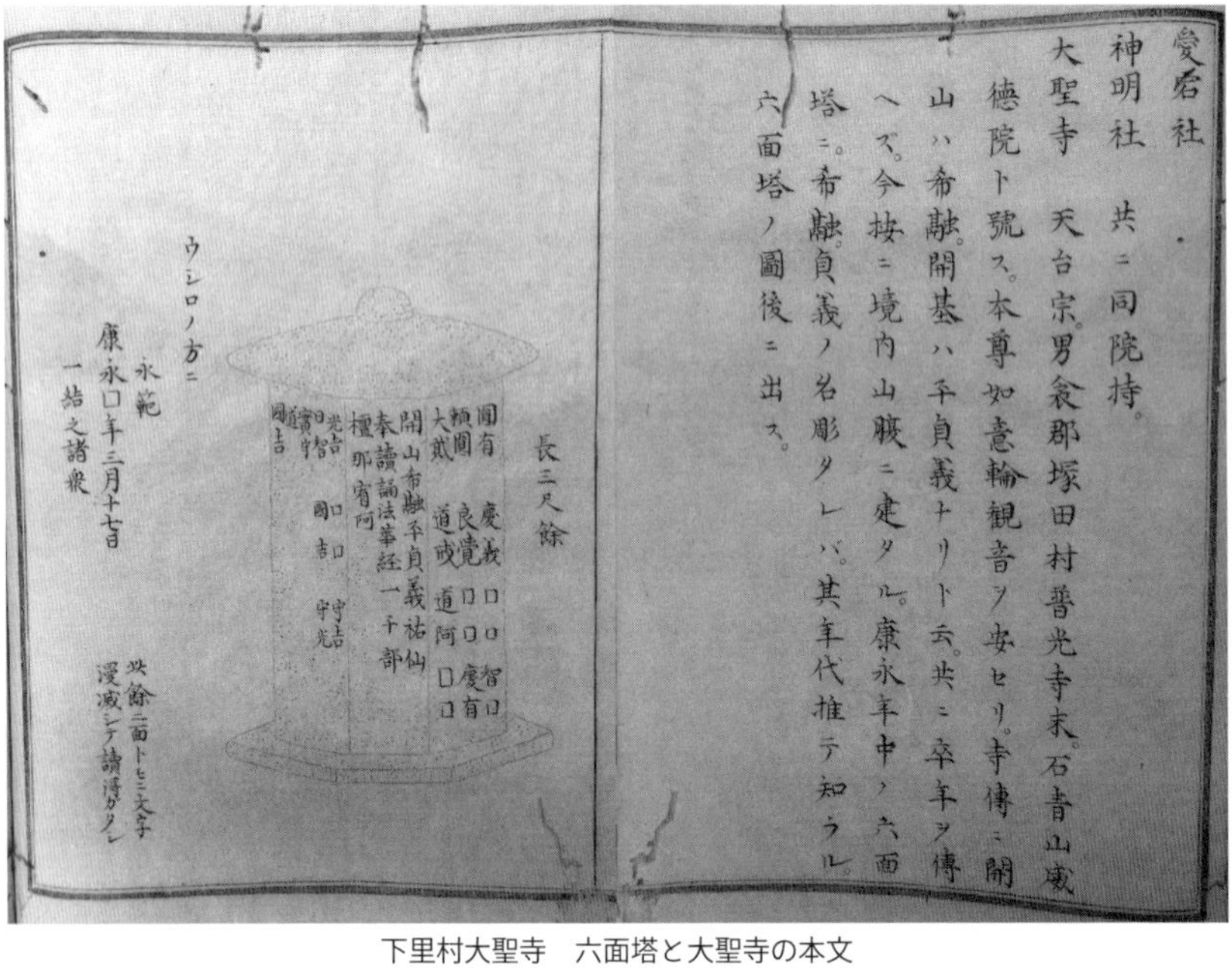

下里村大聖寺　六面塔と大聖寺の本文

貞和５年銘宝篋印塔

山希融」は大聖寺の開山で、この塔婆造立の中心となった人物である。続いて「平貞義」とあるが、元は「源」の文字が刻まれ、それを削って「平」としたことがうかがえる。

なお、この六角塔婆と同年の板碑が収蔵庫に安置されている。高さ一八三センチ、幅四七・五センチ。上部に胎蔵界大日如来を示す「ア」が刻まれ、下部五行にわたって造立の目的を刻んだ願文と「康永三年十月十八日　一結衆等敬白」とある。その内容は、「北陸使君」などのあまり見慣れない用語や一部に剥離もあって、正確に読み取ることは困難であるが、康永三年に亡き聖霊の十三回忌にあたり、造立した旨が刻まれている。なお、境内墓地の貞和五年（一三四九）の宝篋印塔の銘文に、「日本國武州比企郡下里郷大聖菴為逆修貞吉之宝篋印塔一基所立如件　貞和五年己丑五月四日敬白」とあり、大聖菴（大聖寺）に縁のある「貞吉」のために造立したことがわかる。「貞吉」は六角塔婆の「貞義」にも通じ、三基の石塔がどのように関係するか今後の研究の進展が待たれる。

『風土記稿』の記述と内容

『風土記稿』の大聖寺の項目では、次のように記載されている。

　天台宗、男衾郡塚田村普光寺末。石青山威徳院ト号ス。本尊如意輪観音ヲ安セリ。寺伝ニ開山ハ希融。開基ハ平貞義ナリト云。共ニ卒年ヲ伝ヘズ、今按ニ境内山腹ニ建タル。康永年中ノ六面塔ニ。希融貞義ノ名彫タレバ。其年代推テ知ラル。六面塔ノ図後ニ出ス

寺伝で名前のみ伝える開基・開山の年代をこの塔婆に求め図示しているが、挿図では本尊を省略し塔

下里村　大聖寺境内図（部分）

身の下半部にあたる三面分の銘文を記し、「ウシロノ方ニ」として紀年銘部分の「永範　康永□年三月十七日　一結之諸衆」を追加し、他の二面は「文字漫滅シテ読ガタシ」としている。判読の誤記もあるが、大聖寺の六角塔婆を取り上げた最初の文献であり、境内図を添えて塔婆の位置や銘文を紹介しており、石塔類を多数記載している『風土記稿』の記事の中でもきわめて丁寧な扱いがなされている。

［諸岡　勝］

【参考文献】
・稲村坦元「六角塔婆並にその類似品について」（『考古学雑誌』二二巻七号、一九三二）
・『新編埼玉県史　資料編9　中世5　金石文・奥書』（埼玉県、一九八九）
・『小川町の歴史 資料編3古代・中世Ⅱ』（小川町、一九九七）
・『日本石造物辞典』（吉川弘文館、二〇一二）
・『下里・青山板碑石材採掘遺跡群―割谷採掘遺跡―』（小川町教育委員会、二〇一四）

古文書─「武州文書」との比較から

収録古文書の概要

『新編武蔵風土記稿』には、地域の歴史を伝える膨大な古文書が収録されている。しかも、伝来を示す詳細な記述をともなうものが多く、村の歴史はもとより旧家や寺社の由緒を伝える史料としても貴重である。

江戸時代、武蔵国内に所在した古文書を収録した史料集としては「武州文書」がよく知られている。これは『風土記稿』の編纂のために作成されたものとされ、現在では「武州文書」を基本に、『風土記稿』収録古文書や「諸州古文書」などを加え、『新編武州古文書』上巻として刊行されている。同書に「武州文書」などがどのように収録されているか、郡別に集計してみた。

次頁の表によると、全体では一四七二通、そのうち『風土記稿』のみに収録が二五五、「武州文書」のみ一八八、「諸州古文書」のみ三八、「武州文書」および「諸州古文書」のみ八となる。さらに、これをもとに「武州文書」と『風土記稿』両書に掲載される点数を算出すると九八三通となる。これが、当時、武蔵国各地の寺社や旧家に伝えられていた主要な古文書群である。鎌倉時代から近世初頭の慶長期頃まで、なかでも戦国時代の小田原北条氏および八王子、岩付、河越、鉢形などの支城主が発給した古文書、また近世初頭、代官頭の伊奈忠次や忠治が葛飾郡の新田地帯に出した開発手形など、地域の歴史的な特性を伝える古文書が数多く収録されている。

両書の異同

この表を見て気がつくことは、意外と「武州文書」

と『風土記稿』の収録古文書が一致していないことである。

まず、『風土記稿』のみに掲載される二五五通を検討する。この類型の古文書が地域的にまとまって存在するのは、荏原郡の世田谷領から馬込領・六郷領にかけてである。また多摩郡の府中領・由井領などの村々、高麗郡の飯能・日高周辺にも数多くみられる。多摩郡と高麗郡は、『風土記稿』の調査と執筆を八王子千人同心が担当した地域であり、荏原郡の場合は幕府地誌調所が再調査をしているので、そんなことが影響しているのかもしれない。内容的に特徴があるのは、天正一九年（一五九〇）一一月の徳川家康の寺社領寄進状である。「武州文書」には一通も収録されないが、『風土記稿』には一三通もあり、家康伝承を重視する編集姿勢とも一致している。ただ、これも悉皆というにはほど遠く、一割程度の収録に過ぎない。このほか、当時既に写本でしか存在しない古文

『風土記稿』「武州文書」「諸州古文書」の収録点数の比較

No.	郡名	総数	風土	武州	諸州	風・諸	武・風
1	豊島	50	1	13			36
2	葛飾	82	2	26			54
3	荏原	110	60	2			48
4	橘樹	62	11	4			47
5	久良岐	122	9	5			108
6	都筑	45	5	2			38
7	多摩	201	85	7	18	7	84
8	新座	22	6				16
9	足立	138	15	21			102
10	入間	93	16	19			58
11	高麗	42	15	6			21
12	比企	85	6	5			74
13	横見	0					0
14	埼玉	138	5	54			79
15	大里	11	2	1			8
16	男衾	32	1	1			30
17	幡羅	11	1	2			8
18	榛沢	58	4	10			44
19	那賀	20		1			19
20	児玉	31			1	1	29
21	賀美	1	1				0
22	秩父	118	10	9	19		80
	合計	1472	255	188	38	8	983

※『新編武州古文書』上巻と『風土記稿』を照合して作成。ただし、御府内分230通は『風土記稿』に対応しないので対象外とした。

書で、『風土記稿』だけが収録している例も、足立郡高鼻村氷川神社（さいたま市大宮区）など各地でみられる。明らかな写しでは影写本として「武州文書」で保存する価値が認められなかったのであろう。

次に「武州文書」には収録されるが『風土記稿』に見あたらない事例を検討しよう。ある所有者の古文書がすべて削除されている場合もかなりある。一・二通のものが多いが、埼玉郡大桑村（加須市）の文左衛門のように二八通にものぼることもある。文書の所在さえも本文では言及されず、その理由はよくわからない。また、文書群の中から数点だけを削除することも多い。その対象となるのは、村の歴史と直接関係しない古文書、また近世初頭の古文書、とりわけ寺社文書に含まれる書状類に多いようである。

なお、青木昆陽の編集した「諸州古文書」は、多摩・秩父・児玉の三郡で七〇通を収録しているが、そのうち四六通は「武州文書」では確認できず、五割ほどが所在不明文書となっている。

現地調査の実態

古文書の現地調査では影写本という精巧な写本が作成されている。次頁の写真上段が原文書、中段が「武州文書」、下段が『風土記稿』である。同じ影写本でも、『風土記稿』では印影が省略されたり、字配りが異なることもある。

さて、『風土記稿』編纂にともなう古文書の現地調査の事例もいくつか知られている。文政五年（一八二二）一一月、児玉郡飯倉村（本庄市）の友右衛門は、家蔵の古文書を出役が滞在する元安保村（神川町）旅宿へ持参した。出役からは、この写本は老中を経て将軍へ披露し、御蔵に大切に保存しておくと伝えられた（『児玉町史』近世資料編）。確かに『風土記稿』は将軍への献上が目的なのである。

また「武州文書」で松山町（東松山市）要助所蔵とする古文書を、『風土記稿』では、要助が死去し妻の後見人喜左衛門が預かっている旨の注記がある。「武州文書」の影写本を作成した後の情報が『風土記稿』に書き込まれており、再調査がなされたので

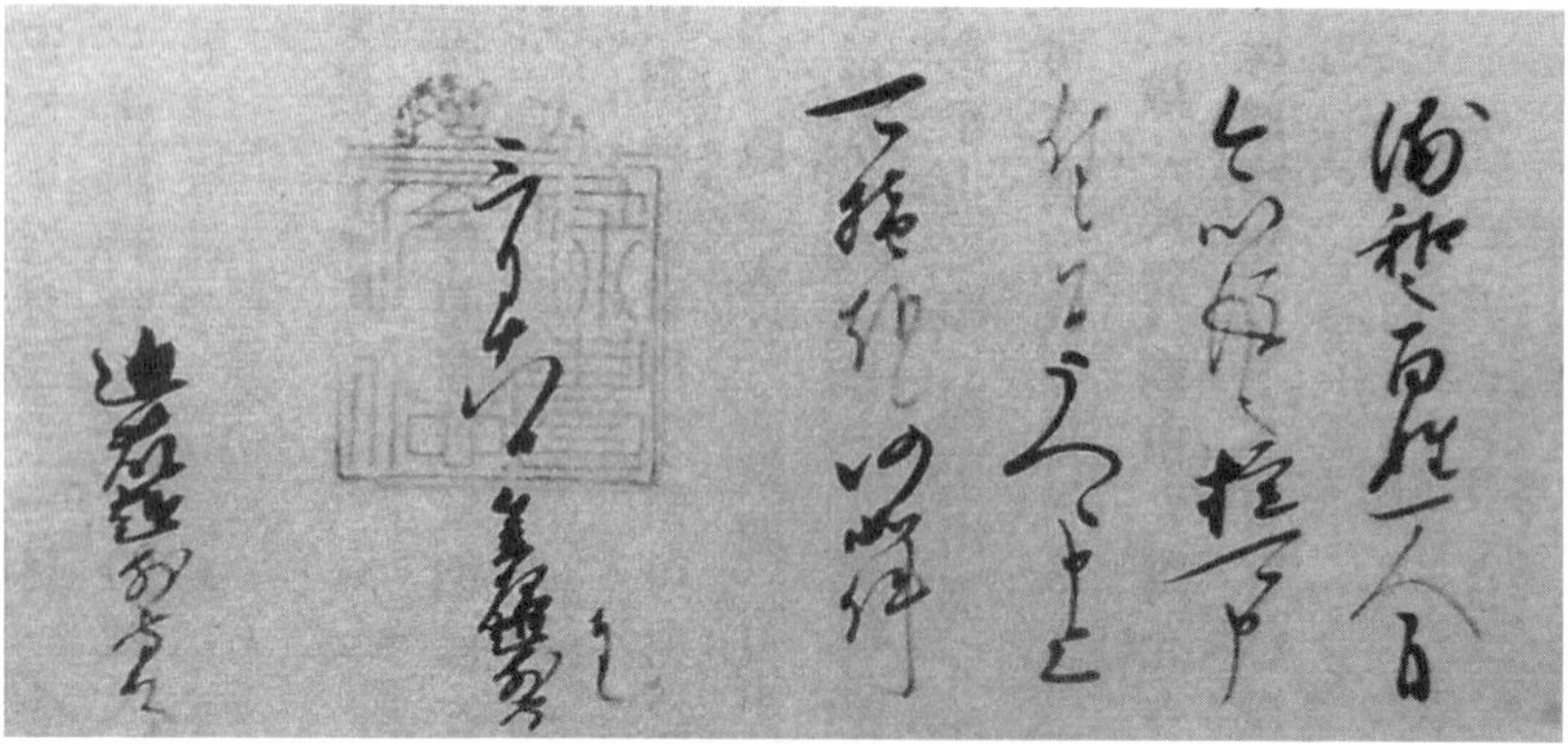

北条氏印判状の原文書（浦和宿本陣文書）

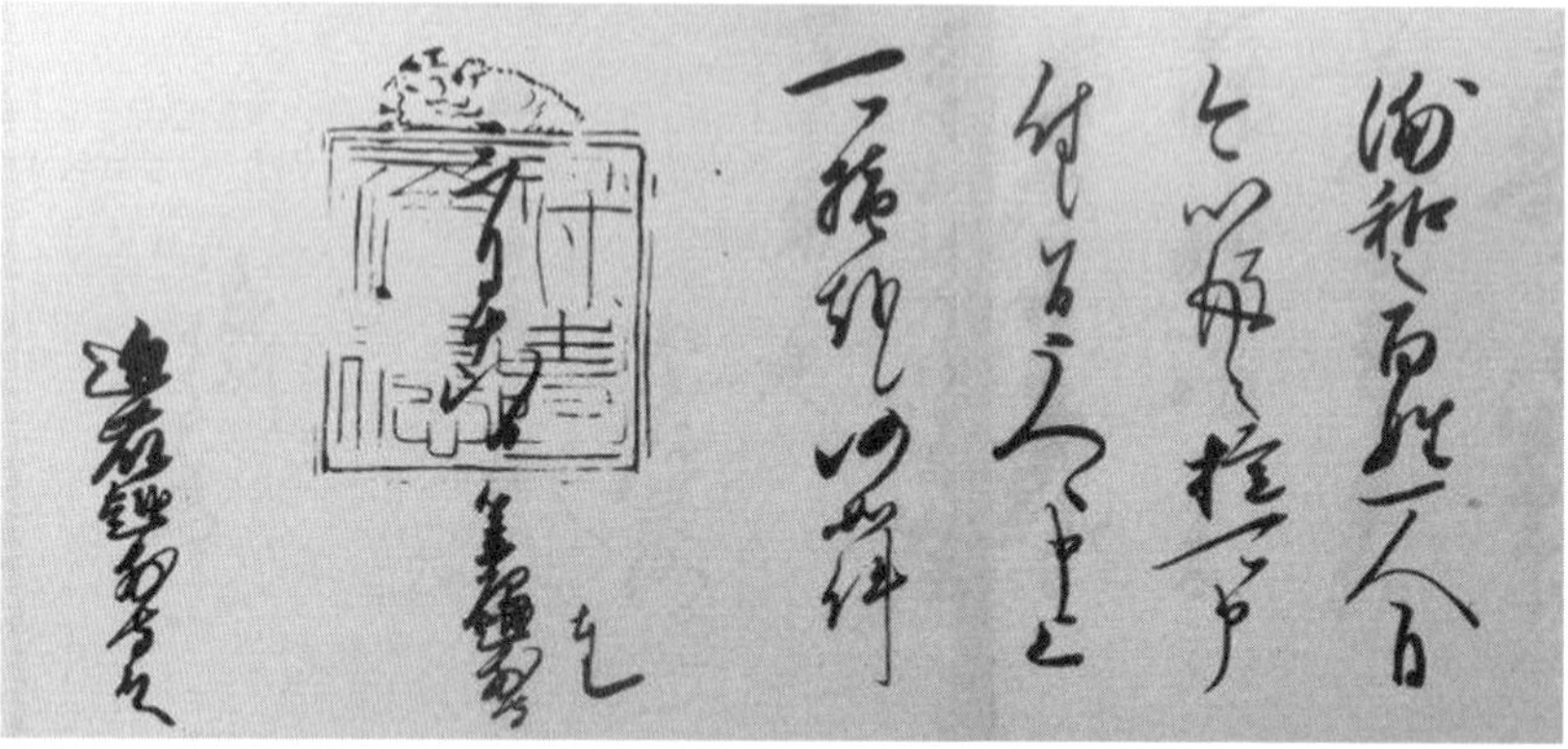

同上　「武州文書」の影写本

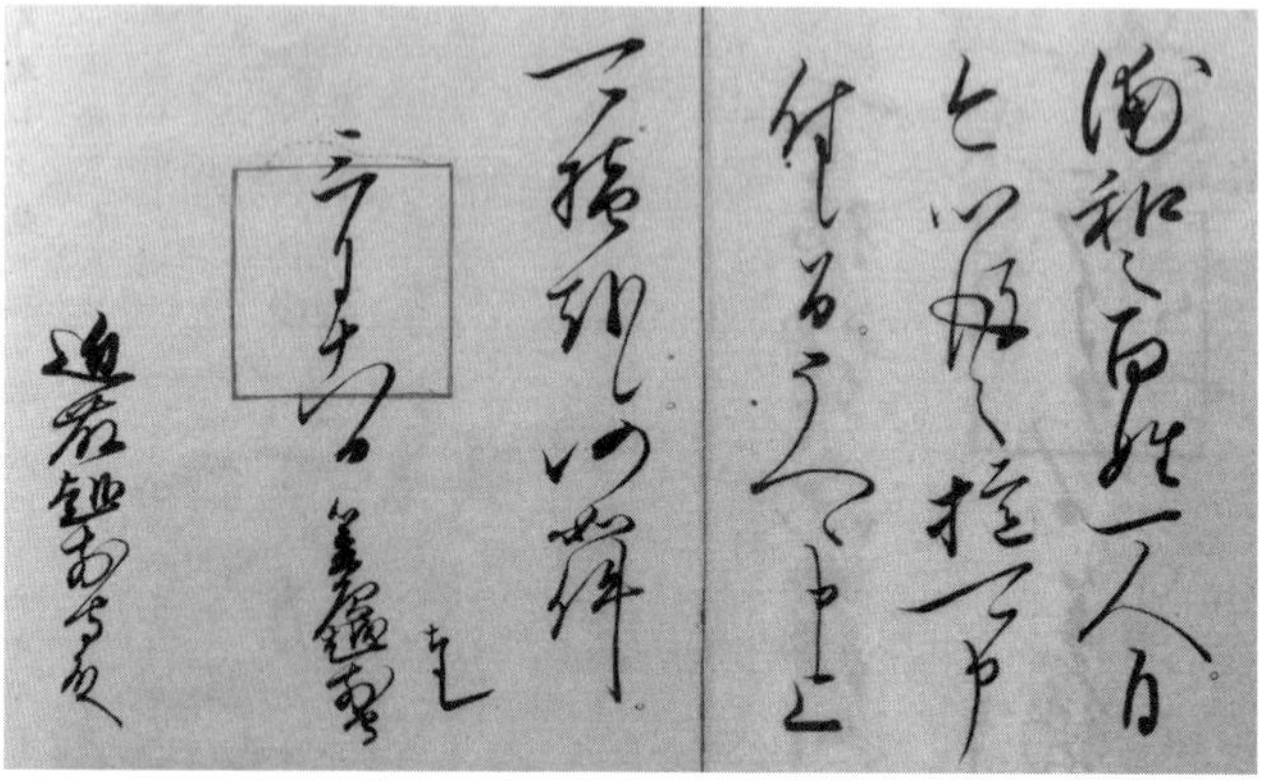

同上　『風土記稿』浄書稿本（巻 142）の影写

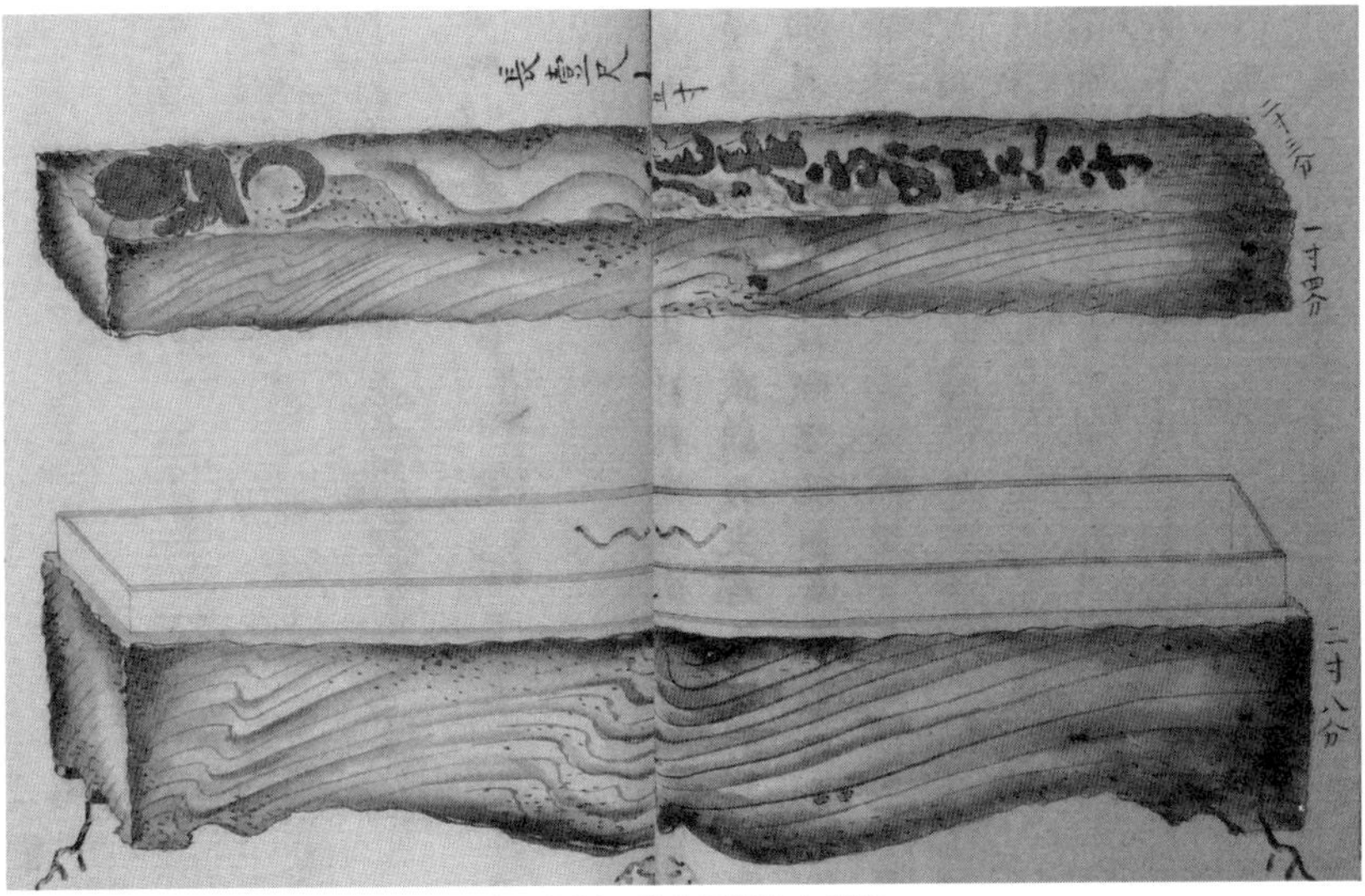

上田野村　亀吉所蔵古文書箱

あろうか。

文政六年八月、秩父郡上田野村（秩父市）では、調査に来た八王子千人同心が旅宿で二件の古文書を写し取り、古文書箱を賞賛したという（『荒川村誌』資料編）。ところが、『風土記稿』には一件の古文書と箱が収録されるが、所有者名が異なり、もう一件は『風土記稿』「武州文書」ともに見あたらない。編集段階で削除されてしまったのであろうか。

とにかく「武州文書」については、編集のために独自の調査があったのか、現状のように編冊されたのは、地誌調査事業のどの段階なのか、など基本的なことがよくわかっていない。影写した古文書一枚宛に、所有者名を書き込み編冊している「武州文書」の現状をみると、『風土記稿』の編集が一段落した時点で、手元に残った影写本を郡単位にまとめただけのようにもみえる。両書の収録古文書に相違が多いことも、そう考えれば納得できる。

昭和三二年にはじめて武相史料刊行会により謄写版で刊行された『武州文書』は、論拠は示していないがその序文で「全巻が天保期の影写にかかり」と記している。この見解は、その後『埼玉大百科事典』や『国史大辞典』では天保年間に影写本が作成され、とややニュアンスを異にするが引き継がれている。『風土記稿』は天保元年（一八三〇）には浄書が終了し将軍に献上されているので、「武州文書」はその後にまとめられたことになる。

［重田正夫］

【参考文献】

・『新編武州古文書』上巻（角川書店、一九七五）
・兼子順「江戸幕府の古文書調査と地誌の編纂」（『埼玉地方史』第50号、二〇〇三）
・福井保『江戸幕府編纂物　解説編』（雄松堂出版、一九八三）

第四章
『新編武蔵風土記稿』を現代に生かす

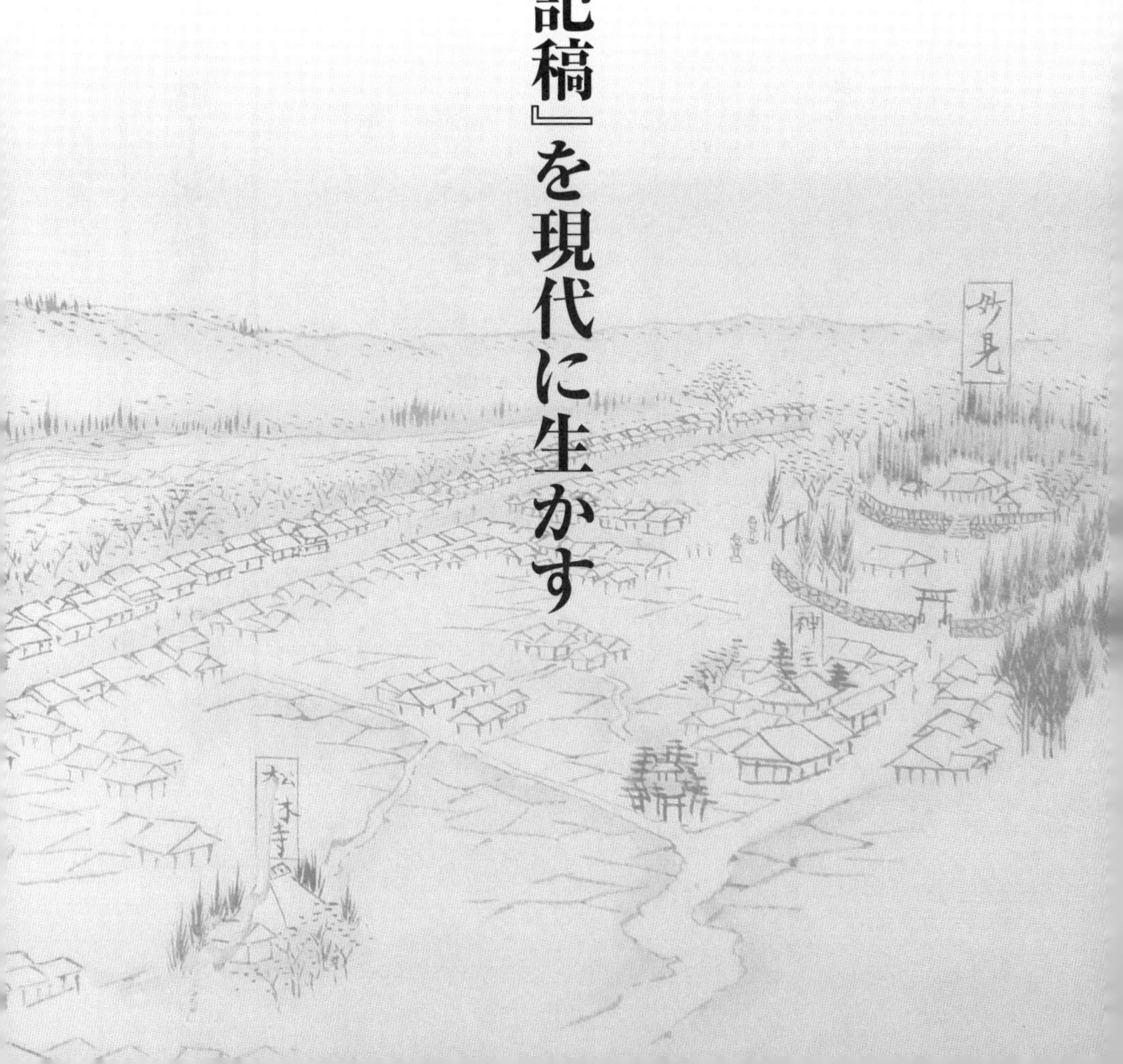

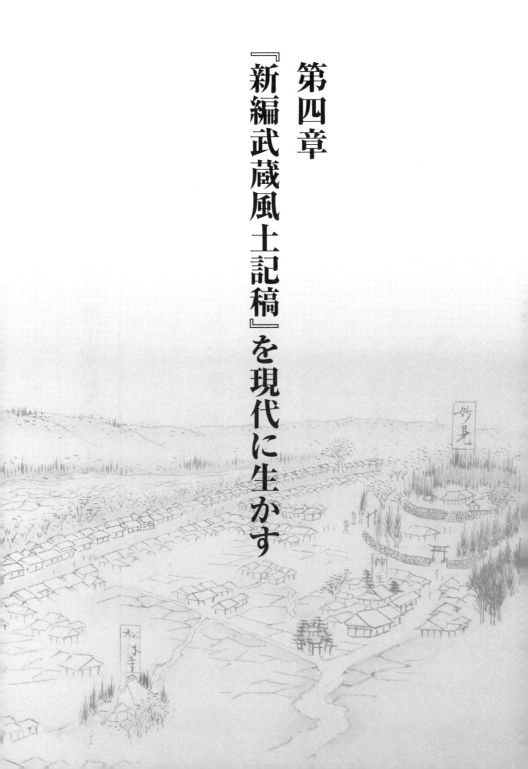

地域史研究と『新編武蔵風土記稿』

大宮郷土史研究会

私が所属している大宮郷土史研究会は、昭和四四（一九六九）年の創立で、さいたま市の旧大宮市域の歴史に興味関心を持つ者が集い、月二回の会員発表会、見学会と年数回の共同調査を行っている。また機関誌『大宮の郷土史』を発行している。会員は約六〇名である。最近行った共同調査では、さいたま市北区の満福寺、金剛院、大宮区の普門院、見沼区の萬年寺、中山神社、薬王寺の調査を行った。現状を記録に留めることを主目的としているが、新たな発見も多い。

共同調査にしても、個人研究にしても、『新編武蔵風土記稿』は必須の基礎資料である。特に寺院は明治初年に廃寺になった所が多く、神社は明治末年に統合され、江戸時代以前の全体的状況を知るには

『風土記稿』以外にないといってもよい。私が調査した二つの例を紹介する。

円空と不動院

埼玉県では約一七〇体の円空仏が確認されている。これは、県別では愛知県、岐阜県に次いで多い。かつて、私が顧問をしていた埼玉県立浦和高等学校社会歴史研究部の生徒たちと、埼玉の円空調査を行ったことがある。所蔵者を一軒一軒訪ねると、昔は修験の家で、〇〇院といったと話されることがかなりあった。『風土記稿』にあたってみると、本山派修験幸手不動院配下〇〇院と書かれていた。そこで不動院を調べてみることにした。

幸手不動院は、現在の埼玉県春日部市小渕にあった修験の寺である。『風土記稿』には、

東京大空襲で焼失した不動院本尊不動明王

「本山派修験。京都聖護院末。関東修験年行事職大先達ナリ。役流山ト号ス。本尊不動ハ。役行者神変大菩薩ノナタ作リト称ス。刀斧ノ痕。凡作ニアラサルコト知ラル。開山直参法印秀圓。天文十三年二月二十九日寂ス。北条氏政。其外古文書を蔵ス。御入国ノ時モ先例ニ依テ。年行事職元ノ如ク命セラレ。慶安元年。寺領百石ノ御朱印ヲ附セラル。今モ東照宮御下知状及御書ヲ蔵セリ。」

とあった。現在は跡形もなく、調査は困難を窮めたが、京都聖護院から紹介された滋賀県大津市の天台寺門宗総本山園城寺の協力を得て追跡調査を行った。その結果、不動院最後の住職で、当時千葉県印旛郡白井町（白井市）薬王寺住職の近藤暹明氏にお目にかかることができ、お話を伺えた。

不動院は明治三十八年に埼玉県知事宛に移転願いを提出し、東京府南葛飾郡砂村（江東区南砂）に移転、昭和二十年三月十日の東京大空襲により焼失、台東区竜泉の正宝院に合併解散したことがわかった。正宝院には焼失前に撮った本尊不動明王と二童子の写真が残されていた。役行者ノナタ作リといわれていた本尊は何と円空仏であった。一方、『風土記稿』で不動院配下・末・霞下とある寺院を調べると、五三寺に及んだ。

埼玉県で発見されている円空仏約一七〇体のうち、少なくとも五〇体は不動院関連の寺院・個人の家に伝わったと考えられる。埼玉における円空の活動は不動院抜きには考えられない。このことがわかったのは、今はない不動院配下の寺院が『風土記稿』に記載されていた結果である。

氷川神社

各地の氷川神社の中心的存在である大宮氷川神社は、大宮郷土史研究会員共通の関心事である。『風土記稿』に記載されている大宮氷川神社は、本文もさることながら挿図が興味深い。現在の氷川神社は明治以降大きく改造されているが、挿図により以前の状況を立体的に見ることができる。

現在は本殿に素盞嗚命《すさのおのみこと》、稲田姫命《いなだひめのみこと》、大己貴命《おおなむちのみこと》の三神を祀っているが、かつては神池の奥、向かって左側に男体社、右側に女体社、神池の手前に簸王子《ひのおうじ》社《しゃ》（火王子社）があった。各社の主祭神については諸説があった。火王子社の主祭神は大己貴命ではなく、軻遇突智神《かぐつちのかみ》である等である。一の鳥居周辺は現況とほぼ同じである。参道は松並木に描かれているが、その後杉並木に変わり、現在は見事なケヤキ並木となっている。

『風土記稿』に載せられている氷川神社・氷川社は、

高鼻村　氷川社図（男体社・女体社・簸王子社）

境内社として記されているものも含めると三三五社に達する。足立郡に一五四社（簸川社一社を含める）、入間郡に四五社（長宮明神社を含める）、比企郡に三〇社、多摩郡に二一社、豊島郡に一七社、新座《にいくら》郡と埼玉郡に各一六社、横見郡に一〇社、荏原郡に八社、葛飾郡に四社、高麗郡、大里郡、男衾《おぶすま》郡に三社、幡羅《はたら》郡に二社、久良岐《くらき》郡、榛沢《はんざわ》郡、秩父郡に各一社である。橘樹《たちばな》郡、都筑《つづき》郡、那賀郡、児玉郡、賀美《かみ》郡にはない。足立郡に全体の四六％、次いで入間郡に一三％、比企郡に九％所在する。武蔵国以外にはほとんど存在しない。足立郡に圧倒的に多いのは、よくいわれるように、大宮氷川神社が藤原仲麻呂の乱鎮圧に活

現在の一の鳥居附近

高鼻村　氷川社図（一の鳥居付近）

現在の氷川神社本殿と拝殿

躍した丈部直《はせつかべのあたい》不破麻呂《ふわまろ》をはじめとする足立郡司と密接な関係を持っていたからであろう。綾瀬川を境にして東側の埼玉郡に少ないということは、郡制がその後も生活圏、文化圏に影響を与え続けてきたからであろうか。

各地の氷川神社の祭神の多くは素盞嗚命のようであるが、二間社、つまり二祭神を祀った神社も多いとの指摘もある。

大宮氷川神社については、その起源、祭神、摂社である門客人社《もんきゃくじんしゃ》（荒脛巾社《あらはばきしゃ》）をはじめ、まだまだ不明な点が多い。『風土記稿』に記載されている各地の氷川社、門客人社（荒脛巾社）等を含めて総合的に調査をする必要性を感じている。

［織本重道］

【参考文献】

・織本重道「埼玉の円空」（『円空研究2』人間の科学社所収、一九七三）
・『大宮市史　第2巻』（大宮市役所、一九七一）

根岸友山・武香顕彰会について―『風土記稿』を世に出した根岸家

顕彰会の発足

『新編武蔵風土記稿』を世に広めた最大の功労者は根岸武香であろう。その武香の事績を顕彰する会が地元大里村（熊谷市大里地区）で発足する契機となったのは、根岸家の古文書が寄託されている埼玉県立文書館で平成一〇年に「友山と武香 ―胄山根岸家文書の世界―」という展示会が開催され、村長をはじめ村の首脳部が見学に訪れたことにあった。

村ではつい先年村史を刊行したところでもあり、二人の事績についてはおのおのが承知していたが、この展示会によってその偉大さを再確認することになり、村でも展示会を開催することになった。それから予算措置など準備を整えて平成一四年二月「根岸友山・武香の軌跡」と称する特別展を開催した。特別展には村民をはじめ近隣市町村から多数の見学者が訪れ、大きな反響をよんで、長く両氏の業績を讃えようとの声が盛り上がり、二七〇余人の賛同を得て同年五月「根岸友山・武香顕彰会」が結成された。

初年度は村補助金や寄付金を得て掲示板とパンフレットの作成、冊子『根岸友山・武香の軌跡』の発行とし、冊子は一八年三月二〇〇〇部発行、一〇〇〇部を一般に販売したが再販の要望が強く、翌年五〇〇部を増刷した。通常事業は総

見学者を案内する根岸友憲氏

会（終了後講演会）、史跡見学会、講演会の三本立てとしているが、今も毎回四〜五〇人の参加を得ている。また一八年にはパネル四〇枚を作成して根岸家に常設展示、二四年には一〇周年記念誌七〇〇部を印刷、関係者に配布している。

友山の事績

根岸家は田畑八〇町歩、山林八〇町歩を所有した熊谷市青山の豪農で、友山（文化六・一八〇九〜明治二三・一八九〇、本名信輔）は、文政七年（一八二四）一六歳で一一代当主となり、甲山《かぶとやま》村名主となる。その業績は、

①幕府に陳情を重ね、天保六年（一八三五）「地理直し御普請」が行われるなど荒川水防に尽力した。しかし、天保一〇年水防の手段で組合内が対立、「蓑負騒動」となり、その責任を問われて一〇数年も他国に蟄居、空しく壮年期を過ごした。

②自宅に「三余堂」と「振武所」を開き、青年教育を行った。塾はその後小休止したが友山の帰郷を

根岸邸の長屋門（右奥）　手前の長塀を改造して蒐古舎とする

待って再開、儒者寺門静軒、国学者安藤野雁などを招聘し、剣術は千葉周作門下を招き前後二〇〇人の子弟を育てた。
③漢方医を育て、自ら目薬、胃腸薬などを考案したが、さらに書生に西洋医学を学ばせて根岸医院を開き、地区民の保健に努めた。
④ペリー来航で世論が二分する中勤皇の志士となり、長州藩と密約、勤皇派志士と交流して援助、同志三〇人を従えて浪士組に参加上京するなど、王政復古の礎を築いた。

武香の事績

武香（天保一〇・一八三〇～明治三五・一九〇二、幼名新吉、号榧園《ひえん》）は友山の子、父の追放により三歳で家督相続、嘉永三年（一八五〇）一一歳で甲山村名主となる。遊学は儘ならず、三余堂や振武所で学ぶ。温厚緻密な性格で和歌を嗜み万人に好かれた。

主な事績は、
①明治六年（一八七三）学区取締として小学校の建設、運営に奔走する。明治一二年県議会が創設されると議員に推され翌年議長、二三年再度議長となる。二七年貴族院議員となり、日清戦争後に台湾神社創建を建議する。
②維新後、父とともに邪教の矯正、神社の整備、神道崇拝を推進し神葬祭を広めた。
③用排水整備、山林開墾を行い、茶栽培、養蚕、松の植樹など農業経営改善に努めた。
④少年時代から埴輪などに興味を持ち、近隣の出土

根岸武香の肖像画

物を買い集めたりしたが、明治九年短甲武人埴輪を購入、同一〇年隣村の黒岩横穴群を発掘して内外の名士が来訪、同一七年東京人類学会が創設されると入会、同二〇年吉見百穴の発掘を手がけ、また古銭、古印、古典籍などを蒐集、自宅の長塀を改造して蒐《しゅう》古舎《こしゃ》を設けて展示し、「日本古印譜」「皇朝泉貨誌」などを編集して考古学の発展に寄与した。地誌研究にも着手、明治一〇年、二〇年と二回近隣一八か村の村誌を編集した。明治一〇年頃「武蔵風土記」の書写を始め、それを出版する意識を強めたと思われる。なお、武香の収集した古書・古記物は遺族により現在の国立国会図書館、東京大学史料編纂所、埼玉県立歴史と民俗の博物館などに寄贈、寄託、売却などされて、今も衆人に活用されている。

『風土記稿』の刊行

先日、現当主根岸友憲氏が本書の刊行に関する新資料を見出したのでその概要を摘記する。

①明治一六年一一月、近藤瓶城《へいじょう》が内務卿に「武蔵国風土記」の出版願いを提出し、翌一七年二月許可される。よって近藤と武香は同年三月出版部数一〇〇〇部、印刷を近藤に一任、双方が販売に努力し、経費、成果は折半するなど一二か条を取り決めた。近藤は当時『史籍集覧』の印刷販売などで出版の実績を上げていたので、武香は「武蔵風土記」の出版について近藤の手を借りたようで、その諸経費として一五〇円を渡している。

②武香は早速郡役所を巡回して購入予約の協力を依頼すると、全郡が賛同し、冊子の配布、代金徴収まで約束してくれるところもあった。価格は一セット八〇冊で一六円、配本は毎月四冊ずつ二〇回とし、六回の分割払いとした。

③明治二二年六月、五二〇部を販売したところで二人は内務省地理局の持つ版権を向後一五年間武香に譲り下げるよう申請、受理されると翌七月それまでの収支を総決算し、本文活字の「鉛板」、挿図の「銅版・木版」、残本など近藤持分の権利をすべて武香が譲り受けた。

④武香は販売を継続し、一六年春に在庫が皆無となったが、なお購入希望が多く、先に許可を得た郡ごとの分割販売とし、販売員四人を巡回させたところ同年中に全冊を四四セット、総国編と郡別編で計二五八二セットの注文を受けて配本、明治三〇年にはさらに八六五セット増刷している。

⑤武香の没後、風土記刊行の初期から販売に携わった番頭八木橋銀蔵が引き継ぎ販売している。銀蔵の販売チラシには年月日が無いが、販価からみて昭和初年頃と推測され、息長く販売されていたことがわかる。

［岡田辰男］

【参考文献】

・根岸友山・武香顕彰会『根岸友山・武香の軌跡』（さきたま出版会、二〇〇六）
・根岸友山・武香顕彰会『創立十周年記念誌』（同会、二〇一二）

『新編武蔵風土記稿』の引用と活用 ―― たましん地域文化財団の活動

『多摩のあゆみ』について

『多摩のあゆみ』は、東京都国立市に所在する公益財団法人たましん地域文化財団が刊行する季刊誌である。本誌は東京の西郊に位置する多摩地域の歴史・民俗・考古・地理・自然などに関する論考や情報を掲載している。創刊は昭和五〇年（一九七五）で、市民向けの「茶の間の郷土誌」を標榜して、希望者に頒布している。年に四冊発行してきて、平成二六年（二〇一四）八月現在一五五号になる。当初は多摩中央信用金庫、平成三年から財団法人たましん地域文化財団、平成二四年から公益財団法人たましん地域文化財団が編集発行している。

本誌は特集テーマを毎号設けている。創刊号の特集は「母なる多摩川」で、特集関連の六つの論考と、市町村史編さんレポート、市民研究団体の動向、入手資料のごあんない、などが掲載されている。創刊当時は高度経済成長の影響で、一九六六～七六年の一〇年余に多摩地域の人口は一〇〇万人増加して三〇〇万人を超え、行政は水道・道路・学校などのインフラ整備に追われていた。一方、考古遺物・古文書・民俗芸能・歴史的建造物・景観など、地域の文化遺産は急激な都市化にともなって消失の危機に直面し、市民や研究者はその保全や保護を訴えていった。こうした状況のもと、本誌は行政と市民の動向に注目しながら、地域の歴史を紹介する季刊誌として誕生したのである。

創刊号から一〇号ぐらいまでは、道・村・社寺・地名など地誌的な特集が多い。最初の座談会「多摩の明治維新」は一四号で、一五号は「多摩の原始を掘る」、一七号は「多摩の古戦場」、一九号は「多摩の動植物」で、諸分野の特集テーマを取り上げている。三〇号を過ぎると、村明細、御鷹場、近世の日記、武州世直し一揆、学校、都制案、戦災史など、テーマが詳しくなっていく。また、玉川上水、八王子城、御門訴事件、車人形と説経節、産業遺産など、再度にわたって特集が組まれるものも出てきた。

創刊当初は諸分野の入門編的なものからスタートして、次第に内容が深まっていき、詳細化していった。しかし、これ以降も創刊号で謳った「茶の間の郷土誌」という姿勢は変わらず、学術成果を平易な文章で紹介することに努めてきた。また、北多摩・南多摩・西多摩など取り上げる地域間のバランスを考慮し、テーマによっては諸分野から複眼的にアプローチする特集も組まれるようになっていった。

『新編武蔵風土記稿』の引用

さて、『多摩のあゆみ』に掲載された論考のうち、どの程度『風土記稿』を引用・言及しているのかを調べてみた。本誌に掲載された総論考数は一九二八本である（図書館・博物館などの機関紹介や書評等は除く）。このうち、『風土記稿』を引用・言及している論考数は一八〇本であった。およそ一割弱程度である。

試みに著者と論考名を挙げてみると、伊藤好一「南武蔵野新田の村名」（八号）、村上直・大石愼三郎・伊藤好一「『多摩の代官』を語る（座談会）」（一八号）、馬場憲一「近世多摩丘陵村落の農業と農間余業」（二九号）などがある。また、近世以外でも引用・言及されている。古代では竹内秀雄「狛江郷と世田谷郷―多摩川古代文化の系譜―」（八号）、原島礼二「古代の多摩と渡来氏族」（二〇号）、中世では杉山博「滝山城から八王子城へ」（一〇号）、伊禮正雄「多摩地方の合戦」（一七号）、近代にかけては色川大吉・村上直・沼謙吉「対談 多摩の明治維新―千人同心から自由民権へ―」（一四号）などがある。

さらに引用は各分野の論考にも及んでいる。考古では坂詰秀一「多摩の考古学」（一五号）、地理では矢嶋仁吉「武蔵野の開拓村落」（六号）、自然では中西悟堂「七十年前の深大寺と祇園寺—調布周辺の思い出—」（一九号）、民俗では中村規「多摩の神楽」（五六号）などがある。

一九九〇年代に入ると、江戸幕府の地誌編纂事業と『風土記稿』の編纂経緯に関する研究が大きく進捗した。こうしたなか同時期の八五号では、「『新編武蔵風土記稿』の世界」を特集した。本号には『風土記稿』に記された古代地名、代官、景観、野鳥に関する論考とともに、編纂経緯について論じた白井哲哉「『新編武蔵風土記稿』ができるまで—千人同心たちがみた多摩—」と、庄司明由「もうひとつの写本—内閣文庫所蔵『新編武蔵風土記稿』の成立事情—」が掲載されている。

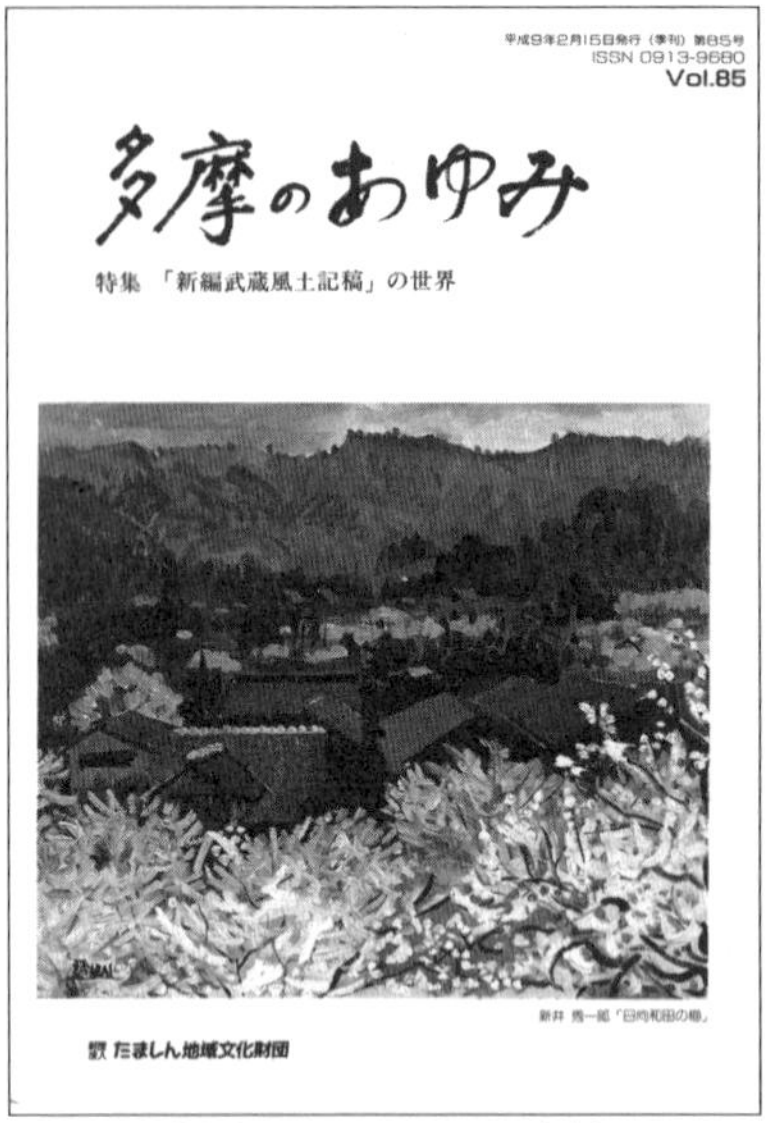

『多摩のあゆみ』85 号表紙
（平成9年2月15日発行）

また、『風土記稿』は本誌に連載された論考でも数多く引用されている。金山正好「多摩の文化財」（二一〜四一号）と、齋藤愼一「さし絵のなかの多摩」（八六〜一四二号）である。

四〇年に及ぶ『多摩のあゆみ』のほぼ全期間にわたって、これほど多くの分野の諸論考で引用・言及されている文献は、ほかには皆無である。

『新編武蔵風土記稿索引 多摩の部』の刊行

八五号発行の前月、当財団から『新編武蔵風土記稿索引 多摩の部』が刊行された。編者は三多摩郷土資料研究会である。同研究会は多摩地域の公立図書館の郷土資料（地域資料）業務担当者で構成され、昭和五〇年（一九七五）に発足した。昭和六三年に索引作成作業に着手し、九年間を費やして平成九年に本書が完成した。

本書には、約一万七〇〇〇に及ぶ索引項目が収載されている。収録範囲は、『風土記稿』のうち多摩郡に限定される（巻之八九～一二八、四〇巻）。ただし、近代以降に多摩地域へ編入された新座郡と入間郡も収録されている（西東京市・東村山市・瑞穂町の一部）。また、近代以降に区部となった多摩郡も含まれている（中野区・杉並区・世田谷区の一部）。

索引項目は、地名、人名、寺社、一般項目、絵図・挿絵、史料、引用文献に大別されている。さらに、人名は幕臣（代官・旗本）・僧侶・その他（北条家臣・武田家臣・神官・村民等）、一般項目は山野・動植物・河川・水利・交通・生活・産物・建物施設・名所旧跡・什宝に細別されている。

底本は国立公文書館内閣文庫所蔵の浄書本とし、一般に広く利用されている雄山閣本（大日本地誌大系）と千秋社本も併せて巻頁が記されている。浄書本と近代以降の内務省地理局版を底本とした諸刊行本には、本文の一部欠落、書換え、記載順序の入替え、挿絵の書換えなどがあるため、索引項目に異同がある場合はその内容を付記している。

雄山閣本は昭和四年（一九二九）に刊行が始まった第一期以来、細目次を各巻に付し、その後も新旧地名索引、字名集覧などを追加してきた。平成八年刊行の第四期では、各巻に新旧地名対照表を付すとともに、地名・人名・寺社・史料名等からなる別冊の索引編を刊行した。ただし、この索引編は分冊単位の編成なので、全巻を通しては検索できない。これに対して『新編武蔵風土記稿索引 多摩の部』は、多摩郡に限定されるが浄書本・雄山閣本・千秋社本

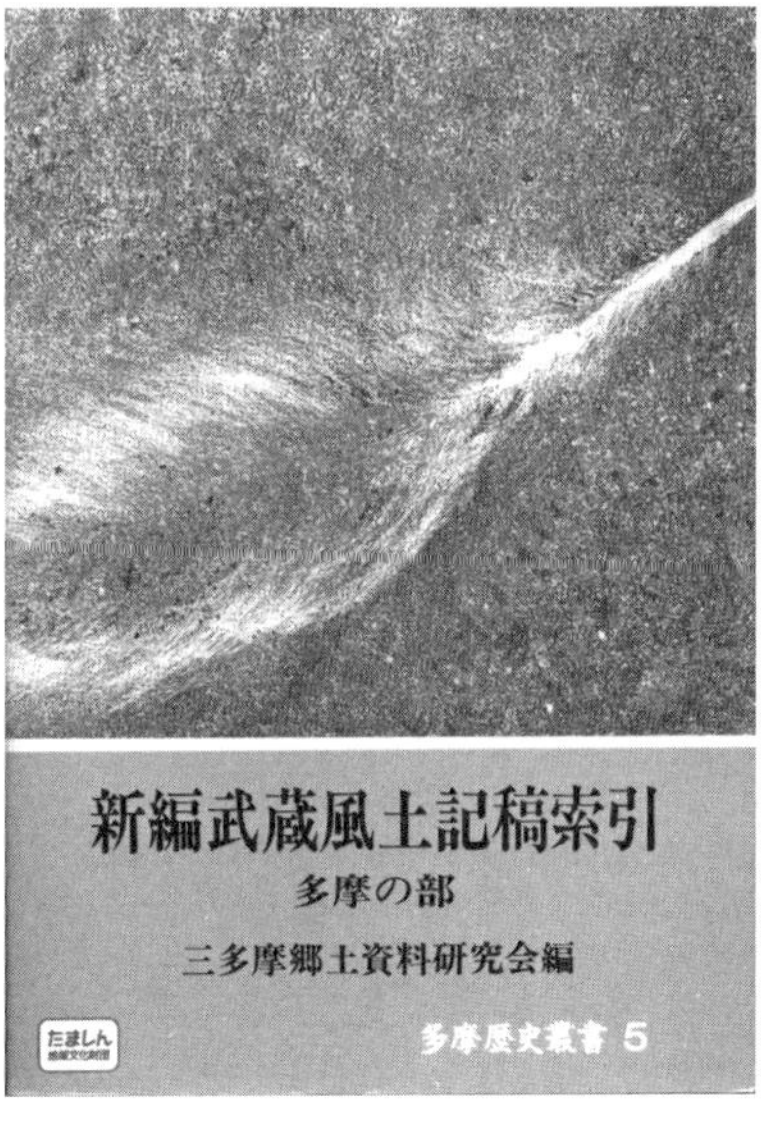

『新編武蔵風土記稿索引 多摩の部』表紙
（平成9年1月24日発行）

の三種に対応して、索引項目数も詳細なものである。

三多摩郷土資料研究会による本書の刊行は、図書館における『風土記稿』の活用をはかるものであった。地域の図書館は、その地域が必要とする情報を利用しやすい形にして、提供することに努めてきた。本書は、利用者に地域情報をレファレンスするツールとして活かされている。

八王子千人同心と『風土記稿』

一方、博物館では『風土記稿』の編纂経緯に関する研究が進んできた。『多摩のあゆみ』一二〇号に、土井義夫「地域博物館の特別展と調査から見えてきたもの―八王子千人同心と『新編武蔵国風土記稿』・『新編相模国風土記稿』の編さん―」が掲載された。この論考は、平成一七年（二〇〇五）に開催された八王子市郷土資料館の特別展を紹介したものである。

『風土記稿』のうち、多摩・高麗・秩父の三郡は八王子千人同心が地誌捜索して、昌平坂学問所へ草稿を提出した。特別展とその展示図録では、千人同心の地誌捜索の具体的な様相とともに、新たに発見された『新編相模国風土記稿』の草稿が公開された。八王子市郷土資料館では八王子千人同心の文化活動等を追究し、『風土記稿』との関係も明らかになってきた。

［保坂一房］

【参考文献】
・庄司明由「『新編武蔵風土記稿索引　多摩の部』の完成にあたって―三多摩郷土資料研究会の取り組み―」『とりつたま館報』第一三号（東京都立多摩図書館、一九九七）
・八王子市郷土資料館編『八王子千人同心の地域調査―武蔵・相模の地誌編さん―』（二〇〇五）
・白井哲哉「八王子千人同心の地方史研究―『新編武蔵国風土記稿』を中心に―」（『八王子の歴史と文化』第十九号、八王子市郷土資料館、二〇〇六）

自治体史としての『足立風土記』─町単位の編纂事業

四万冊のブックレット

自治体の編纂事業が終了しても、売れ続けている書籍がある。東京都足立区が二〇〇二年（平成十四）に区制七〇周年記念事業として出版した『ブックレット足立風土記』シリーズである。十年以上経過した二〇一四年の段階でシリーズ合計四万冊を超えている。一冊の体裁はA５判七二頁。手軽な図書として好評である。

同書は「風土記」という名前を『新編武蔵風土記稿』にちなんで命名されている。

筆者を含め市区町村の自治体の博物館や文化財関係の部署で、もっとも多いレファレンス請求が町単位の歴史であろう。編纂事務局がおかれた足立区立郷土博物館でも、この町単位の分野であった。これに応えるべく編纂されたのが足立風土記である。

「町の歴史」の定型需要

今歴史の本を刊行するのは専門出版社などのほかにも住民が発行するものも多く、本を作ろうとするときレファレンス請求が行なわれてくる。住民が書く本の例をいくつか挙げる。

①周年誌　小中学校の設立から二〇年、五〇年または一〇〇年を経過する時、記念事業が行われ、周年記念誌が発行される。その際には学区域の歴史記事が構成の一部を占めることが多い。町会・自治会も同様で、設立からの周年行事が行われる際に刊行物が発刊される場合が多い。くわえて商店街、分野別の工業会でも周年行事が行われる。これらを「周年誌」とよぶ。

これらの組織ではPTA役員、町会役員の中から編集を担当するメンバーが選ばれ、多くは一か年度の中の短期間―三～六か月―の期間内に原稿、図版を用意して記念行事に合わせて冊子を作成する。

②地域新聞・タウン誌　次に多いのが地域新聞やタウン誌である。大手新聞の折り込みで配布される地域新聞―あくまで提携であり独自編集発行―がある。足立区内では『足立よみうり新聞』と『足立朝日』の二誌がある。

タウン誌では足立風土記編纂事業が行われていた当時、東武鉄道竹ノ塚駅周辺のエリアを対象に発行されていたタウン誌『竹の塚百景』（季刊。現在は『あだち百景』となっている）や、北千住駅（ＪＲ・私鉄・地下鉄各線）周辺エリアを対象とした『町雑誌千住』（不定期、現在は発行間隔が長くなっているが活動中）が発行されていた。

いずれも町の歴史を扱うコーナーがある。「わが町の神社」「〇〇町の歴史」などさまざまなタイトルであるが、町の歴史を扱っていない号はほとんどない。こちらも発行までの準備時間は一カ月程度で、まれに半年の長期取材が発生する時がある。

③業種別パンフレット・社史等　三つ目が業種別パンフレットである。商店街振興組合や区の工業会、区画整理事業にともなうパンフレット等、実にさまざまである。中には企業の社史もある。足立区内では中小企業が多く、町の活動とも密着していることが多いため、町単位の歴史を求められる場合が多い。

足立区の場合、小中学校合わせると約一〇〇校、町会・自治会は四三五、商店街数も一〇〇を超えている。周年行事は毎年どこかで行われているし、パンフレット等では枚挙にいとまがない。町の歴史を書くという「住民の編纂事業」は、絶えることなく、学習需要は常在している。

『風土記稿』の利便性から

足立風土記は現代の『風土記稿』であることを強く意識している。町村単位で記述されていることは、利便性に優れ、先に触れたレファレンス請求に対して果たす役割が大きい。

前述のとおり学習需要に共通するのは、「町単位」

の歴史であること、短期間の編集期間であること、そして関係者の紹介という三つの要素であった。

これにすぐ応えられる図書資料として、『角川日本地名大事典』（角川書店、一九七八～九〇年）と『新修足立区史』があった。そこで利用される典拠資料として『風土記稿』の右に出るものはなかったことが大きく意識された。

一九九六年（平成八）からほぼ年一～二冊の計画で足立区内を一〇に分けた地区編の刊行が進められていった。

「全町丁を収録すること」の意味

事業が進む中で、『風土記稿』を模倣するということは全町丁を収録することと気付いた。当初は既存の報告書や刊行物、既知資料の中から各町丁の項目を抽出して（インデックスを作成して）編纂することが試行的に行われたが、これは全く無意味であることがすぐに判明した。

通例の自治体史は典拠資料を整え記述していくというスタイルであるが、古文書・金石文など資料の所在によって地域的に偏りが必ず発生する。さらに、ほぼ全域宅地開発で成立した町丁がある場合、そこには、いわゆる既知の歴史資料が存在しないということも大きな足かせとなった。

すなわち全町丁を収録するということは、調査の視座を町に据えることであり典拠資料の多寡や質は町ごとに変わってくるということとなる。

具体的にいえば取り上げるべき資料の基準が町によって変わってくるのである。例えば検地帳を抜粋した「書抜帳」があるとする。検地帳自体が現存するような名主文書が充実している町丁では、書抜帳は全く掲載されないが、ほぼ近世資料が伝来していない町では貴重な資料と位置付けられる。この傾向は石造物、古文書・近代文書、古写真、聞き取り調書すべてにわたる。

このことから導き出される事業の調査手法の結論は至って単純で、全町丁を悉皆調査するという方法であった。

「風土記」という事業の結果とその後

一九九六年（平成八）から二〇〇三年（平成十五）にかけて順次調査が行われ、足立風土記の普及形態をとるための刊行物として『足立風土記稿』シリーズが発行された。A４判で各三〇〇頁前後の書籍である。発行部数は三〇〇部程度である。その普及版がA５判の『ブックレット足立風土記』である。

事業は計三〇〇〇人にのぼる協力者を得て事業が進んだ。『ブックレット足立風土記』は事業協力者（資料所蔵者・提供者など）への無償配布分を除いて、すべて有償販売であるが、今も売れ続けている。累計で四万部を超える。

［成果］現在、郷土博物館で最も大きな財産となっているのは、この三〇〇〇人の協力者である。資料所在情報、また滅失可能性の情報連絡など、地域住民との距離が縮まる効果を生んでいる。

また当初の目的、定型需要への活用は大きい。特にA４判の『足立風土記稿』は、レファレンス業務に欠かせない書籍である。

［課題点］『風土記稿』でも見られることだが『足立風土記』は資料所在の記録リストにもなっている。これは当初から想定していたことでもあるが課題を生んでいる。一つ目は保存措置が間に合わず掲載資料が滅失することである。事業が終了してから、わずか一〇年余であるが、早くもいくつかの資料が滅失し、編纂事業で撮影した写真や記録が唯一の資料となっている場合がある。

もう一つの課題点は、資料所在情報に精粗が出ていることである。町会自治会を通じての資料所在把握は町会自治会役員の情報量、個人、会社側の自治体や編纂事業への密接度によって大きく差が出てしまっている。

市区町村の自治体史

近世において町村単位に編纂された『風土記稿』を意識した、現代の町単位に編纂された『足立風土記』事業は、その基本的な記述単位を基礎的な単位である町丁に置いている。

町は単なる住居表示であるともいえるが、地域住民が意識する「地元」とは何かをたずねると、自分が住む町があり、次いで通勤に使う駅が登場する。小中学校がおおむね町ごとにあることや、町会・自治会が町ごとにあることをふまえると、普段の生活圏が「町」であることは確かだろう。

足立風土記シリーズ　写真奥の足立風土記稿（Ａ４判）10冊と
普及版の「ブックレット足立風土記」（Ａ５判）10冊

ある足立区内の町会は毎年一冊のブックレットを役員分（三〇冊ほど）購入し続けている。町会自治会や地域団体を構成する役員は、企業の退職者が多く含まれ、町の歩みや特徴をあらためて把握するのに最適だという理由である。一七〇〇余の市区町村は、日々、町とともに歩んでおり、それが強みであり学習需要もそこにあり、適合性が高い編纂方法といえよう。

［多田文夫］

『新編武蔵風土記稿』で歩く「秩父往還」

『風土記稿』で歩く「秩父往還」

昭和六〇年（一九八五）から五年間、県立秩父高校社会部顧問として部員とともに、『新編武蔵風土記稿』を基礎資料に秩父往還・甲州道を実地調査、教材にも活用した。平成元年は埼玉県の依頼を受け、歴史の道調査員の一員として秩父市の調査を担当。翌年、歴史の道調査報告書・第一一集『秩父甲州往還』が刊行された。

平成二一年からNPO法人秩父まるごと博物館（以下秩父まる博）では、『風土記稿』も参考にしながら春と秋の年二回、秩父往還を歩く事業を実施している。往還沿いの事物を訪ねながらのスローウォークである。平成二五年度の一三回目で、参加延べ人数は約六〇〇人である。

『風土記稿』に見る秩父往還

『風土記稿』には正保と元禄の秩父郡二枚の改定図が載せられている。改定図には、山間部の川を這うように秩父往還が図示されている。秩父往還とは峠を越えて秩父と外部とを結ぶ主要道のことで、江戸時代の代表的な往還は九本ほどもあった。『風土記稿』では各村落ごとに道路状況を詳しく述べている。

そのうち江戸と大宮郷（秩父市）とを結ぶ秩父往還として、熊谷通り、川越通り、吾野《あがの》通りの三つを紹介している。熊谷通りと川越通りの分岐だった皆《みな》野《の》町三沢村の項に記述の石標は、地元では「右河越安戸《やすど》道・左鉢形《はちがた》熊《くま》賀《が》谷《や》道」と刻まれた蕎麦粒石として現在も残る。伊能忠敬は九州測量の帰路、熊谷通りで秩父へ入り川越通りで江戸へ向かった。

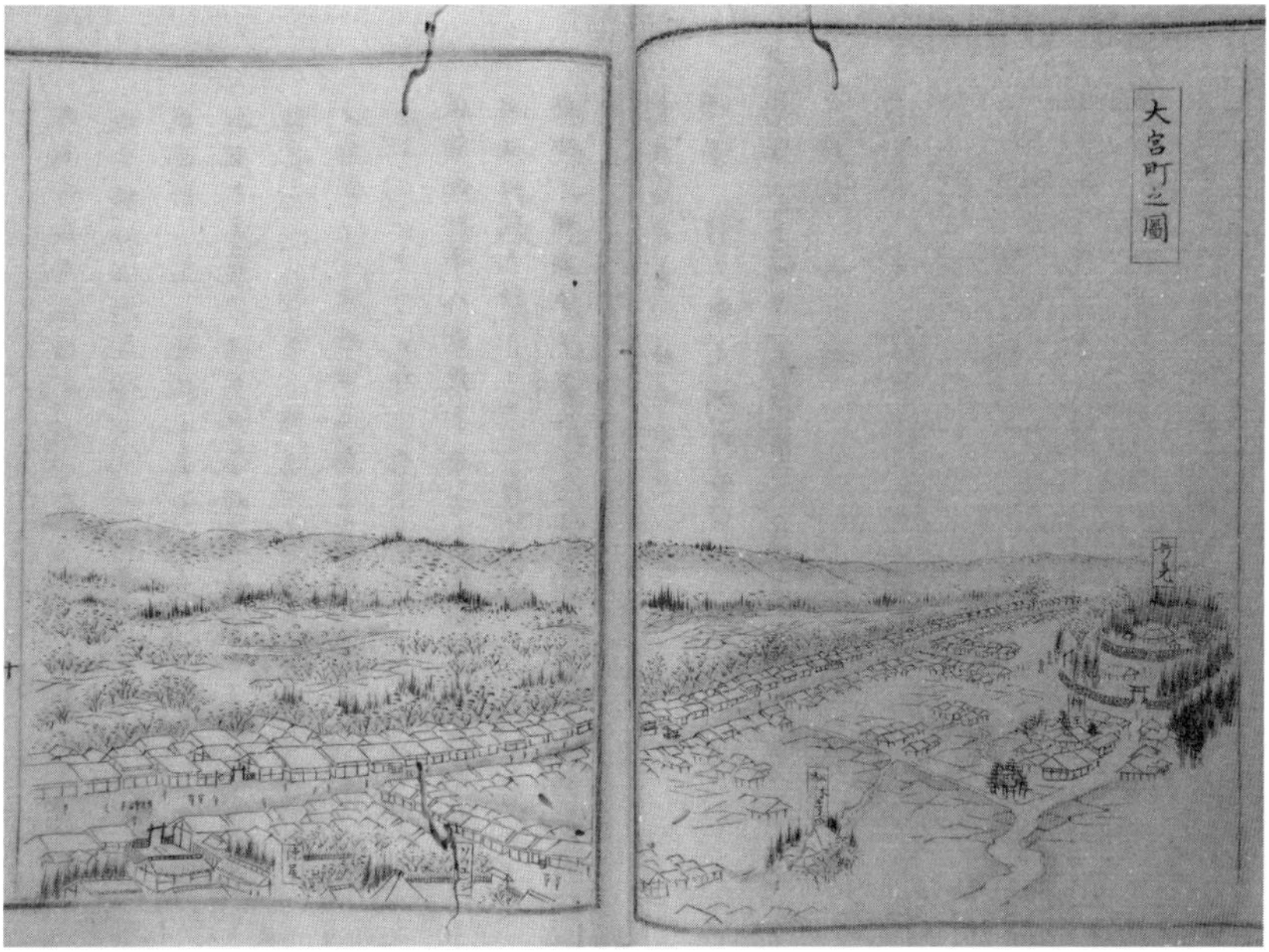

大宮郷　大宮町之図

吾野通りは江戸と秩父を結ぶ最短距離で、吾野から旧正丸《しょうまる》峠を越えて横瀬町の芦ヶ久保《あしがくぼ》へ下り大宮郷に至った。絹買い付けの江戸商人や人馬の往来で賑わった。『風土記稿』には芦ヶ久保村を「秩父街道にて馬継の村なり」と記す。大宮郷からは雁坂《かりさか》峠越えの甲州道と十文字峠越えの信州道が名高い。三峰山道は途中まで秩父往還の甲州道を利用して進み、旧大滝村の強石《こわいし》で甲州道と分かれ登山口の大輪《おおわ》へと向かった。

『風土記稿』によるスローウォーク

秩父まる博では西武秩父駅を起点として、『風土記稿』に載る秩父地域の秩父往還を参加者を募り歩いている。現在まで三峰山道、武甲山麓を巡る吾野通り、栃本《とちもと》関址までの甲州道などを歩いた。『風土記稿』などに記載された事項の現状を事前調査、コース資料を作成して当日の参加者に配布、ポイントごとに説明しながらゆっくりと歩く。重要ポイントでは、地元の有識者から話を聞くことにしている。『風土記稿』を原点とした歴史探訪で、地元民との交流も生まれ参加者に好評である。次にその事例を紹介する。

『風土記稿』では三峰山への登山口を大輪、麻生《あそう》、神庭《かにわ》としている。大輪口からのコースは「表参道」として残っているが、麻生コースは三峰山観光道路の開通でほぼ消滅した。神庭コースは、かつて三峯神社へ物資を運ぶ馬道として整備されていたが、近年は廃道になっていた。平成二一年一二月、秩父農林振興センターの協力を得て「裏参道」として復活させた。

平成二二年のスローウォークは、六〇余名の参加者が表参道から三峰山へ登り、裏参道から下山した。翌年、三峯神社では「神官と歩く三峰山」と称し、このコースで一般参加のウォーキングを実施した。

かつて秩父へ入る主要道付近には城や砦があった。吾野通りの秩父盆地入口には、古代から中世まで、地元豪族や関東の支配者たちの拠点の一つとして根《ね》古屋《ごや》城が機能していた。『風土記稿』には城址の挿

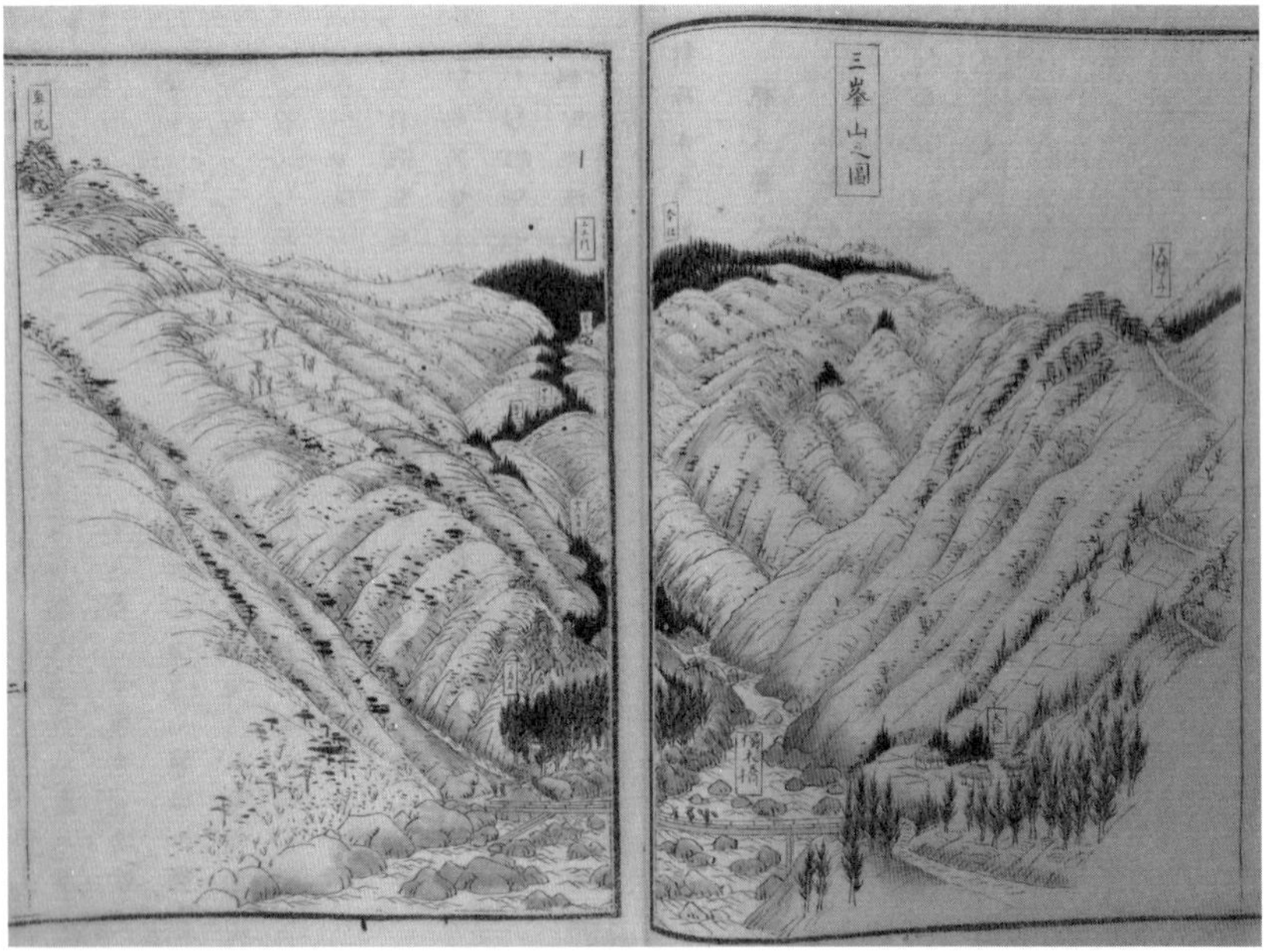

古大滝村　三峰山之図

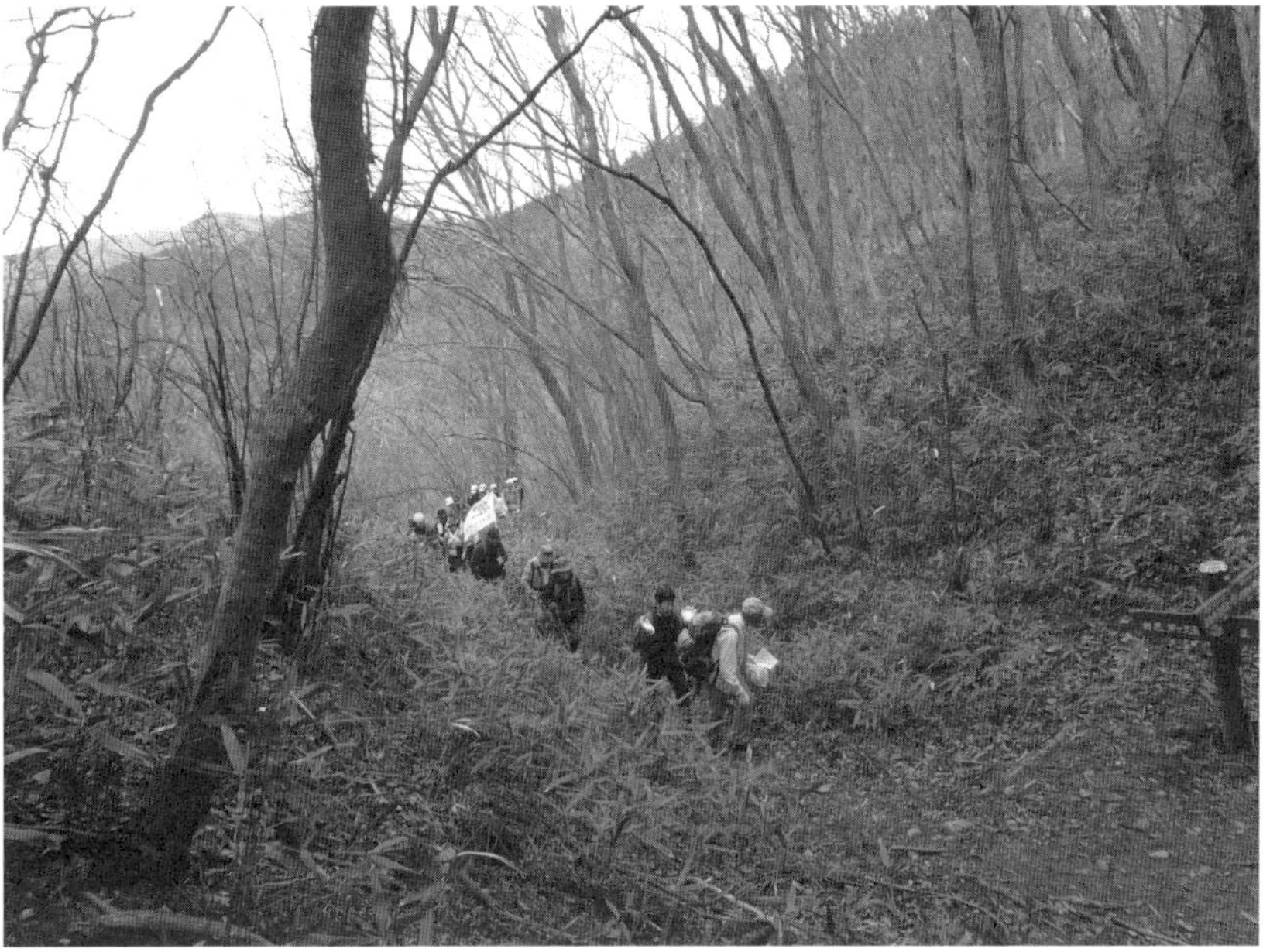

旧正丸峠をウォーキング

絵付きで、支配者が横瀬氏、秩父氏、上杉氏、北条氏へと引き継がれたことが紹介されている。吾野通りのスローウォークでは根古屋城址をコースに入れて、横瀬町歴史民俗資料館の学芸員に現地案内をお願いした。

『風土記稿』の今後の活用

秩父まる博では、一つのコースを終了するごとにガイドブックを作成している。平成二三年発行の『三峰山道を往く』に続き、平成二六年は吾野通りコースの『武甲の里山を歩く』を刊行した。次は『秩父往還・甲州道』を予定している。

『風土記稿』には三五枚ほどの風景図が載せられている。同じ場所から撮影して見比べるのも面白いだろう。『風土記稿』を丹念に調べると、狼の神社や将門伝説地巡りなど多くの魅力ある事項が詰まっている。秩父ジオパークとを結びつけた秩父地域一周、「秩父歴史自然歩道」の構想も思案している。

［飯野頼治］

歴史教育と『新編武蔵風土記稿』

小・中・高等学校における歴史教育について

学校教育における歴史教育は歴史学習として、各学校段階の学習指導要領でその目標や内容が定められている。現行学習指導要領によると、次のように歴史学習の在り方が示されている。小学校社会科では、我が国の歴史的事象を人物の働きや代表的な文化遺産を通して学習すること。中学校歴史的分野では、我が国の歴史の大きな流れを、世界の歴史を背景に各時代の特色をふまえて理解させること。高等学校日本史Bでは、我が国の歴史の展開を、世界的視野に立って各時代の特色および変遷について総合的に考察させ、歴史的思考力を育成することである。

そして、どの学校段階においても、その発達段階に応じて、身近な地域の歴史や具体的資料を通して、具体的に日本の歴史を理解する学習を行い、児童生徒の歴史への興味関心を高めるよう配慮することが示されている。『新編武蔵風土記稿』は江戸時代後期の武蔵国における各村（現在の小字）の様子が詳細に記述されており、その沿革や景観図、文化財等、近世のみならず、それ以前の歴史をも知り得る貴重な資料であり、歴史学習における地域文献資料としての活用が大いに期待できるものである。その活用例を次に紹介する。

小学校の歴史学習と『風土記稿』

小学校の歴史学習では、内容的には三・四学年の社会科「地域の人々の生活の変化、生活の向上に尽くした先人の働きや苦心」の中で、地域の開発や教育・文化・産業の発展に貢献した先人の働きを、『風土記稿』中の村の沿革や褒善者等から掘り起こし、教材化することができる。代表的な例としては、新田開発や用水路の開削に尽力した「見沼新田（さいたま市）と井澤弥惣兵衛」「埼玉東部低地の新田開発と伊奈氏」などが考えられるが、小字規模の小さな開発での人物など結構調べることができる。

六学年では、社会科「江戸幕府の始まり、身分制度の確立」のところで、江戸時代の地域の様子を『風土記稿』の挿図にある、神社・寺院・史跡・自然景観・産業等の景観図を見せ読み取ることで、歴史への興味関心を高めることができる。いずれにしても、小学生の発達段階に合わせて、資料を活用することが大切となる。

中学校の歴史学習と『風土記稿』

中学校一～三学年で学習する社会科歴史的分野では、平成二〇年改訂の現行学習指導要領に「歴史のとらえ方」という内容項目を新設し、身近な地域の歴史を調べる活動を通して、地域や受け継がれてきた伝統・文化への関心を高め、歴史の学び方を身に付けさせる学習を行うこととしている。そして、それをふまえて、「古代の日本」から「現代の日本」までの通史学習が行われる。

その中で、大項目「中世の日本」と「近世の日本」の学習での『風土記稿』の活用例を紹介する。

「中世の日本」では、小項目「武士の登場、武士の成長」において、村の沿革に記載のある開発領主としての在地武士（武蔵武士）を調べる活動があげられる。現埼玉県の川越氏と川越、熊谷氏と熊谷、現東京都の江戸氏と江戸など、市町村名レベルから小字レベルまでの在地開発武士を取り上げることにより、さらに挿図に描かれた城跡や館跡を活用することで身近な地域の中世の歴史への興味関心を高めることができる。

「近世の日本」では、小項目「戦国の争乱、織田・豊臣の政治」において、『風土記稿』中の史跡等に記された戦国時代の武蔵での合戦の様子を調べる活動があげられる。例えば、映画『のぼうの城』で有名になった、天正一八年（一五九〇）の石田三成率いる二万五千の豊臣軍と成田長親率いる五百の忍城の合戦は、水攻めにあいながらも小田原本城落城以後も降伏しなかったことで、「忍の浮城」として有名になったが、『風土記稿』埼玉郡之十八忍領「忍城並城下町」には、『小田原記』、『関東古戦録』、『成田系譜』に基づく合戦の模様が詳しく記されている。

挿図にある「忍城の図」や「忍城後背図」、「利根川景観図」や「荒川景観図」を合わせて活用することにより、池沼・泥田に囲まれた忍城の様子や石田三成が本陣を置いた丸墓山からの忍城の景観等を理解させることができよう。行田市郷土博物館発行の『特別展　石田三成と忍城水攻め』掲載の天正年間忍城の図や石田堤現存図・石田堤写真等を活用することにより、さらに学習を深めることができる。

同様の事例として、埼玉県では鉢形城や松山城、川越城などでの合戦の記録も参考になる。

小項目「江戸幕府の成立と大名統制、身分制度の確立、農村の様子」では、江戸時代における農村支配の様子を、村の沿革に記された領主層を通して調

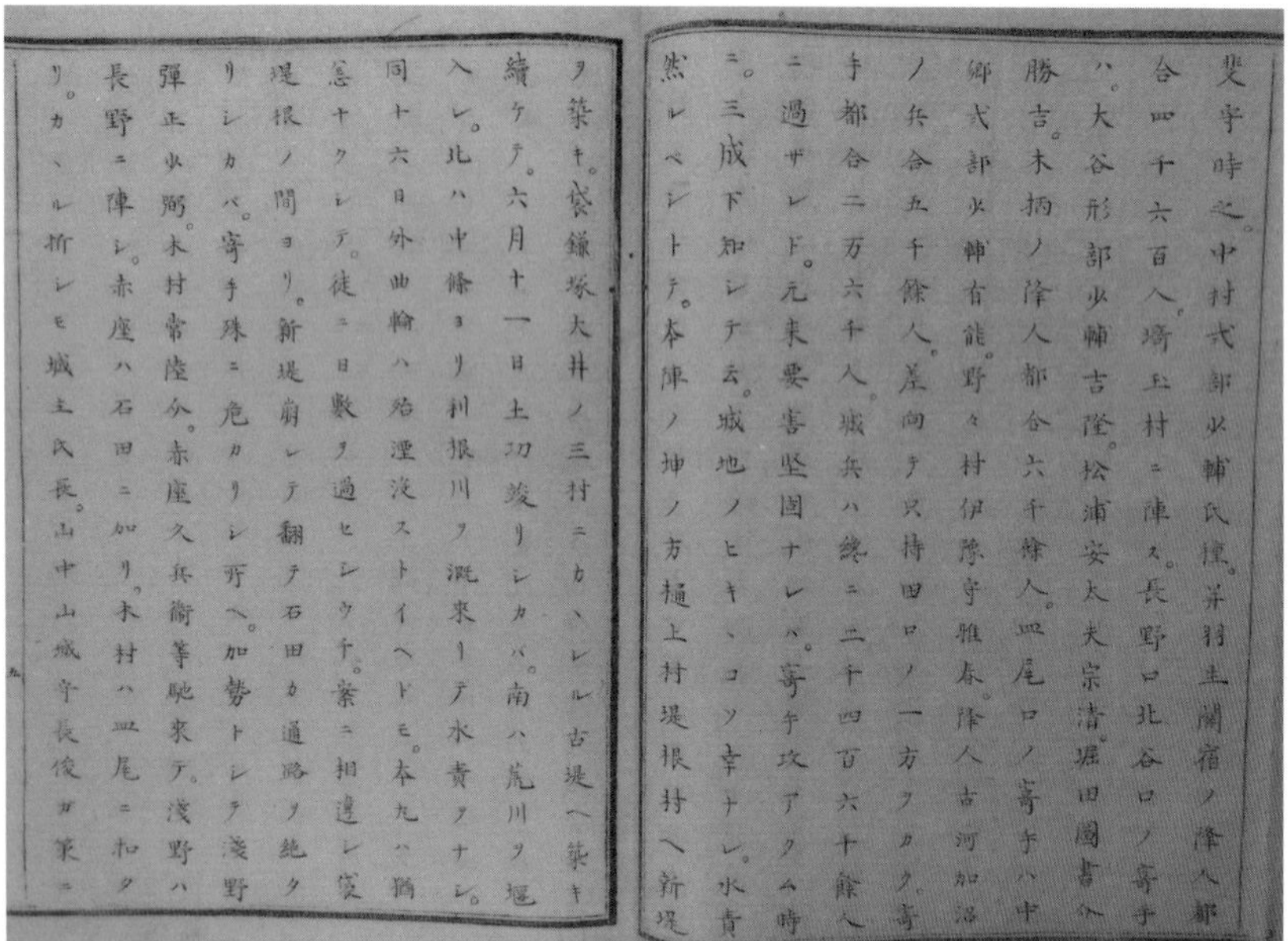
斐守時之。中村式部少輔氏種。并羽生關宿ノ降人都
合四千六百人。埼玉村ニ陣ス。長野口北谷口ノ寄手
ハ。大谷形部少輔吉隆。松浦安太夫宗清。堀田圖書介
勝吉。木拘ノ降人都合六千餘人。皿尾口ノ寄手ハ中
郷式部少輔有能。野々村伊豫守雅春。降人古河加沼
ノ兵合五千餘人。差向テ只持田口ノ一方ヲカク寄
手都合二万六千人。城兵ハ總ニ二千四百六十餘人
ニ過ザレド。元来要害堅固ナレバ。寄手攻アグム時
ニ。三成下知シテ云。城地ノヒキヽコソ幸ナレ。水責
然ルベシトテ。本陣ノ坤ノ方樋上村堤根村へ新堤
ヲ築キ。袋鎌塚大井ノ三村ニカヽレル古堤へ築キ
續ケテ。六月十一日土功竣リシカバ。南ハ荒川ヲ堰
入レ。北ハ中條ヨリ利根川ヲ灑来リテ水責ヲナシ。
同十六日外曲輪ハ殆湮没ストイヘドモ。本丸ハ猶
恙ナクシテ。徒ニ日数ヲ過ヒシウチ。案ニ相違シ寄
堤根ノ間ヨリ。新堤崩レテ翻テ石田カ通路ヲ絶タ
リシカバ。寄手殊ニ危カリシ所へ。加勢トシテ浅野
弾正少弼。木村常陸介。赤座久兵衛等馳来テ。浅野ハ
長野ニ陣シ。赤座ハ石田ニ加リ。木村ハ皿尾ニ加タ
リ。カヽル折レモ城主氏長。山中山城守長俊ガ策ニ

忍城水攻合戦の記述（『風土記稿』巻 216、忍城并城下町より）

べることができる。武蔵国の場合、幕府領（代官支配）、藩領（川越・忍・岩槻等）、旗本知行地、寺社領などから成っており、藩領の飛び地であったり、旗本相給（一村が複数の旗本知行になっている）であったり、転封（領地替え）により領主が替わったりなど、いろいろな情報をつかむこともできる。また、学区内の居住している村（小字レベル）の地誌として読み取り、現在の地域との変化や現在も残っている地名を探るなどの学習も考えられよう。

中学校段階では、近世以前の身近な地域の歴史を知る好資料であり、通史に適切に位置づけることにより、歴史への理解を深めることが期待できる。

高等学校の歴史学習と『風土記稿』

高等学校三学年で選択履修する日本史Ｂでは、平成二二年改訂の現行学習指導要領に「歴史を考察し表現する学習」として①歴史と資料（原始・古代）、②歴史の解釈（中世）、③歴史の説明（近世）、④歴史の論述といった学習活動を古代から現代の各時代

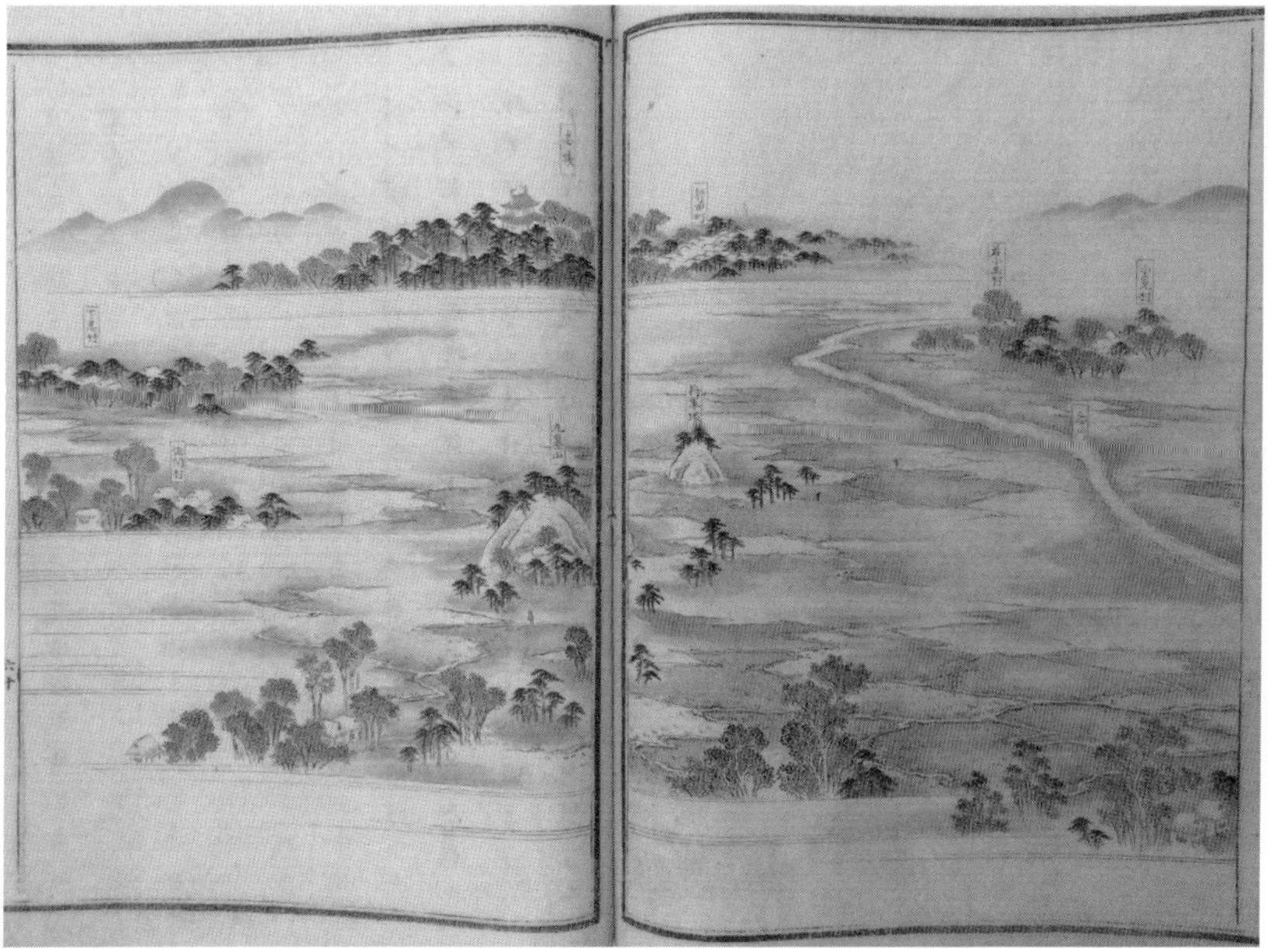

埼玉村　忍城之図（手前に丸墓山、将軍塚（山）古墳）

小・中・高校の歴史学習と『新編武蔵風土記稿』の活用例

（段階・内容項目は現行小・中・高学習指導要綱による）

段階	歴史学習の内容項目	『風土記稿』の主な活用事例
社会 小３・小４	○地域の人々の生活の変化、生活の向上に尽くした先人の働きや苦心 （地域の開発・教育・文化・産業）	・江戸時代の村の沿革から、新田開発や用水路の開削など、地域の発展に尽くした人物を調べる。（見沼新田と井沢弥惣兵衛、東部低地の新田開発と伊奈氏、三富新田の開発等）
社会 小６	○織田・豊臣の天下統一、江戸幕府の始まり、身分制度の確立	・挿図としての景観図等から、江戸時代の地域の様子を読み取る。（地域の神社・寺院・史跡・城跡・城下町図・自然景観・産業等）
社会・ 歴史的分野 中１～中３	【歴史のとらえ方】 ○身近な地域の歴史を調べる活動を通して、地域や受け継がれてきた伝統や文化への関心を高め、歴史の学び方を身につけさせる学習。	
	【中世の日本】 ○武士の登場、武士の成長	・村の沿革に出てくる地名にも関わる開発領主としての在地武士について調べる。（川越氏と川越、熊谷氏と熊谷、春日部氏と春日部、江戸氏と江戸等）併せて、挿図（城跡・館跡等）を活用する。
	【近世の日本】 ○戦国の争乱、織田・豊臣の政治	・史跡等に記された戦国時代の合戦の様子を調べる。（○忍城並城下町に記された石田三成軍忍城水攻めの様子等）併せて、挿図（忍城の図、忍城後背図、利根川、荒川図等）を活用する。
	○江戸幕府の成立と大名統制、身分制度の確立、農村の様子	・現在の小字に相当する近世の各村の沿革から、村を支配していた領主（幕府領、藩領、旗本領、寺社領等）を調べる。 ・江戸時代の村の様子を読み取り、現在との違いについて調べ表現する。
日本史Ｂ 選択高３	【歴史を考察し表現する学習①歴史と資料（原始・古代）、②歴史の解釈（中世）、③歴史の説明（近世）、④歴史の論述（現代）】原則古代から現代の各時代の内容と関連させて実施。	
	【近世の日本と世界】 ○織豊政権と幕藩体制下の政治・経済基盤、身分制度の形成、文化の特色	・原則の時代ではないが、①歴史と資料の観点で『風土記稿』を取り上げ、自治体史の基本資料として、近世における地誌としての記録価値の高さを理解させる。
	○幕藩体制下の農業など諸産業や交通・技術の発展、町人文化の形成	・明治前期の『武蔵国郡村誌』のデータと比較することにより、近世から近代への地域の変化を読み取れることを作業を通して理解させる。

を原則として行うことを示している。そして、それをふまえて、「原始・古代の日本と東アジア」から「現代の日本と世界」などの総合的考察を通した通史学習が位置づけられている。

その中で、大項目「近世の日本と世界」の学習での『風土記稿』の活用例を紹介する。

小項目「織豊政権と幕藩体制下の政治・経済基盤、身分制度の形成、文化の特色」において、原則の時代ではないが、「歴史と資料」の観点に基づいて、近世の歴史資料としての『風土記稿』の作成過程や目的、その資料的価値や活用法について多面的に考察する学習を行いたい。産業革命以前の武蔵国の景観を伝えてくれる貴重な地誌資料を通して、都市化した現在の武蔵国（首都圏）の変貌した姿に愕然とすることだろう。

また、明治前期に作成された『武蔵国郡村誌』と比較することにより、廃藩置県や廃仏毀釈、産業の発達等、地域の近世から近代への変化を読み取ることができる。高校段階では、自治体史を作成するように、データを表やグラフに活用して、分析・考察する活動も可能となろう。

生涯学習における歴史学習と『風土記稿』

歴女《レキジョ》・大河ドラマ人気・観光名所の歴史検定など、歴史ブーム到来の今、生涯学習の視点からも、『風土記稿』の活用が望まれる。現代口語文にして中学生レベルでも理解できる程度の資料として、誰でも気楽に読め、武蔵国の地理や歴史に親しめる、そんな普及本を読んでみたいものである。

［児玉典久］

【参考文献】

・『学力を伸ばす日本史授業デザイン』（明治図書、二〇一一）
・『小学校学習指導要領解説　社会編』（文部科学省、二〇〇八）
・『中学校学習指導要領解説　社会編』（文部科学省、二〇〇八）
・『高等学校学習指導要領解説　地理歴史編』（文部科学省、二〇一〇）

地理教育と『新編武蔵風土記稿』

はじめに

『新編武蔵風土記稿』は、文化七年（一八一〇）、林大学頭衡が幕府に建議し許可され、昌平坂学問所に編纂局を置き、編纂された事業である。埼玉県域は、文政三年（一八二〇）から、文政一一年に調査され、天保元年（一八三〇）に幕府に上呈された。総国図説をはじめ、山川池沼、名勝などの挿絵が数多く掲載されている。掲載範囲は巻之一総国図説の通りである。地理教育の資料としては、『埼玉県地誌略』（明治一〇年・一八七七）などが明治期に出版されているので、参照していただきたい。

地理教育に活用するにあたり、河川改修により今では見られない風景や武蔵国を①荒川流域、②利根川・江戸川流域、③元荒川、綾瀬川、見沼や新河岸川流域の三地域に分けて挿絵の活用を中心に述べて

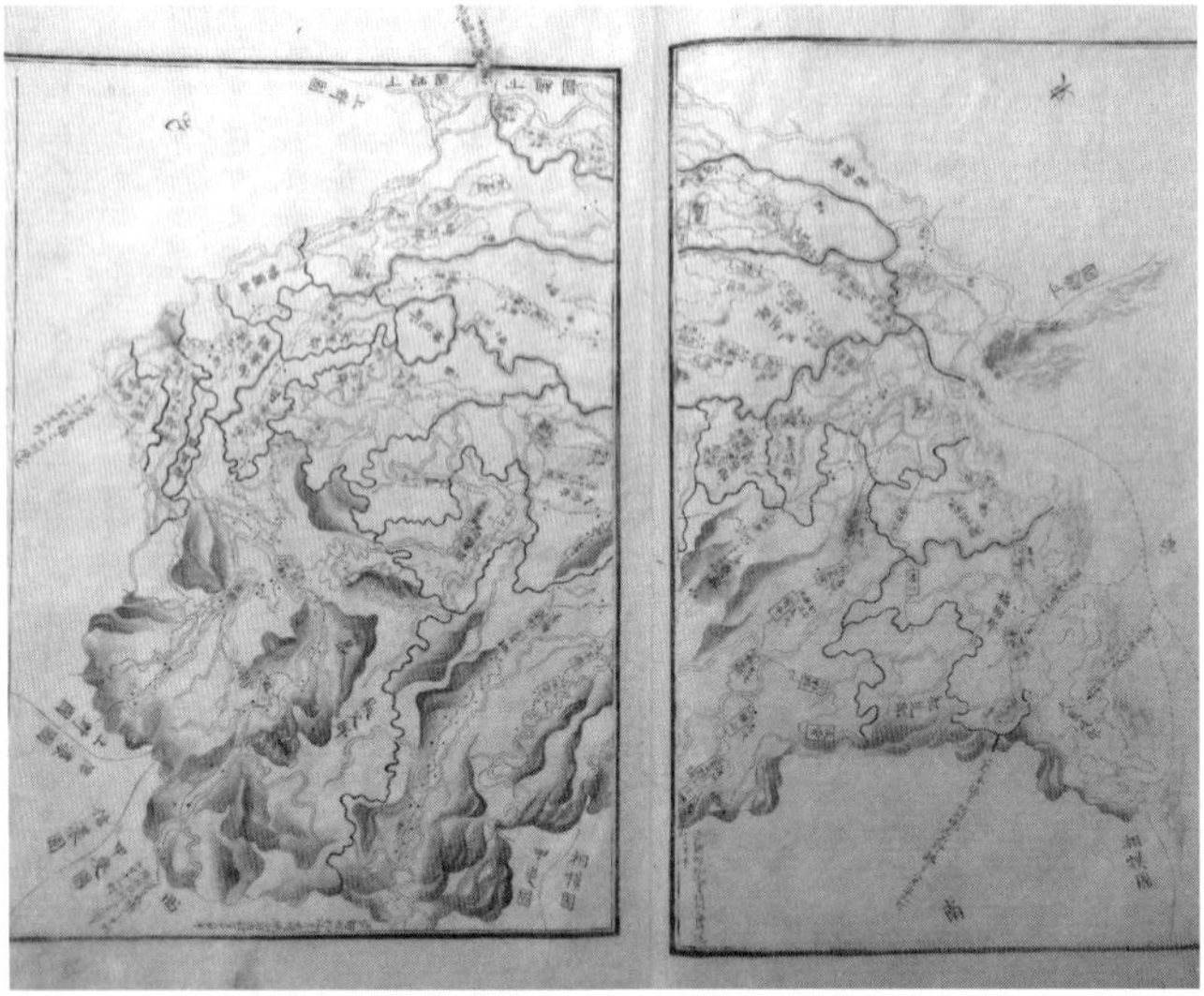

武蔵国絵図全図（『新編武蔵国風土記稿』巻之一）

滝野川村　金剛寺松橋弁天図（「滝ノ川之図」）

いく。

河川改修で見られなくなった風景

今回の執筆のため掲載の挿絵をすべて見てきた中で、滝の川之図に目を見張った。金剛寺（東京都北区滝野川）とかつて石神井川が蛇行し、渓谷を形成し、紅葉の名所として有名で、音無川温泉もあった場所である。現在は、石神井川の河川改修で直流化され、当時の面影は見られないので大変に貴重な図である。

荒川流域

荒川は、秩父山地に源を発し、秩父、寄居《よりい》、熊谷、鴻巣《こうのす》、川越、戸田、川口を経て、東京湾に注ぐ河川である。秩父郡之一の元禄年中改定図を見ると、秩父郡全体が詳細に記され、周辺地域への里程までが表記されている。現代の地図と対比することで、当時の秩父郡域の往来を知ることができる。

秩父盆地の様子は、荒川回流図から知ることがで

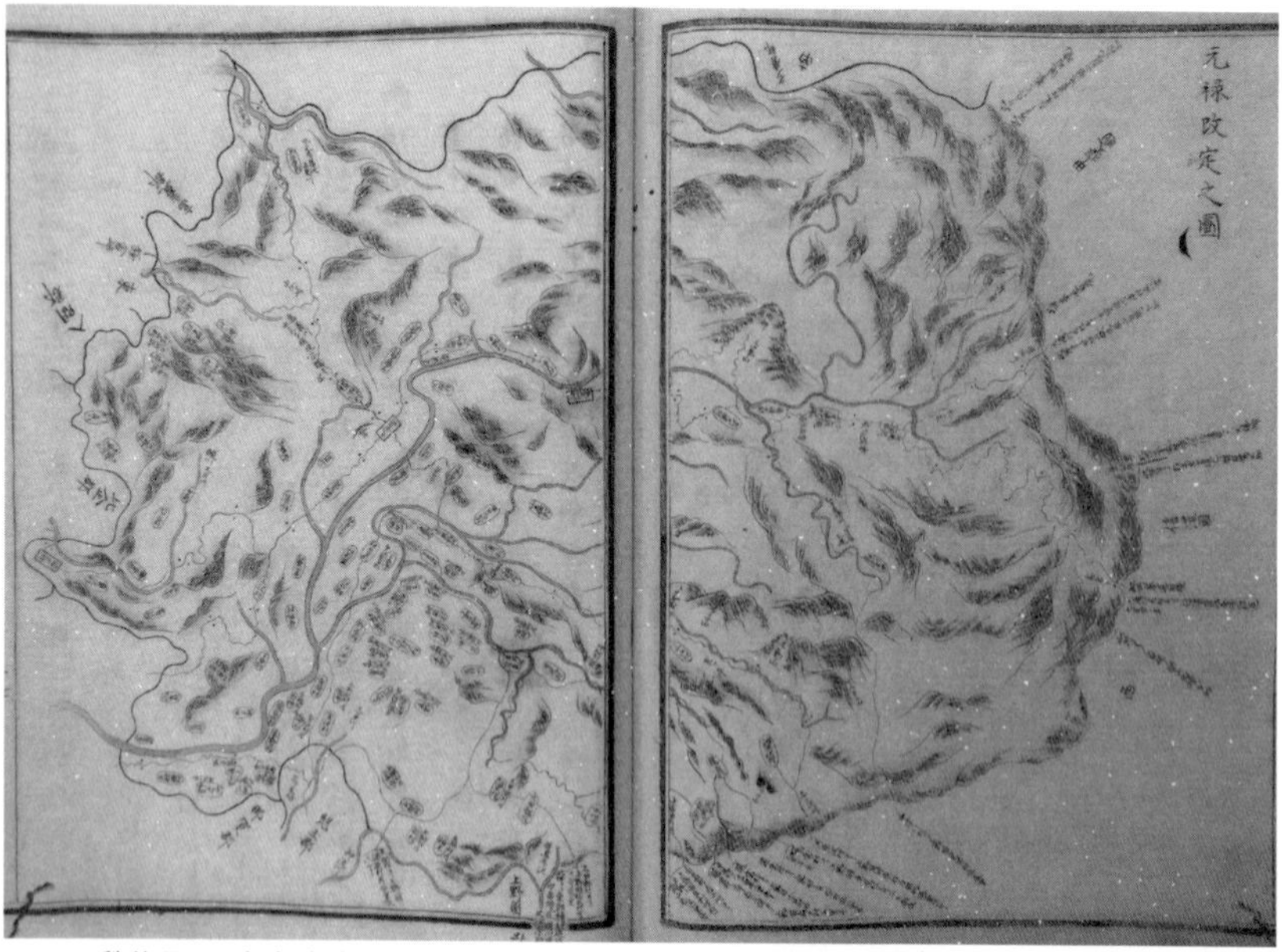

秩父郡　元禄年中改定図

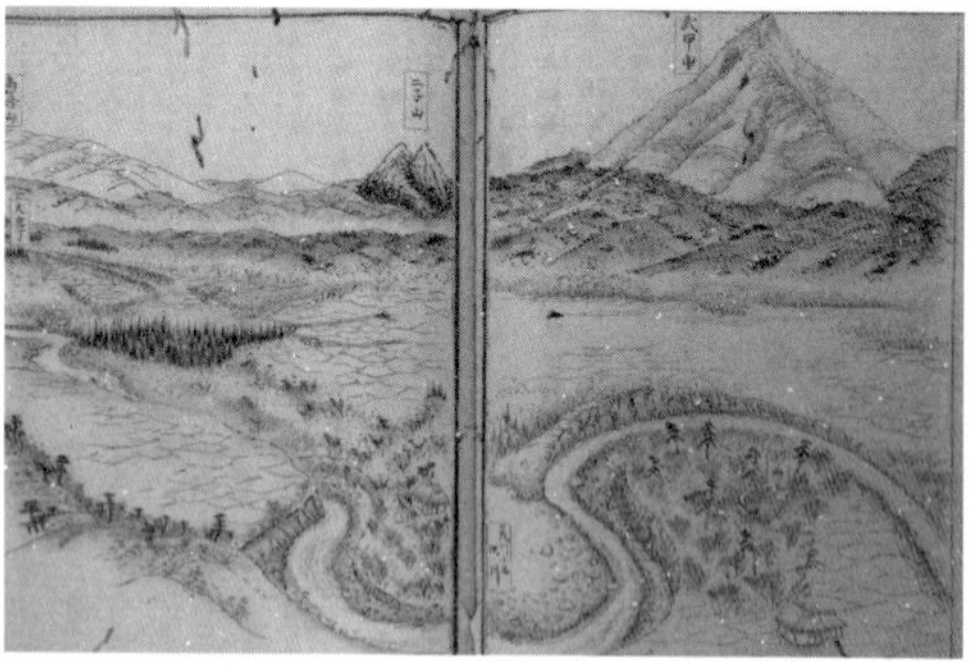

久那村　荒川回流図

白岩村　鉢形城跡眺望図

きる。遠方に武甲山や大宮町、二子山、手前には巴川が記され、秩父盆地の様子がよく表されている。このほか、荒川上流の中津川や三峰山、両神山、栃本《とちもと》関所も記されている。寄居から下流は、荒川扇状地を流れていくが、鉢形城蹟眺望図に良く表されている。

また、滝の渡し、赤浜の渡し、川島町近辺では、入間小畔《こあぜ》両落合図、伊草の渡し、都内に入り千住大橋の図が記されており、荒川上流から下流までを挿絵を通して辿ることができる。

利根川・江戸川流域

利根川流域では、妻沼《めぬま》の古戸《ふると》の渡し、栗橋の房川《ぼうせん》の渡し、古河の渡しなどの街道渡河点や忍城之図、忍城後背図がある。また、現在の利根大堰付近を中心とした利根川堤上眺望図には、赤城山や榛名山などと手前には利根川と見沼代用水取水口が描かれている。古利根川松伏溜井《まつぶしためい》もある。江戸川流域では、三郷市小向あたりを描いた江戸川

酒巻村　利根川堤上眺望図

小向村　江戸川堤上眺望図

堤上眺望図が残されている。

このように、県内の川を中心に見てみると、挿絵をもとに、埼玉県内の地形を一覧することができる。

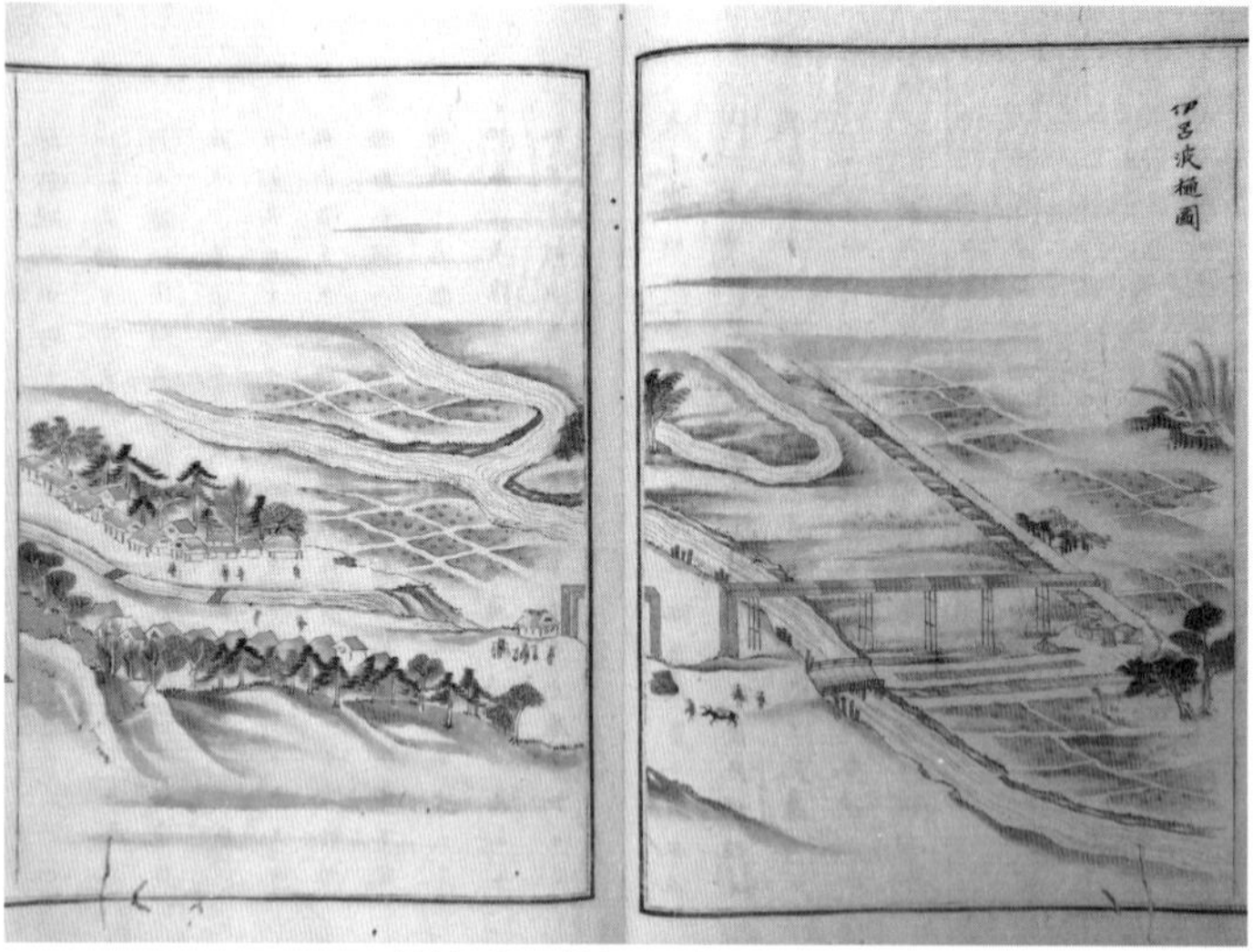

舘村　伊呂波樋図（野火止用水）

元荒川・綾瀬川・見沼流域や新河岸川流域

元荒川や綾瀬川に目を向けると、見沼代用水柴山伏越や瓦葺《かわらぶき》掛渡井、岩槻城下図。新河岸川流域では、河越城下図や野火止用水伊呂波樋《いろはとい》図、平林寺、三富《さんとめ》周辺の武蔵野図などがある。当時の人々が大切にした建造物は、現在でも生かされていることがわかる。

このように、『風土記稿』をもとに、他の資料と併用して過去と現在を照らし合わせた地理学習を行うことで、郷土に対する興味を持たせることができると強く願うところである。

［中山正則］

【参考文献】

・『埼玉県地誌略』（埼玉県、一八七七）
・『荒川　人文Ⅱ　荒川総合調査報告書３』（埼玉県、一九八八）
・『中川水系　人文　中川水系総合調査報告書２』（埼玉県、一九九三）
・埼玉県『新編　埼玉県史　図録』（一九九三）

『新編武蔵風土記稿』挿図目録

〈凡例〉

一、本目録は、『新編武蔵風土記』浄書稿本（国立公文書館所蔵・請求番号一七三－〇二一〇）に収録される挿図の目録である。

二、全体を、第一部「景観図」、第二部「古器物図」の二つに大きく分け、その中を主題により分類した。

景観図は、一、寺社境内、二、集落、三、名所・名物、四、河川・池沼・滝、五、山・岩、六、関所・渡し・橋、七、産業、八、民俗、九、古墳・城跡・墓地、の九つに分類した。

古器物図は、一、彫刻、二武具、三、仏具、四、鰐口、五、鏡・懸仏、六、出土品、七、石造物、八、その他、の八つに分類した。

三、目録の記載要領はつぎの通りである。

・№…挿図の通し番号である。同一主題内の配列は、『風土記稿』の巻数順である。

・名称…景観図については浄書稿本の名称を基本とし、それがないものは雄山閣版に拠り〔　〕を付した。ごく少数であるが編者が付与したものもある。両者が大きく異なる場合は、その旨を注記した。古器物図については、基本的に名称が付されていないので、本文を参照し編者が適宜付与し、さらに所有者名などを（　）に補記した。

・郡・村…当該挿図が掲載されている郡村名である。

・現行市町村区…政令指定市は区まで記入した。

・浄書稿本巻数…国立公文書館所蔵の浄書稿本に付された巻数である。

・雄山閣版　巻・頁…雄山閣版の巻数と頁数を示している。

・本書掲載頁…当該挿図が本書に掲載されている場合、その頁数を記した。

四、表の下部に、本文に掲載できなかったが、特色ある挿図を収録した。キャプションに付した数字は、目録の№に一致する。

［作成　重田正夫］

36　称名寺境内図（２面続）

第一部　景観図

一　寺社境内

No.	名称	郡	村	現行市町村区	浄書稿本巻数	雄山閣版巻・頁	本書掲載頁
1	長命寺境内図	豊島郡	谷原村	練馬区	13	1・269	
2	三宝寺境内図	豊島郡	上石神井村	練馬区	13	1・273	
3	延命寺境内図	豊島郡	根葉村	豊島区	14	1・286	
4	神明社地図	豊島郡	橋場町在方分	荒川区	15	1・295	
5	西音寺眺望図	豊島郡	十条村	北区	17	1・325	
6	王子権現社地之図（二面続）	豊島郡	王子村	北区	18	1・335	
7	金輪寺御舞台眺望図	豊島郡	王子村	北区	18	1・341	
8	稲荷社地図	豊島郡	王子村	北区	18	1・345	
9	金剛寺松橋弁天図（雄山閣「滝ノ川之図」）	豊島郡	滝野川村	北区	18	1・349	217
10	三囲稲荷社地図	葛飾郡	小梅村	墨田区	22	2・014	
11	薬師堂境内図	葛飾郡	上木下川村	葛飾区	23	2・031	98
12	天神社地図	葛飾郡	亀戸村	江東区	24	2・044	
13	羅漢寺境内図	葛飾郡	亀戸村	江東区	24	2・047	
14	稲荷社地這松之図	葛飾郡	平方村	江東区	25	2・060	
15	八幡社地図	葛飾郡	砂村新田	江東区	25	2・064	
16	灯明寺境内図	葛飾郡	下平井村	江戸川区	26	2・075	
17	香取社地図	葛飾郡	金町村	葛飾区	27	2・089	
18	題経寺境内図	葛飾郡	柴又村	葛飾区	27	2・092	
19	弁天社地図	葛飾郡	松本村	江戸川区	29	2・107	

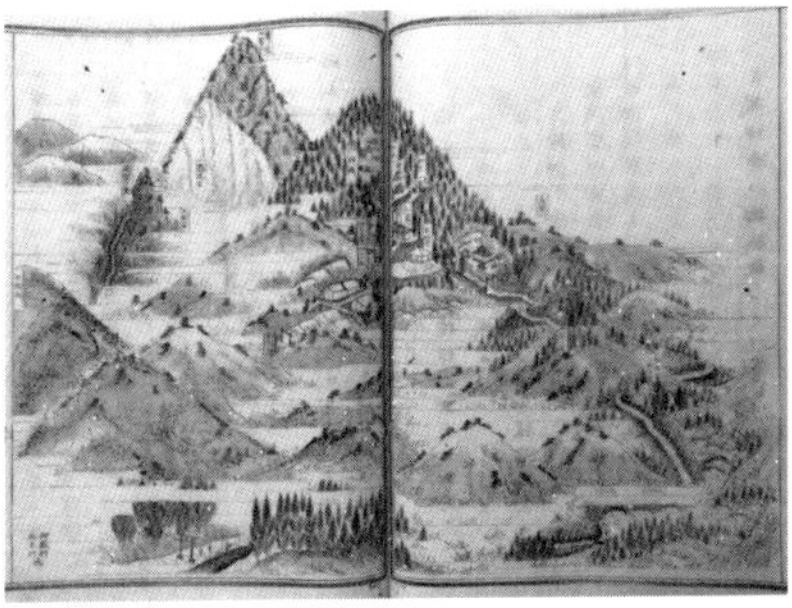

59　御嶽山図

53　高尾山図

No.	名称	郡	村	現行市町村区	浄書稿本巻数	雄山閣版巻・頁	本書掲載頁
20	明福寺境内図	葛飾郡	下鎌田村	江戸川区	29	2・113	
21	虚空蔵堂境内図	葛飾郡	彦倉村	三郷市	30	2・127	
22	定勝寺境内図	葛飾郡	三輪野江村	吉川市	33	2・157	
23	弁天社地眺望図	荏原郡	羽田猟師町	大田区	40	2・248	
24	光明寺〔境内之〕図	荏原郡	鵜ノ木村	大田区	44	2・298	
25	本門寺〔境内〕図	荏原郡	池上村	大田区	45	2・308	
26	祐天寺境内之図	荏原郡	中目黒村	目黒区	47	2・340	
27	豪徳寺境内之図	荏原郡	世田谷村	世田谷区	48	2・350	
28	行善寺境内眺望図	荏原郡	瀬田村	世田谷区	49	2・360	
29	浄真寺図	荏原郡	奥沢新田村	世田谷区	50	2・375	
30	〔妙国寺境内古図〕	荏原郡	南品川宿	品川区	55	3・063	
31	東海寺図（三面続）	荏原郡	北品川宿	品川区	56	3・080	
32	熊野社地図	橘樹郡	古師岡村	横浜市港北区	67	3・245	
33	〔松蔭寺〕古図	橘樹郡	東寺尾村	横浜市鶴見区	67	3・251	
34	豊顕寺図	橘樹郡	神奈川町	横浜市神奈川区	70	3・303	
35	称名寺古図	久良岐郡	寺前村	横浜市金沢区	75	4・031	
36	称名寺境内図（二面続）	久良岐郡	寺前村	横浜市金沢区	75	4・034	222
37	十二天社地図	久良岐郡	本郷村	横浜市中区	77	4・078	
38	弁天社地眺望図	久良岐郡	横浜村	横浜市中区	77	4・081	52
39	宝生寺境内図	久良岐郡	堀之内村	横浜市南区	77	4・084	

79　勝願寺境内図

40	浅間社地眺望図	久良岐郡	森公田村	横浜市磯子区	79	4・110	
41	弘明寺観音堂図	久良岐郡	弘明寺村	横浜市南区	80	4・145	
42	王禅寺図	都筑郡	王禅寺村	川崎市麻生区	86	4・239	
43	高安寺之図	多摩郡	番場宿	府中市	92	4・345	
44	〔国分寺境内図〕	多摩郡	国分寺村	国分寺市	92	4・360	
45	〔深大寺境内図〕	多摩郡	深大寺村	調布市	94	5・022	
46	〔大泉寺観音堂〕	多摩郡	下小山田村	町田市	96	5・066	
47	別所薬師堂之図	多摩郡	別所村	八王子市	96	5・068	134
48	永林寺之図	多摩郡	下柚木村	八王子市	97	5・079	
49	〔松連寺図〕	多摩郡	百草村	日野市	99	5・117	
50	〔大善寺境内図〕	多摩郡	滝山	八王子市	101	5・166	
51	〔子安明神社図〕	多摩郡	子安村	八王子市	102	5・178	
52	広園寺図	多摩郡	山田村	八王子市	102	5・184	
53	〔高尾山図〕、雄山閣版図脱	多摩郡	原宿	八王子市	102下	5・190	223
54	〔高乗寺図〕	多摩郡	原宿	八王子市	102下	5・203	
55	〔不動堂図〕	多摩郡	高幡村	日野市	106	5・282	
56	〔鳥栖観音図〕	多摩郡	川口村	八王子市	107	5・310	
57	〔円通寺境内図〕	多摩郡	高月村	八王子市	107	5・318	
58	〔瑞雲寺図〕	多摩郡	山田村	五日市町	108	6・015	
59	〔御嶽山図〕	多摩郡	御嶽村	青梅市	114	6・127	223
60	〔海禅寺境内図〕	多摩郡	二股尾村	青梅市	116	6・178	
61	〔金剛寺境内図〕	多摩郡	青梅村	青梅市	117	6・189	
62	〔安楽寺境内図〕	多摩郡	下成木村	青梅市	117	6・202	
63	〔塩船寺観音堂図〕	多摩郡	塩船村	青梅市	118	6・212	
64	〔天寧寺境内図〕	多摩郡	根布村	青梅市	118	6・220	

101　岩殿観音図（坂東札所十番）

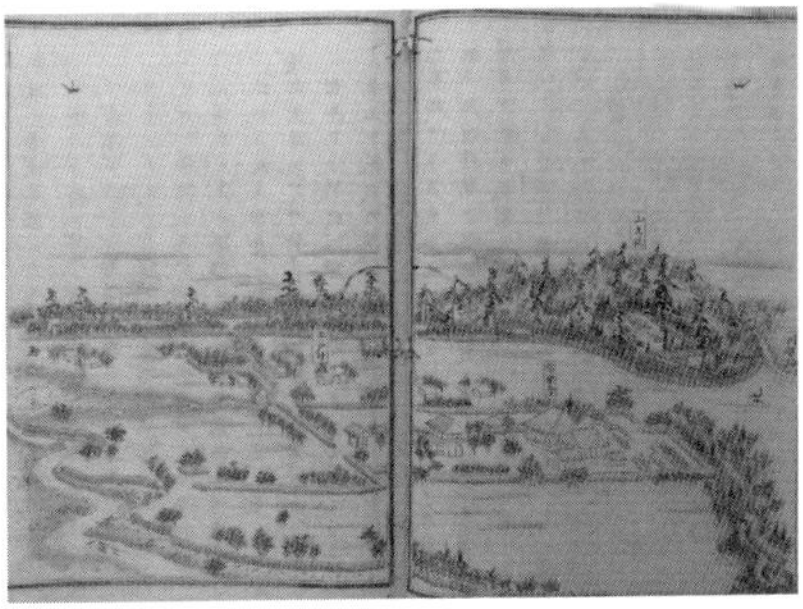

97　常楽寺境内之図（河越氏館跡）

No.	名称	郡	村	現行市町村区	浄書稿本巻数	雄山閣版巻・頁	本書掲載頁
65	大宮八幡社地之図	多摩郡	和田村	杉並区	124	6・328	
66	野寺八幡社地図	新座郡	野寺村	新座市	130	7・053	
67	法台寺図	新座郡	辻村	新座市	130	7・056	
68	平林寺図（二面続）	新座郡	野火止宿	新座市	131	7・063	103・104
69	吹上観音堂図	新座郡	下新倉村	和光市	133	7・100	
70	妙福寺図	新座郡	小榑村	練馬区	134	7・112	
71	傑伝寺境内図	足立郡	本郷村	川口市	138	7・173	
72	八幡社地図	足立郡	峰村	川口市	138	7・175	
73	山王社地図、雄山閣版「赤山社図」	足立郡	赤山村	川口市	139	7・191	
74	薬師堂境内図	足立郡	慈林村	川口市	139	7・210	
75	浅間社地図、雄山閣版「浅間神社図」	足立郡	鳩ヶ谷宿	川口市	139	7・213	
76	善光寺境内図	足立郡	川口町	川口市	140	7・225	
77	調神社図	足立郡	岸村	さいたま市浦和区	142	7・247	
78	女躰社地図	足立郡	三室村	さいたま市緑区	143	7・263	110
79	勝願寺境内図（二面続）	足立郡	鴻巣宿	鴻巣市	148	8・002	224
80	熊野社地図	足立郡	南下谷村	鴻巣市	148	8・016	
81	無量寿院境内図	足立郡	別所村	伊奈町	149	8・027	
82	三島社地図	足立郡	三町免村	鴻巣市	150	8・041	
83	氷川社図（三面続）	足立郡	高鼻村	さいたま市	153	8・090	188・189
84	慈眼寺境内図	足立郡	水判土村	さいたま市	154	8・102	
85	山口観音堂図	入間郡	新堀村	所沢市	158	8・179	

107　観音境内図（坂東札所十一番）

103　慈光山観音図（坂東札所九番）

86	梅宮図	入間郡	上奥富村	狭山市	161	8・215	
87	蓮馨寺図	入間郡	蓮馨寺門前町	川越市	162	8・240	
88	御宮図（東照宮）	入間郡	小仙波村	川越市	163	8・248	91
89	龍穏寺図	入間郡	龍ケ谷村	越生町	175	9・066	
90	富士山之図（浅間社）	高麗郡	上直竹村	飯能市	177	9・094	
91	長光寺境内之図	高麗郡	下直竹村	飯能市	177	9・097	
92	〔能仁寺境内之図〕	高麗郡	飯能村	飯能市	178	9・108	
93	岩井堂之図	高麗郡	岩淵村	飯能市	178	9・115	
94	〔智観寺境内図〕	高麗郡	中山村	飯能市	179	9・126	
95	〔観音堂之図〕	高麗郡	篠井村	狭山市	180	9・136	
96	広瀬神社図	高麗郡	上広瀬村	狭山市	180	9・141	
97	〔常楽寺境内之図〕（河越氏館跡）	高麗郡	上八戸村	川越市	181	9・159	225
98	〔聖天院境内之図〕	高麗郡	新堀村	日高市	184	9・194	
99	〔長念寺境内図〕	高麗郡	白子村	飯能市	185	9・214	
100	養竹院境内図	比企郡	表村	川島町	188	9・252	
101	岩殿観音図（坂東札所十番）	比企郡	岩殿村	東松山市	191	9・291	225
102	春日社登臨図	比企郡	玉川郷	ときがわ町	192	9・314	
103	慈光山観音図（坂東札所九番）	比企郡	平村	ときがわ町	192	9・320	226
104	大聖寺境内図	比企郡	下里村	小川町	193	10・012	178
105	玉鉾山図（高負比古根神社）	横見郡	田甲村	吉見町	197	10・052	
106	飯玉氷川社地図	横見郡	上細谷村	吉見町	197	10・055	
107	観音境内図（坂東札所十一番）	横見郡	御所村	吉見町	197	10・058	226
108	浄国寺境内図	埼玉郡	加倉村	さいたま市岩槻区	200	10・104	

124　御嶽山図（権現社）

125　子権現境内之図

No.	名称	郡	村	現行市町村区	浄書稿本巻数	雄山閣版巻・頁	本書掲載頁
109	慈恩寺境内之図（坂東札所十二番、二面続）	埼玉郡	慈恩寺村	さいたま市岩槻区	202	10・125	
110	大聖寺境内図	埼玉郡	西方村	越谷市	205	10・172	
111	幸福寺境内図（東照宮御前桜）	埼玉郡	栢間村	久喜市	208	10・218	
112	八幡社境内図	埼玉郡	白岡村	白岡市	208	10・221	
113	久伊豆社地図	埼玉郡	騎西町場	加須市	209	10・226	
114	龍興寺境内図	埼玉郡	上崎村	加須市	209	10・235	
115	甘棠院境内図	埼玉郡	久喜町	久喜市	211	10・257	
116	鷲宮神社地図（二面続）	埼玉郡	鷲宮村	久喜市	211	10・260	
117	熊野白山社地図	埼玉郡	小松村	羽生市	213	10・293	
118	龍淵寺境内図	埼玉郡	上村	熊谷市	218	11・073	
119	熊野社境内図	幡羅郡	原之郷村	深谷市	227	11・191	
120	聖天社図	幡羅郡	妻沼村	熊谷市	229	11・212	114
121	昌福寺図	榛沢郡	人見村	深谷市	231	11・239	
122	聖天社地図	榛沢郡	寄居村	寄居町	234	11・293	
123	正龍寺図	榛沢郡	寄居村	寄居町	234	11・294	
124	御嶽山図（権現社）	児玉郡	渡瀬村	神川町	242	12・032	227
125	子権現境内之図	秩父郡	中沢組	飯能市	247	12・081	227
126	高山不動境内之図	秩父郡	高山村	飯能市	247	12・087	
127	岩殿観音之図	秩父郡	阪元村	飯能市	247	12・092	
128	浄蓮寺境内之図	秩父郡	御堂村	東秩父村	249	12・109	
129	［二番観音境内図］	秩父郡	栃谷村	秩父市	253	12・156	119
130	二十八番観音堂図	秩父郡	上影森村	秩父市	256	12・198	119
131	二十六番岩井堂之図	秩父郡	下影森村	秩父市	256	12・201	119

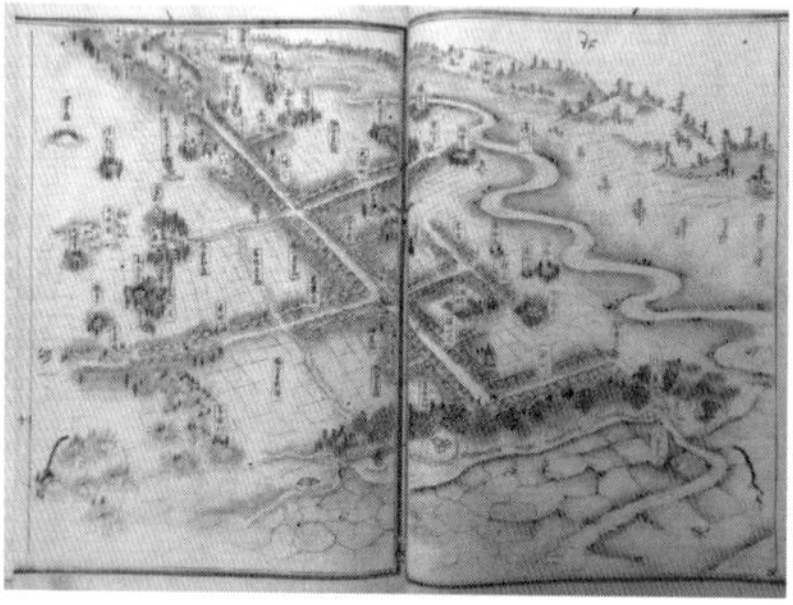

141　八王子宿

138　六所社地並府中宿之図

132	円福寺之図	秩父郡	田村郷	秩父市	256	12・209	
133	三拾二番観音	秩父郡	般若村	小鹿野町	262	12・283	121
134	［太陽寺之図］	秩父郡	古大滝村	秩父市	264	12・316	
135	其二［太陽寺境内図］	秩父郡	古大滝村	秩父市	264	12・317	
136	三峰山之図	秩父郡	古大滝村	秩父市	265	12・321	208
137	観音院境内図	秩父郡	古大滝村	秩父市	265	12・326	
	二　集落						
138	六所社地並府中宿之図	多摩郡	六所社領	府中市	92	4・354	228
139	〔佐須村図〕	多摩郡	佐須村	調布市	94	5・026	
140	〔八王子入口図〕	多摩郡	八王子　横山十五宿	八王子市	101	5・151	
141	〔八王子宿〕	多摩郡	八王子　横山宿	八王子市	101	5・152	228
142	〔片倉村総図〕	多摩郡	片倉村	八王子市	103	5・217	
143	〔小仏宿図〕	多摩郡	上長房村	八王子市	103	5・230	
144	〔下長房村図〕	多摩郡	下長房村	八王子市	103	5・238	
145	〔本丹木村図、北条氏照古城〕	多摩郡	本丹木村	八王子市	107	5・315	
146	〔高月村図〕	多摩郡	高月村	八王子市	107	5・317	
147	〔横沢村図〕	多摩郡	横沢村	五日市町	109	6・041	
148	〔留浦村図〕	多摩郡	留浦村	奥多摩町	115	6・138	
149	〔川野村図〕	多摩郡	川野村	奥多摩町	115	6・140	
150	〔境村真景〕	多摩郡	境村	奥多摩町	115	6・148	
151	〔氷川村風景〕	多摩郡	氷川村	奥多摩町	115	6・151	
152	〔棚沢村真景〕	多摩郡	棚沢村	奥多摩町	116	6・163	
153	〔日向和田村図〕	多摩郡	日向和田村	青梅市	116	6・182	
154	〔青梅駅図〕	多摩郡	青梅村	青梅市	117	6・187	

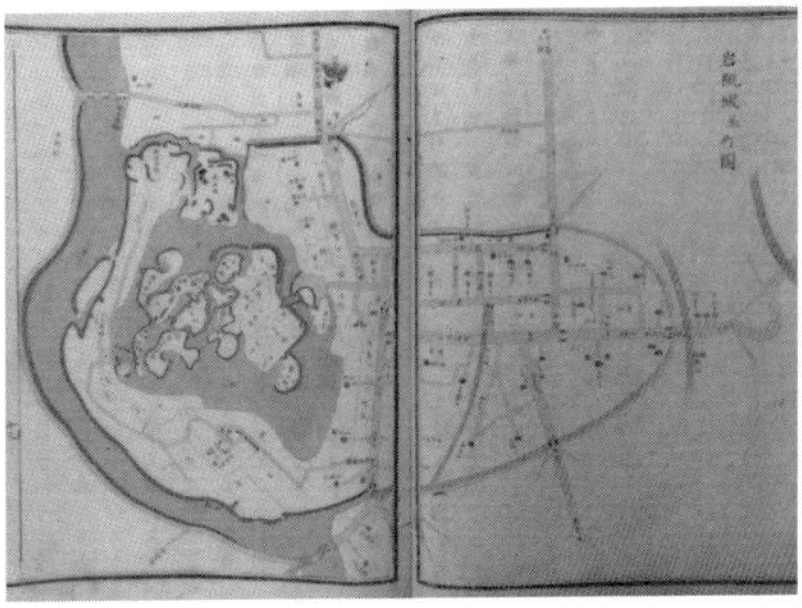

159　岩槻城並町図

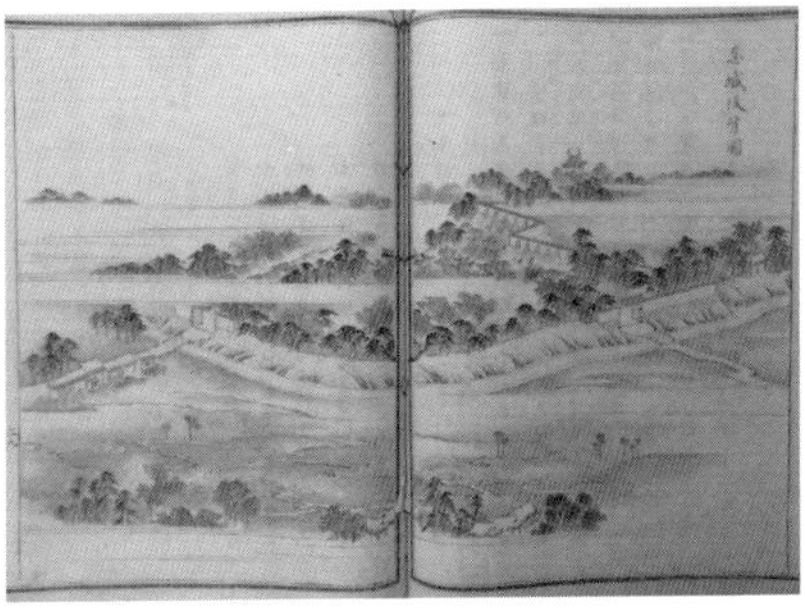

160　忍城後背図（皿尾村より望む）

No.	名称	郡	村	現行市町村区	浄書稿本巻数	雄山閣版巻・頁	本書掲載頁
155	膝折宿図	新座郡	膝折宿	朝霞市	132	7・086	
156	田島村眺望図	新座郡	田島村	朝霞市	133	7・093	
157	河越城下町図	入間郡	川越城下町	川越市	162	8・226	66
158	〔長沢村図〕	高麗郡	長沢村	飯能市	185	9・218	
159	岩槻城並町図	埼玉郡	岩槻城下町	さいたま市岩槻区	200	10・099	229
160	忍城後背図（皿尾村より望む）	埼玉郡	皿尾村	行田市	216	11・029	229
161	町図（児玉町、八幡山町）	児玉郡	八幡山町	本庄市	241	12・010	
162	金尾村ニテ郡界ヲノゾム（男衾郡、秩父郡）	秩父郡	金尾村	寄居町	251	12・130	
163	黒谷村勝景	秩父郡	黒谷村	秩父市	252	12・150	
164	大宮町之図	秩父郡	大宮郷	秩父市	255	12・188	207

三　名所・名物

No.	名称	郡	村	現行市町村区	浄書稿本巻数	雄山閣版巻・頁	本書掲載頁
165	相生松之図（法真寺）	豊島郡	稲付村	北区	17	1・324	123
166	飛鳥山眺望図（桜、二面続）	豊島郡	王子村	北区	18	1・332	126
167	軽井沢眺望図	橘樹郡	神奈川宿	横浜市神奈川区	70	3・293	
168	四望亭眺望図	久良岐郡	社家分村	横浜市金沢区	74	4・014	131
169	能見堂眺望図	久良岐郡	谷津村	横浜市金沢区	76	4・055	130
170	谷津村境眺望図	久良岐郡	赤井村	横浜市金沢区	76	4・067	

177　阿弥陀堂境内蒲桜図

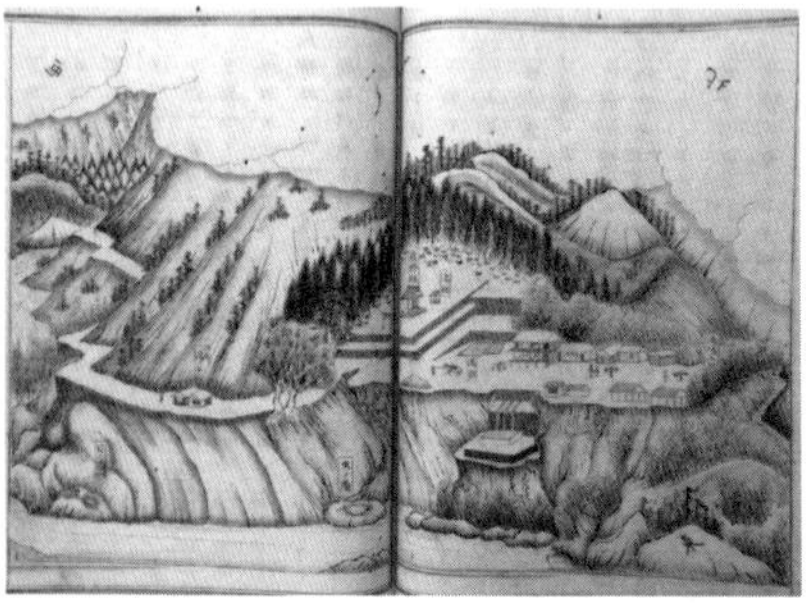

174　原村温泉図

171	杉田梅林図	久良岐郡	杉田村	横浜市磯子区	79	4・115	125
172	山王山眺望図	久良岐郡	永田村	横浜市南区	80	4・148	
173	〔清涼台眺望図〕	多摩郡	百草村	日野市	99	5・121	135
174	〔原村温泉図〕	多摩郡	原村	奥多摩町	115	6・146	230
175	中野村桃園図	多摩郡	中野村	中野区	124	6・314	126
176	〔上水桜堤図〕	多摩郡	下小金井新田	小金井市	128	7・024	59
177	阿弥陀堂境内蒲桜図	足立郡	石戸宿村	北本市	151	8・048	230
178	武蔵野図	入間郡	亀窪村	ふじみ野市	164	8・267	72
179	清心寺忠度桜之図	榛沢郡	萱場村	深谷市	231	11・240	
180	坂本村二本松	秩父郡	坂本村	東秩父村	250	12・119	
	四　河川・池沼・滝						
181	三宝寺池之図	豊島郡	上石神井村	練馬区	13	1・271	
182	江戸川堤上眺望図	葛飾郡	小向村	三郷市	32	2・146	219
183	松伏溜井図	葛飾郡	松伏村	松伏町	34	2・166	144
184	〔棚沢村魚留滝図〕	多摩郡	棚沢村	奥多摩町	116	6・164	
185	〔玉川上水堰図〕（二面続）	多摩郡	羽村	羽村町	118	6・224	231
186	〔箱根ヶ崎狭山之池〕	多摩郡	箱根ヶ崎村	瑞穂町	120	6・250	
187	〔吉祥寺村井之頭池図〕	多摩郡	吉祥寺村	武蔵野市	125	6・336	
188	伊呂波樋図	新座郡	舘村	志木市	132	7・076	220
189	綾瀬川掛樋図	足立郡	上瓦葺村	上尾市	145	7・313	146
190	伊佐沼図	入間郡	伊佐沼村	川越市	163	8・245	232
191	信多滝図	入間郡	宿谷村	毛呂山町	171	9・007	
192	黒山滝図	入間郡	黒山村	越生町	175	9・063	
193	〔入間・小畔両川落合図〕	高麗郡	平塚村	川越市	181	9・160	

185　玉川上水堰図

No.	名称	郡	村	現行市町村区	浄書稿本巻数	雄山閣版巻・頁	本書掲載頁
194	都幾川大堰図	比企郡	平村	ときがわ町	192	9・321	232
195	古利根川堤上眺望図	埼玉郡	大吉村	越谷市	206	10・179	144
196	元荒川伏越樋図	埼玉郡	柴山村	白岡市	210	10・242	145
197	門樋図（島川）	埼玉郡	北大桑村	加須市	214	10・310	147
198	利根川堤上眺望図	埼玉郡	酒巻村	行田市	217	11・055	219
199	深沢荒川落合図	男衾郡	白岩村	寄居町	223	11・131	233
200	神流川眺望図（雄山閣版二面分割）	賀美郡	金窪村	上里町	245	12・058	
201	中尾ノ滝	秩父郡	上名栗村	飯能市	248	12・095	
202	ウワバミ穴（岩穴洞窟）	秩父郡	上名栗村	飯能市	248	12・096	
203	〔姿見池之図〕	秩父郡	横瀬村	横瀬町	254	12・177	233
204	〔荒川回流図〕	秩父郡	久那村	秩父市	256	12・203	141・218
205	〔赤平川辺之図〕	秩父郡	野巻村	皆野町	258	12・224	
206	空滝之図	秩父郡	下日野沢村	皆野町	259	12・236	
207	〔丸神滝之図〕	秩父郡	小森村	小鹿野町	261	12・272	
208	〔大血川之図〕	秩父郡	古大滝村	秩父市	264	12・309	

五　山・岩

No.	名称	郡	村	現行市町村区	浄書稿本巻数	雄山閣版巻・頁	本書掲載頁
209	長野山図（清浄院）	久良岐郡	峰村	横浜市磯子区	79	4・125	
210	長野山西南方眺望図	久良岐郡	峰村	横浜市磯子区	79	4・124	
211	同所（長野山）北方眺望図、雄山閣版図脱	久良岐郡	峰村	横浜市磯子区	79	4・125	
212	〔大嶽山図〕	多摩郡	白倉組	檜原村	112	6・094	

194　都幾川大堰図

190　伊佐沼図（右奥に川越城）

213	〔日原村岩穴図〕	多摩郡	日原村	奥多摩町	115	6・157	
214	日原村之内倉沢谷巌窟之図	多摩郡	日原村	奥多摩町	115	6・159	
215	〔大丹波村懸崖図〕	多摩郡	大丹波村	奥多摩町	116	6・170	
216	桂木山図	入間郡	滝野入村	毛呂山町	171	9・011	
217	高房山図	入間郡	成瀬村	越生町	175	9・075	
218	多峰主山之図	高麗郡	飯能村	飯能市	178	9・109	234
219	阿須ケ崖之図	高麗郡	阿須村	飯能市	179	9・118	234
220	日和田山之図	高麗郡	高麗本郷	日高市	184	9・203	
221	笠山眺望図	比企郡	腰越村	小川町	193	10・004	
222	陣見平眺望図	那賀郡	秋山村	本庄市	237	11・313	235
223	高麗秩父堺鎌倉峠	秩父郡	南村	飯能市	247	12・078	235
224	高砂石之図	秩父郡	本野上村	長瀞町	251	12・133	
225	武甲山之図	秩父郡	横瀬村	横瀬町	254	12・174	
226	〔武甲山石門〕	秩父郡	横瀬村	横瀬町	254	12・175	
227	滝ノ枕ノ図	秩父郡	横瀬村	横瀬町	254	12・176	
228	三波石、雄山閣版図脱	秩父郡	矢納村	神川町	259	12・238	
229	〔城峰山眺望図〕（二面続）	秩父郡	石間村	秩父市	260	12・248	236
230	両神山之図	秩父郡	薄村	小鹿野町	261	12・266	86・139
231	〔不動岩之図〕	秩父郡	古大滝村	秩父市	264	12・310	
	六　関所・渡し・橋						
232	新宿渡船場図	葛飾郡	新宿村	葛飾区	26	2・080	
233	関所前眺望図	葛飾郡	伊予田村	江戸川区	27	2・095	
234	逆井渡船場眺望図	葛飾郡	逆井村	江戸川区	28	2・100	237
235	房川渡場図	葛飾郡	栗橋宿	久喜市	38	2・219	150
236	駒木野関之図	多摩郡	駒木野宿	八王子市	103	5・231	
237	檜原村番所之図	多摩郡	檜原村	檜原村	111	6・076	

203　姿見池之図

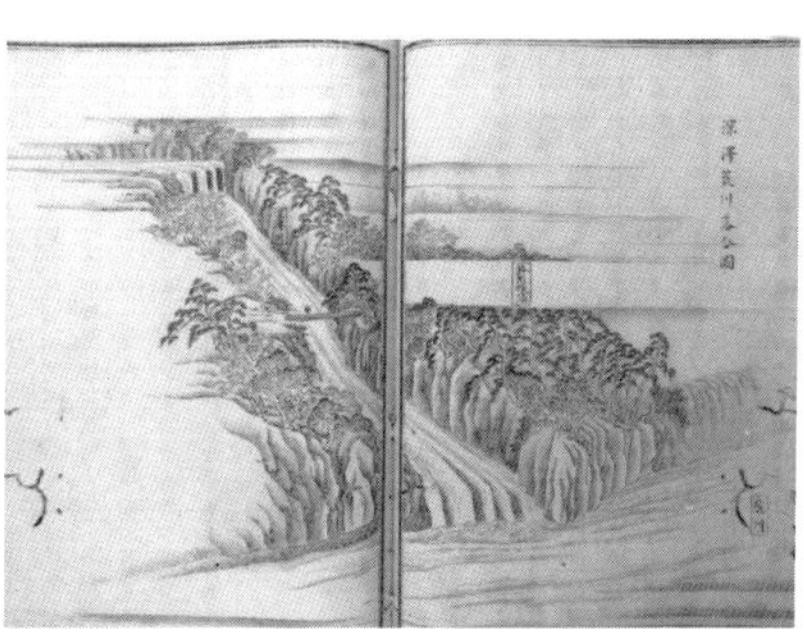

199　深沢荒川落合図

No.	名称	郡	村	現行市町村区	浄書稿本巻数	雄山閣版巻・頁	本書掲載頁
238	海沢橋之図	多摩郡	海沢村	奥多摩町	114	6・135	
239	〔多摩川万年橋図〕	多摩郡	沢井村	青梅市	116	6・173	
240	〔奥沢川橋頭図〕	多摩郡	二股尾村	青梅市	116	6・177	
241	千住大橋	足立郡	掃部宿	足立区	136	7・133	237
242	伊草渡眺望図	比企郡	伊草村	川島町	188	9・246	
243	赤浜渡図	男衾郡	赤浜村	寄居町	224	11・147	
244	古戸渡図	幡羅郡	妻沼村	熊谷市	229	11・209	
245	滝渡図（荒川渡）	榛沢郡	永田村	深谷市	233	11・273	
246	栃本関所之図	秩父郡	古大滝村	秩父市	264	12・308	152
247	中津川村道之図	秩父郡	中津川村	秩父市	265	12・333	
	七　産業						
248	石灰焼釜ノ図	多摩郡	上成木村	青梅市	117	6・196	238
249	脚籠（椀を盛る籠）	新座郡	膝折宿	朝霞市	132	7・088	
250	石灰焼之図	高麗郡	上直竹村	飯能市	177	9・095	238
251	飯能縄市之図（街並）	高麗郡	飯能村	飯能市	178	9・106	239
252	其二　縄莚売買之図	高麗郡	飯能村	飯能市	178	9・107	239
253	奥沢村之図（紙漉）	秩父郡	奥沢村	東秩父村	250	12・116	240
254	其二　カツザアシ小屋（紙漉）	秩父郡	奥沢村	東秩父村	250	12・116	240
255	紙漉之図	秩父郡	奥沢村	東秩父村	250	12・117	241
256	其二　岩茸取ノ図	秩父郡	中津川村	秩父市	265	12・334	
	八　民俗						

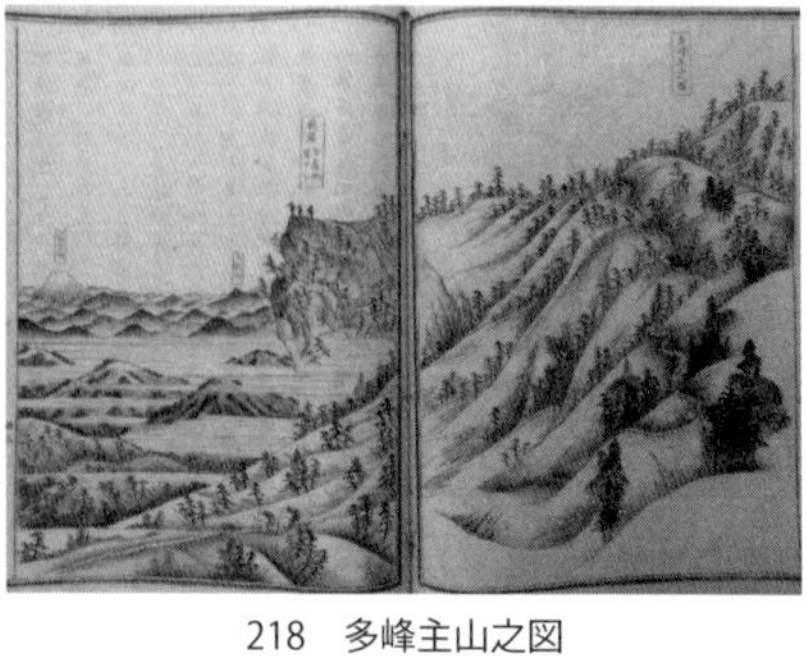
218　多峰主山之図

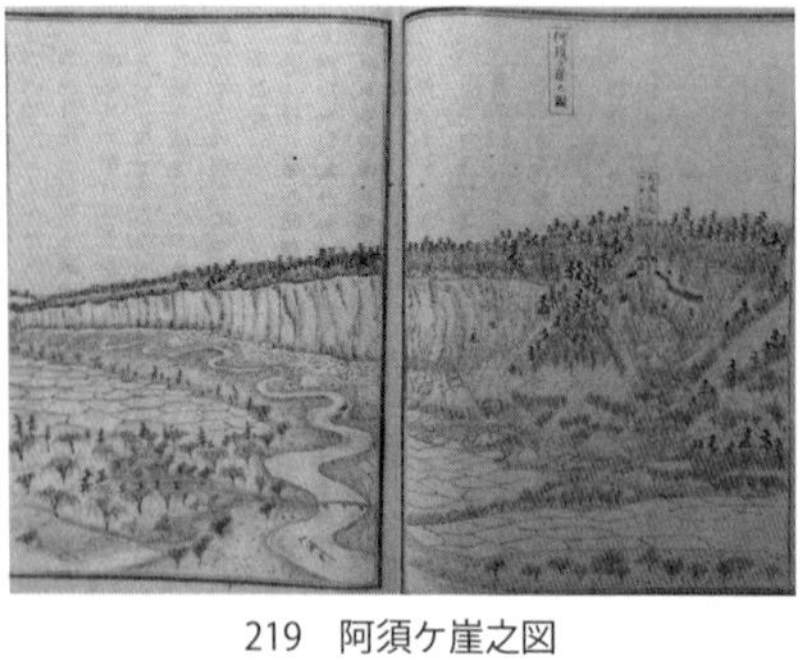
219　阿須ケ崖之図

257	有馬大淵ヘ農民血脉ヲ沈テ雨ヲ乞図	秩父郡	下名栗村	飯能市	248	12・100	241
258	浦山村土人風俗之図	秩父郡	浦山村	秩父市	263	12・294	242
九　古墳・城跡・墓地							
259	小菅御殿古図	葛飾郡	小菅村	葛飾区	22	2・021	242
260	貞享年中御殿蹟図	葛飾郡	青戸村	葛飾区	23	2・026	
261	古城跡目撃之図（葛西城跡）	葛飾郡	青戸村	葛飾区	23	2・027	
262	静女古墳図	葛飾郡	伊坂村	久喜市	38	2・225	
263	小机城蹟図二面続、内一面雄山閣版図脱	橘樹郡	小机村	横浜市港北区	68	3・274	243
264	〔蒔田村〕館蹟図	久良岐郡	蒔田村	横浜市港南区	78	4・105	
265	〔城跡〕（雄山閣「上保谷村」）	多摩郡	上保谷村	西東京市	90	4・331	
266	〔古城跡図〕（八王子城跡）	多摩郡	元八王子村	八王子市	104	5・249	163
267	月夜峯ヨリ元八王子城山ヲ望ム図	多摩郡	元八王子村	八王子市	104	5・250	
268	〔滝山城跡〕	多摩郡	滝村	八王子市	107	5・320	244
269	小宮山氏塁跡図	足立郡	戸塚村	川口市	144	7・283	
270	伊奈熊蔵陣屋図	足立郡	丸山村	伊奈町	146	7・319	244
271	真鳥日向守城蹟（富士遠望）	足立郡	西堀村	さいたま市	155	8・133	
272	苦林野古戦場図	入間郡	玉林寺村	毛呂山町	172	9・023	245
273	〔砦跡之図〕（新田義貞、上杉砦）	高麗郡	柏原村	狭山市	180	9・144	
274	〔三芳野塚辺図〕	高麗郡	的場村	川越市	181	9・156	
275	女影古戦場之図	高麗郡	女影村	日高市	183	9・182	245
276	千丈ケ池ハタツカ之図	高麗郡	女影村	日高市	183	9・183	

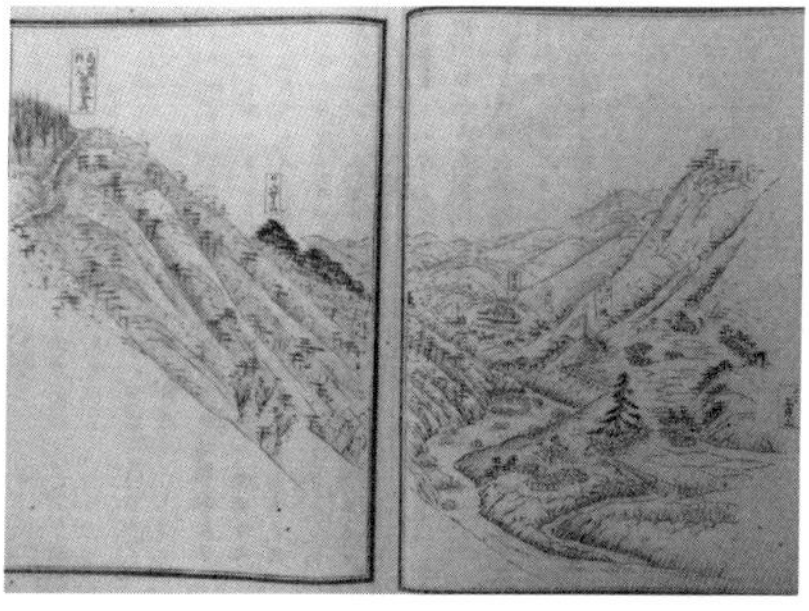

223　高麗秩父堺鎌倉峠

222　陣見平眺望図

No.	名称	郡	村	現行市町村区	浄書稿本巻数	雄山閣版巻・頁	本書掲載頁
277	将軍塚之図（利仁将軍社）	比企郡	野本村	東松山市	190	9・281	246
278	古墳及近傍図	比企郡	増尾村	小川町	193	10・007	
279	古城蹟眺望図（菅谷館）	比企郡	菅谷村	嵐山町	195	10・032	160
280	観音寺境内望古城図（松山城跡）	比企郡	松山町	東松山市	195	10・038	246
281	松山城蹟図	横見郡	根小屋村	吉見町	197	10・062	
282	古隅田川梅若旧跡図	埼玉郡	新方袋村	春日部市	207	10・200	
283	古河渡蹟眺望図	埼玉郡	向古河村	加須市	212	10・279	
284	埼玉沼並尾崎沼辺之図	埼玉郡	埼玉村	行田市	216	11・034	156
285	忍城之図（埼玉村より丸墓山、将軍塚古墳等）	埼玉郡	埼玉村	行田市	216	11・035	155・213
286	鉢形城蹟眺望図	男衾郡	白岩村	寄居町	223	11・132	162・218
287	万福寺［畠山］重忠墓図	男衾郡	畠山村	深谷市	224	11・153	247
288	岡部忠澄旧跡図（普済寺）	榛沢郡	普済寺村	深谷市	232	11・254	
289	［天神山城跡図］	秩父郡	岩田村	長瀞町	250	12・127	
290	其二　尼御前之墓	秩父郡	黒谷村	秩父市	252	12・151	
291	横瀬村城蹟之図	秩父郡	横瀬村	横瀬町	254	12・178	
292	［氷雨塚之図］	秩父郡	寺尾村	秩父市	257	12・215	247
293	［城跡之図］	秩父郡	薄村	小鹿野町	261	12・268	
	第二部　古器物図						
	一　彫刻						
294	釈迦像（安養院）	豊島郡	上板橋村	板橋区	12	1・261	
295	太田道灌木像（静勝寺）	豊島郡	稲付村	北区	17	1・323	248

229　城峰山眺望図

296	土中出現観音銅像（安福寺）	葛飾郡	飯塚村	葛飾区	26	2・083	
297	椀（吉祥院カ）、御神体（半田稲荷社）	葛飾郡	金町村	葛飾区	27	2・090	
298	帝釈天像（題経寺）題目曼荼羅	葛飾郡	柴又村	葛飾区	27	2・092	
299	親鸞坐像（西光院）	葛飾郡	木売村	吉川市	31	2・136	
300	獅子木像（常楽寺）	橘樹郡	宮内村	川崎市中原区	64	3・193	
301	間宮氏像（妙蓮寺）	久良岐郡	田中村	横浜市磯子区	79	4・128	
302	鉄仏（六所社）	多摩郡	六所社領	府中市	92	4・355	
303	天満天神木像（穴沢天神社）	多摩郡	矢野口村	稲城市	95	5・038	
304	神像（諏訪明神社）	多摩郡	柴崎村	立川市	119	6・243	
305	阿弥陀台座銘（大御堂）	入間郡	堂山村	越生町	175	9・073	
306	神体図（広瀬神社）	高麗郡	上広瀬村	狭山市	180	9・140	
307	毘沙門天像（出土品、大聖院）	埼玉郡	町場村	羽生市	213	10・287	165
308	阿弥陀象、十一面観音像（熊野白山合社）	埼玉郡	小松村	羽生市	213	10・294	
309	薬師像（永明寺）	埼玉郡	下村君村	羽生市	215	11・011	
310	仏像（光勝寺）	児玉郡	阿那志村	美里町	240	12・001	
311	子日丸之像、阿字女之像、仏像二体（子権現）	秩父郡	中沢組	飯能市	247	12・083	
312	日本武尊碑（蔵王権現社）	秩父郡	横瀬村	横瀬町	254	12・173	
313	水月観音之像（札所十一番）	秩父郡	大宮郷	秩父市	255	12・192	
314	神体木像（両神明神社）	秩父郡	薄村	小鹿野町	261	12・265	
315	十二神将台座（薬師堂）、雄山閣版図脱	秩父郡	薄村	小鹿野町	261	12・269	

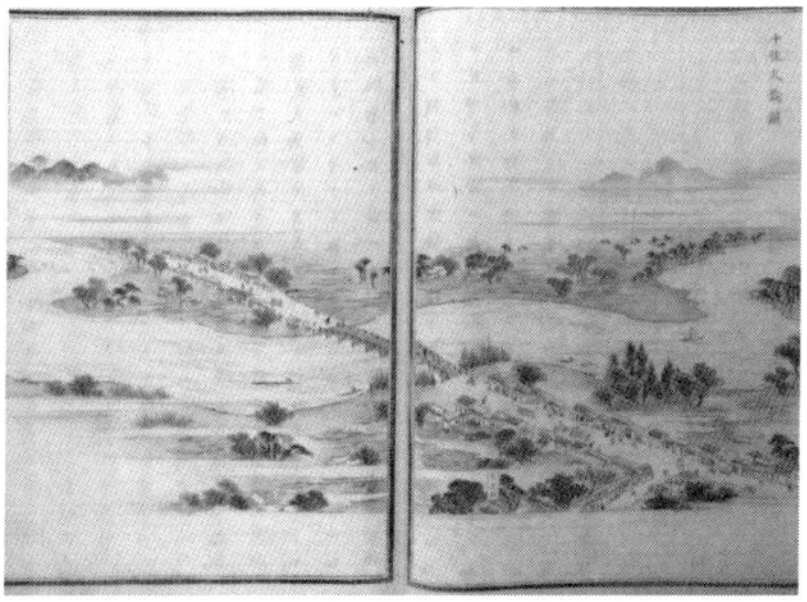

241　千住大橋

234　逆井渡船場眺望図

No.	名称	郡	村	現行市町村区	浄書稿本巻数	雄山閣版巻・頁	本書掲載頁
316	将門甲冑像（円通寺）	秩父郡	古大滝村	秩父市	264	12・312	
	二　武具						
317	兜（伝楠正成着用、宝泉寺）	豊島郡	下戸塚村	新宿区	11	1・249	
318	腹巻（王子権現社）	豊島郡	王子村	北区	18	1・338	
319	鎌倉権五郎景政鏃、太刀（王子権現社）	豊島郡	王子村	北区	18	1・339	
320	兜（二、源義家所持、稲荷社）	豊島郡	王子村	北区	18	1・346	
321	衛府太刀（稲荷社）	豊島郡	王子村	北区	18	1・346	
322	鞘巻太刀（稲荷社）	豊島郡	王子村	北区	18	1・346	
323	采幣軍配団扇（旧家者官七）	豊島郡	千駄木御林蹟地	文京区	19	1・365	
324	指物（牛御前社）	葛飾郡	須崎村	墨田区	21	2・010	
325	刀剣、鎗（旧家者善衛門）	葛飾郡	二之江新田	江戸川区	28	2・104	
326	軍配（西福寺）	葛飾郡	彦成村	三郷市	30	2・130	
327	指物、刀剣（旧家者新八郎）	葛飾郡	上赤岩村	松伏町	34	2・169	
328	軍配団扇（俵藤太秀郷、宝聖寺）	葛飾郡	平須賀村	幸手市	36	2・204	
329	刀（池上右衛門太夫贈日蓮、本門寺）	荏原郡	池上村	大田区	45	2・312	
330	日蓮短刀（本門寺）	荏原郡	池上村	大田区	45	2・313	
331	鞍（伝梶原景時使用、万福寺）	荏原郡	馬込村	大田区	46	2・323	
332	左文字御太刀（東照宮寄附、貴布禰社）	荏原郡	南品川宿	品川区	54	3・051	
333	指物（稲荷社）	荏原郡	北品川宿	品川区	56	3・078	

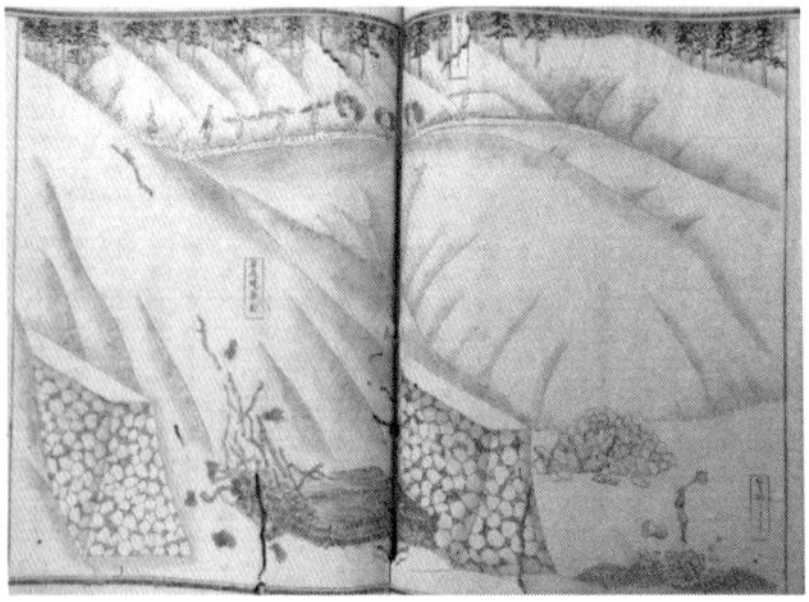

248　石灰焼釜ノ図

250　石灰焼之図

334	長刀（大寧寺）	久良岐郡	社家分村	横浜市金沢区	74	4・022	
335	鞍（東光寺）	久良岐郡	宿村	横浜市金沢区	76	4・063	
336	鞍（旧家者儀右衛門）	都筑郡	大熊村	横浜市都筑区	84	4・202	
337	兜ノ鉢（弁慶井出土、高安寺）	多摩郡	番場宿	府中市	92	4・345	
338	義貞手旗（大行院）	多摩郡	中仙川村	三鷹市	94	5・033	
339	矢根（八幡太郎義家所持、松連寺）	多摩郡	百草村	日野市	99	5・116	
340	四半指物（百姓太右衛門）	多摩郡	下恩方村	八王子市	104	5・264	
341	軍配（東照宮奉納、八幡社）	多摩郡	平山村	日野市	106	5・291	
342	甲冑（出土品、長泉寺）	多摩郡	檜原村	檜原村	112	6・093	
343	古剱（妙見社）神体	足立郡	佐野新田	足立区	137	7・163	
344	太刀（女躰社）	足立郡	三室村	さいたま市緑区	143	7・265	111
345	冑立台座（伝新田義宗所持、薬王寺）	入間郡	所沢村	所沢市	157	8・167	
346	鞍・轡（十玉院）	入間郡	下南畑村	富士見市	165	8・280	
347	太刀（大宮社）	高麗郡	新堀村	日高市	184	9・193	170
348	甲冑（伝足利政氏着用、甘棠院）	埼玉郡	久喜町	久喜市	211	10・258	172
349	鎗（甘棠院）	埼玉郡	久喜町	久喜市	211	10・259	172
350	太刀（鷲宮神社）	埼玉郡	鷲宮村	久喜市	211	10・264	
351	鉾（鷲宮神社）	埼玉郡	鷲宮村	久喜市	211	10・264	
352	指物（旧家者与右衛門）	埼玉郡	忍城並城下町	行田市	216	11・023	

252　飯能縄市之図　縄筵売買之図

251　飯能縄市之図（街並）

No.	名称	郡	村	現行市町村区	浄書稿本巻数	雄山閣版巻・頁	本書掲載頁
353	陣鈴（龍淵寺）	埼玉郡	上村	熊谷市	218	11・075	
354	直実母衣絹名号、同旗名号（熊谷寺）	大里郡	熊谷町	熊谷市	220	11・087	
	三　仏具						
355	鰐口（宗伝寺）	豊島郡	中里村	新宿区	12	1・256	
356	松虫鈴、五鈷（弘法大師、宝聖寺）	葛飾郡	平須賀村	幸手市	36	2・204	
357	花鬘（正福寺）	葛飾郡	内国府間村	幸手市	37	2・211	
358	銅経筒（宗円寺）	荏原郡	馬引沢村	世田谷区	51	3・008	
359	首題曼荼羅（加藤清正、妙国寺）	荏原郡	南品川宿	品川区	55	3・062	
360	雲板（海晏寺）	荏原郡	南品川宿	品川区	55	3・066	
361	花瓶（弘明寺）	久良岐郡	弘明寺村	横浜市南区	80	4・146	
362	銅磬（善明院）	多摩郡	本町	府中市	92	4・349	
363	銅灯籠、独鈷（薬王院）	多摩郡	原宿	八王子市	102下	5・193	
364	華蔓（氷川社）	足立郡	舎人町	足立区	139	7・205	
365	曼荼羅（妙顕寺）	足立郡	新曽村	戸田市	141	7・232	
366	古磬（宗信寺）	足立郡	上青木村	川口市	141	7・235	
367	雲板（東光寺）	足立郡	上加村	さいたま市	153	8・084	
368	午王古版（百済伝来、勝楽寺）	入間郡	勝楽寺村	所沢市	158	8・183	
369	経箱（最勝寺）	入間郡	堂山村	越生町	175	9・072	
370	高麗王守護之独鈷（大宮社）	高麗郡	新堀村	日高市	184	9・193	
371	雲板（雲祥寺）	埼玉郡	上会下村	鴻巣市	209	10・237	
372	古鉦（称名寺）	男衾郡	本田村	深谷市	224	11・161	

253　奥沢村之図（紙漉）

254　カツザアシ小屋（紙漉）

373	錫杖（聖天社）	幡羅郡	妻沼村	熊谷市	229	11・210	
四　鰐口							
374	鰐口（富士浅間社）	葛飾郡	戸ヶ崎村	三郷市	30	2・120	
375	鰐口（常林寺）	荏原郡	大井村	品川区	53	3・027	
376	鰐口（八幡社）	橘樹郡	宮内村	川崎市中原区	64	3・192	
377	鰐口（弘明寺）	久良岐郡	弘明寺村	横浜市南区	80	4・145	
378	鰐口（杉山社）	都筑郡	勝田村	横浜市都筑区	87	4・256	
379	鰐口（観音堂）	多摩郡	人見村	府中市	93	5・003	
380	鰐口（地蔵堂）	多摩郡	松木村	八王子市	96	5・071	
381	鰐口（八幡社）	多摩郡	元八王子村	八王子市	104	5・242	
382	鰐口（不動堂）	多摩郡	高幡村	日野市	106	5・282	
383	鰐口（山祇社）	多摩郡	大久野村	日の出町	110上	6・046	
384	鰐口（華蔵院）	多摩郡	友田村	青梅市	113	6・109	
385	鰐口、神剣（多名沢神社）	多摩郡	棚沢村	奥多摩町	116	6・165	
386	鰐口（吹上観音堂）	新座郡	下新倉村	和光市	133	7・102	
387	鰐口（浅間社）	足立郡	鳩ヶ谷宿	川口市	139	7・212	
388	鰐口（蓮華院観音堂）	入間郡	黒須村	入間市	161	8・209	
389	鰐口（慈眼寺）	入間郡	入間川村	狭山市	161	8・213	
390	鰐口（梅宮寺）	入間郡	上奥富村	狭山市	161	8・216	
391	鰐口（大蔵院）	入間郡	上浅羽村	坂戸市	170	8・350	
392	鰐口（出土品、観音堂）	入間郡	大谷木村	毛呂山町	171	9・009	
393	鰐口（観音堂）	入間郡	滝野入村	毛呂山町	171	9・012	
394	鰐口（神明社）	高麗郡	川寺村	飯能市	179	9・123	
395	鰐口（薬師堂）	比企郡	下八ツ林村	川島町	189	9・261	

257　有馬大淵へ農民血脉ヲ沈テ雨ヲ乞図

255　紙漉之図

No.	名称	郡	村	現行市町村区	浄書稿本巻数	雄山閣版巻・頁	本書掲載頁
396	鰐口（福聚寺観音堂）	比企郡	平村	ときがわ町	192	9・325	
397	鰐口（諏訪社）	比企郡	奈良梨村	小川町	194	10・018	
398	鰐口（香取鹿嶋合社）	埼玉郡	長宮村	さいたま市岩槻区	202	10・132	
399	鰐口（香取社）	埼玉郡	市野割村	春日部市	206	10・187	
400	鰐口（姫宮明神社）	埼玉郡	百間村	宮代町	207	10・193	
401	鰐口（雷電社）	埼玉郡	東村	宮代町	207	10・195	
402	鰐口（高祖明神社）	埼玉郡	上野田村	白岡市	207	10・203	
403	鰐口（八幡社）	埼玉郡	小久喜村	白岡市	208	10・222	
404	鰐口（久伊豆雷電合社）	埼玉郡	皿尾村	行田市	216	11・030	
405	鰐口（久伊豆社）	埼玉郡	上村	熊谷市	218	11・072	
406	鰐口（薬師堂）	男衾郡	折原村	寄居町	223	11・142	
407	鰐口（三島社）	男衾郡	赤浜村	寄居町	224	11・147	168
408	鰐口（釜山権現社）	男衾郡	畠山村	深谷市	224	11・151	
409	鰐口（聖天社）	幡羅郡	妻沼村	熊谷市	229	11・210	
410	鰐口（小林寺）	榛沢郡	末野村	寄居町	234	11・289	
411	鰐口三面（聖天社）	那賀郡	猪俣村	美里町	236	11・301	
412	鰐口（地蔵堂）	児玉郡	八幡山町	本庄市	241	12・013	
413	鰐口（金鑚神社）	児玉郡	金鑚村	神川町	241	12・019	
414	鰐口（薬師堂）、雄山閣版図脱	秩父郡	薄村	小鹿野町	261	12・269	
	五　鏡・懸仏						
415	古鏡（法善寺）	豊島郡	東大久保村	新宿区	11	1・240	

258　浦山村土人風俗之図

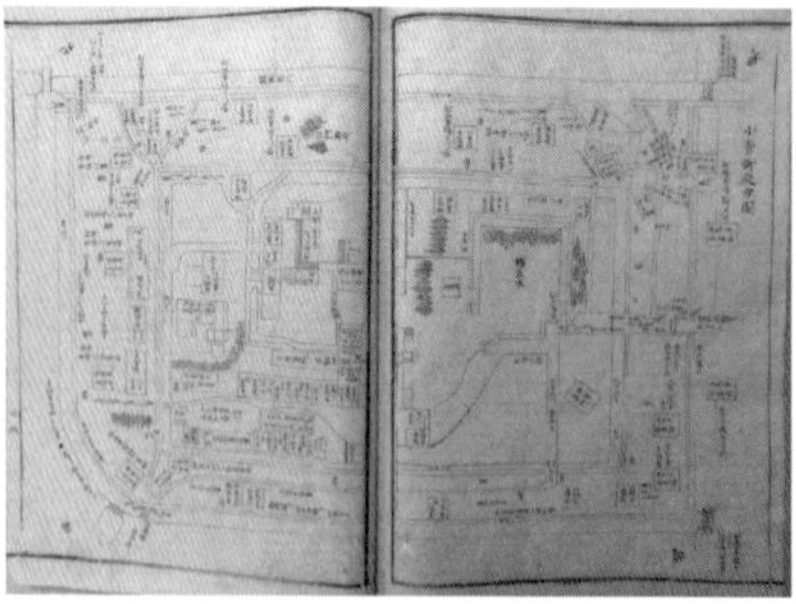
259　小菅御殿古図

416	八形の鏡（神明社）	豊島郡	橋場町在方分	荒川区	15	1・295	
417	古鏡（二面、八幡社）	豊島郡	袋村	北区	17	1・321	
418	八ツ花鏡（吾妻権現社）	葛飾郡	亀戸村	墨田区	24	2・046	
419	古鏡（出土品、赤城社）	橘樹郡	上作延村	川崎市高津区	61	3・148	
420	不動像（懸仏カ、龍松院）	橘樹郡	太尾村	横浜市港北区	67	3・261	
421	懸仏（鹿島社）	多摩郡	是政村	府中市	91	4・338	
422	懸仏（国安社）	多摩郡	矢野口村	稲城市	95	5・039	
423	懸仏（住吉社）	多摩郡	片倉村	八王子市	103	5・215	
424	懸仏（熊野社）	多摩郡	片倉村	八王子市	103	5・216	
425	銅鏡（常住寺）	足立郡	辻村	川口市	140	7・222	
426	古鏡（羽曾呂社）	足立郡	芝村	川口市	142	7・254	
427	懸仏（金山社）	入間郡	新堀村	坂戸市	173	9・032	
428	懸仏（広瀬神社）	高麗郡	上広瀬村	狭山市	180	9・140	
429	懸仏二面（八幡社）	比企郡	鎌形村	嵐山町	191	9・304	
430	懸仏（山王社）	比企郡	大附村	ときがわ町	192	9・310	
431	銅鏡（鷲宮神社）	埼玉郡	鷲宮村	久喜市	211	10・264	
432	神鏡（鷲明神横沼明神合社）	埼玉郡	下村君村	羽生市	215	11・010	
433	懸仏（出土品、念仏堂）	男衾郡	木持村	寄居町	223	11・129	
434	古鏡（懸仏、波羅門社）	男衾郡	折原村	寄居町	223	11・140	
435	円鏡（蔵王権現社）、雄山閣版図脱	秩父郡	横瀬村	横瀬町	254	12・173	
436	円鏡（熊野権現社）、雄山閣版図脱	秩父郡	横瀬村	横瀬町	254	12・174	

263　小机城蹟図

六　出土品

No.	名称	郡	村	現行市町村区	浄書稿本巻数	雄山閣版巻・頁	本書掲載頁
437	土器（旧家者百姓佐兵衛）	橘樹郡	細山村	川崎市麻生区	59	3・115	
438	古墳出土品（旧家者佐右衛門）	都筑郡	新羽村	横浜市港北区	84	4・206	
439	古墳出土品（村民吉蔵など）	都筑郡	成合村	横浜市青葉区	88	4・274	
440	鉄瓶（弥勒寺）	多摩郡	本宿村	八王子市	91	4・336	
441	銅経筒、古鏡、香合、護摩器、古壺、鉄鍔、矢ノ根、古刀（松連寺）	多摩郡	百草村	日野市	99	5・117	
442	石棒（御神体、石明神社）	多摩郡	新井村	日野市	99	5・124	
443	杖刀、行基焼壺（百姓勘左衛門）	多摩郡	後ケ谷村	東大和市	120	6・267	
444	自然石偶人（村民善次郎）	足立郡	上青木村	川口市	141	7・235	
445	石剱（出土品、氷川社）	入間郡	下南畑村	富士見市	165	8・279	
446	古鈴（出土品、広徳寺）	比企郡	表村	川島町	188	9・253	
447	〔城山出土品〕（村民八左衛門）	秩父郡	御堂村	東秩父村	249	12・110	
448	瑠璃壺（宗閣寺御手洗井出土）	秩父郡	御堂村	東秩父村	249	12・112	
449	壺、刀（出土品、旧家佐右衛門）	秩父郡	金崎村	皆野町	252	12・144	
450	曲玉（出土品、村民十右衛門）	秩父郡	黒谷村	秩父市	252	12・152	

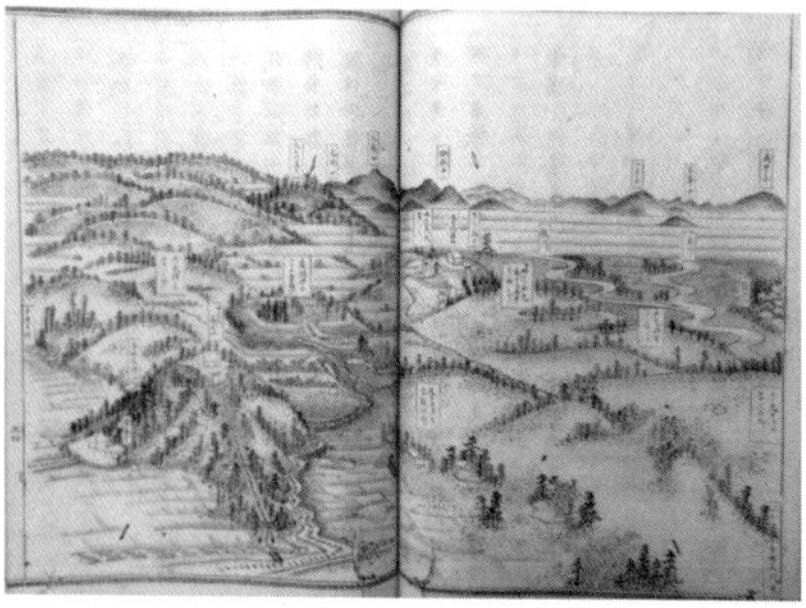
268　滝山城跡

270　伊奈熊蔵陣屋図

451	曲玉、貝（旧家者孫左衛門）	秩父郡	山田村	秩父市	253	12・168	
452	古銭入釜（出土品、十輪寺）	秩父郡	上小鹿野村	小鹿野町	262	12・278	
453	鏃（出土品、里正多宮所持）	秩父郡	古大滝村	秩父市	264	12・311	
七　石造物							
454	石灯籠（植木屋長助）	豊島郡	内藤新宿	新宿区	11	1・232	
455	六面塔（普済寺）	多摩郡	柴崎村	立川市	119	6・244	
456	元弘の碑（板碑）	多摩郡	野口村	東村山市	121	6・275	
457	古碑三基（板碑、智観寺）	高麗郡	中山村	飯能市	179	9・129	
458	高麗王塔（聖天院）	高麗郡	新堀村	日高市	184	9・195	
459	六面塔（大聖寺）	比企郡	下里村	小川町	193	10・012	176
460	経塚（板碑）	比企郡	松山町	東松山市	195	10・039	
461	古碑二基（板碑、山田屋敷跡）、雄山閣版図脱	秩父郡	安戸村	東秩父村	249	12・107	
462	古碑（板碑、野上三郎墓所）	秩父郡	野上下郷	長瀞町	251	12・138	
463	石碑（天神社）	秩父郡	下吉田村	秩父市	260	12・256	
464	古碑（雲龍寺）、雄山閣版図脱	秩父郡	伊豆沢村	小鹿野町	261	12・275	
八　その他							
465	打出小槌（放生会寺）	豊島郡	下戸塚村	新宿区	11	1・248	
466	仮面、獅子頭（八幡社）	豊島郡	袋村	北区	17	1・322	
467	竹杖（静勝寺、伝太田道灌所用）	豊島郡	稲付村	北区	17	1・323	
468	仮面（源義家手沢、城官寺）	豊島郡	上中里村	北区	17	1・331	
469	田楽躍之図、花鎮祭図（王子権現社）	豊島郡	王子村	北区	18	1・337	

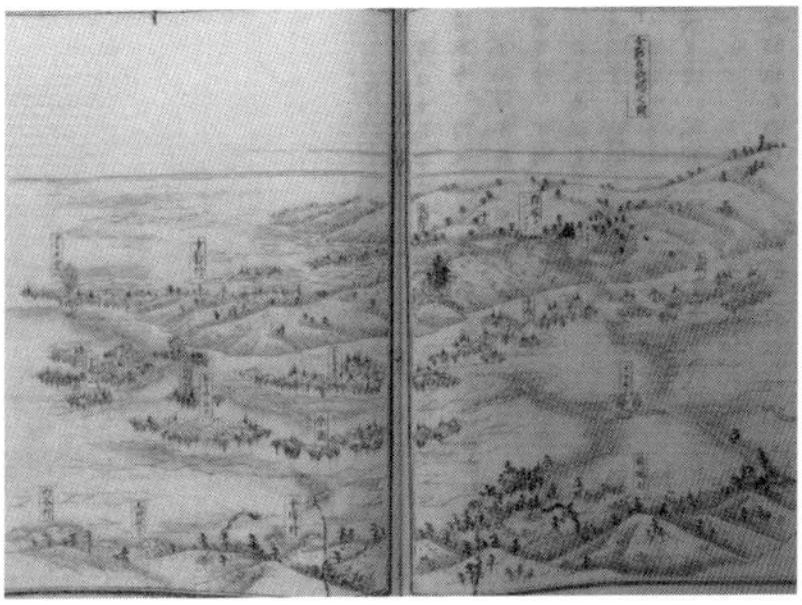

275　女影古戦場之図

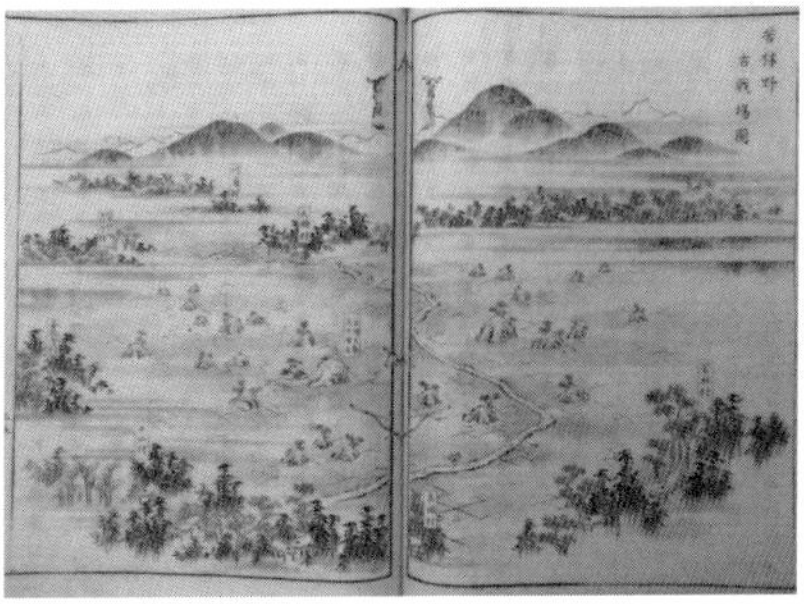

272　苦林野古戦場図

No.	名称	郡	村	現行市町村区	浄書稿本巻数	雄山閣版巻・頁	本書掲載頁
470	銅灯籠（王子権現社）	豊島郡	王子村	北区	18	1・339	
471	梅若丸画像、扇子（木母寺）	葛飾郡	隅田村	墨田区	21	2・004	
472	刀掛、手拭掛、手水盥、湯桶（木母寺）	葛飾郡	隅田村	墨田区	21	2・005	
473	山葵おろし（旧家者茂右衛門）	葛飾郡	青戸村	葛飾区	23	2・028	
474	駅路ノ鈴（吾妻権現社）	葛飾郡	亀戸村	墨田区	24	2・046	
475	御杯ノ図（家光由縁、褒善者源右衛門）	葛飾郡	下平井村	江戸川区	26	2・076	
476	扇子二面（東照宮由縁、戸張氏二家）	葛飾郡	平沼村	吉川市	31	2・140	
477	石火打箱（嘉吉二年カ、旧家者吉兵衛）	葛飾郡	須賀村	吉川市	31	2・143	
478	笈（修験大泉坊）	葛飾郡	川藤村	吉川市	34	2・174	
479	御神体（雷電社）	葛飾郡	幸手宿	幸手市	35	2・183	
480	香箱（東照宮所持、担景寺）	葛飾郡	幸手宿	幸手市	35	2・184	
481	仮面（貴布禰社）	荏原郡	南品川宿	品川区	54	3・051	
482	仮面、鉄鉾（稲荷社）	荏原郡	北品川宿	品川区	56	3・076	
483	仮面（杉山社）	橘樹郡	生麦村	横浜市鶴見区	66	3・238	
484	棟札（瀬戸明神社）	久良岐郡	社家分村	横浜市金沢区	74	4・016	
485	獅子頭、抜頭面、陵王面（瀬戸明神社）	久良岐郡	社家分村	横浜市金沢区	74	4・016	
486	額（弘明寺）	久良岐郡	弘明寺村	横浜市南区	80	4・146	

280　観音寺境内望古城図（松山城跡）

277　将軍塚之図（利仁将軍社）

487	調布之臼（村民太郎兵衛）	多摩郡	国領村	調布市	93	5・018	
488	鵜籠の蓋（東照宮由縁）、雄山閣版図・記事脱	多摩郡	中野島村	川崎市多摩区	95	5・036	
489	茶鑵（大石定久所用、永林寺）	多摩郡	下柚木村	八王子市	97	5・080	
490	椀（東照宮より拝領、信松院）	多摩郡	上野原宿	八王子市	101	5・164	
491	香筐（高乗寺）	多摩郡	原宿	八王子市	102下	5・205	
492	鑓穂先、銅像、鰐口（白岩権現社）	多摩郡	駒木野宿	八王子市	103	5・233	
493	宝印（不動堂）	多摩郡	高幡村	日野市	106	5・285	
494	檜扇（東照宮拝領、旧家者名主七郎兵衛）	多摩郡	平村	日野市	106	5・300	
495	盃（旧家丸山弥一右衛門）	多摩郡	雨間村	秋川市	107	5・328	
496	十種神宝（旧家丸山弥一右衛門）	多摩郡	雨間村	秋川市	107	5・347	
497	絵馬（日吉山王社）	多摩郡	引田村	秋川市	108	6・018	
498	龍頭骨、象骨（宝仙寺）	多摩郡	中野村	中野区	124	6・319	248
499	神宝（女躰社）	足立郡	三室村	さいたま市緑区	143	7・264	111
500	笈（三光院）	足立郡	大間木村	さいたま市緑区	144	7・286	
501	山口観音の撞鐘（出土品、山口観音）	入間郡	新堀村	所沢市	158	8・178	
502	銅扇（天神社、神体）	入間郡	川越城下町	川越市	162	8・225	
503	黒須道栄画像（旧家者伊三郎）	入間郡	渋井村	川越市	166	8・295	
504	鹿子木（奇木）	高麗郡	青木村	飯能市	179	9・131	
505	楡木之図	高麗郡	楡木村	日高市	184	9・201	

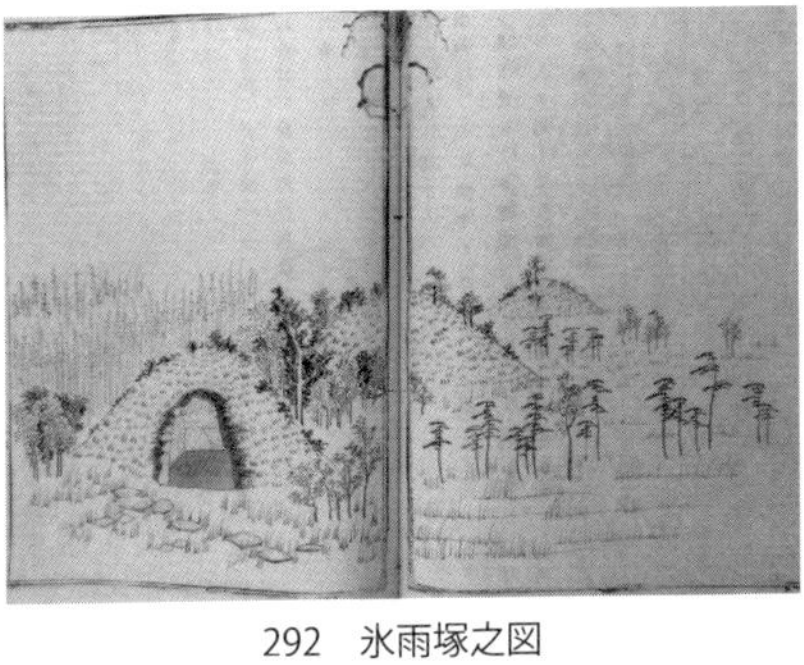

292　氷雨塚之図

287　万福寺［畠山］重忠墓図

No.	名称	郡	村	現行市町村区	浄書稿本巻数	雄山閣版巻・頁	本書掲載頁
506	石剣・牛王版（氷川社）	比企郡	下伊草村	川島町	188	9・245	
507	笈（仏性院）	比企郡	元宿村	東松山市	190	9・287	
508	経筒（平沢寺）	比企郡	平沢村	嵐山町	194	10・023	
509	御盃（鷲宮神社）	埼玉郡	鷲宮村	久喜市	211	10・265	
510	御銚子（鷲宮神社）	埼玉郡	鷲宮村	久喜市	211	10・265	
511	茶碗・茶釜（伝畠山重忠所持）	男衾郡	畠山村	深谷市	224	11・152	
512	鈴（出土品、唐鈴明神社）	児玉郡	小島村	本庄市	239	11・331	
513	木魚（雲龍院）	秩父郡	定峰村	秩父市	253	12・161	
514	竹笻（第二番観音	秩父郡	山田村	秩父市	253	12・166	
515	手判（二十五番札所石標）	秩父郡	久那村	秩父市	256	12・204	
516	巡礼札（薬師堂）、雄山閣版図脱	秩父郡	薄村	小鹿野町	261	12・269	
517	古文書箱（旧家亀吉）、雄山閣版図脱	秩父郡	上田野村	秩父市	262	12・288	183
518	青石の棒（不動堂）	秩父郡	日野村	秩父市	263	12・297	
519	龍ノ爪、天狗ノ爪、龍ノ骨、唐ノ鏡（札所三十番）、雄山閣版図脱	秩父郡	白久村	秩父市	263	12・299	
520	自在鉤、短刀、法螺・入定石（太陽寺）、雄山閣版図脱	秩父郡	古大滝村	秩父市	264	12・319	
521	琵琶、初蝉の釜（観音院）、雄山閣版図脱	秩父郡	古大滝村	秩父市	265	12・327	

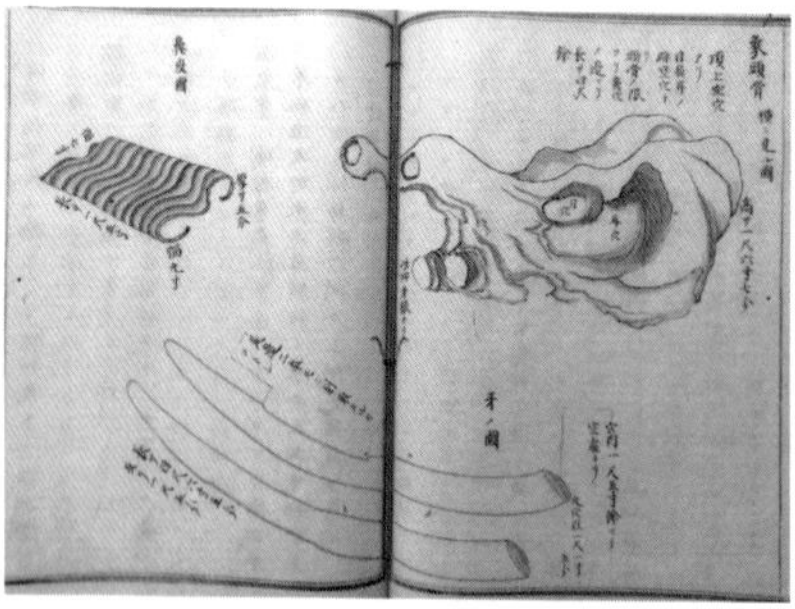

龍頭骨、象骨（宝仙寺）

295　太田道灌木像（静勝寺）

あとがき

本書は、江戸時代後期に編纂された地誌『新編武蔵風土記稿』を、現代との関わりでどのように読んで、どう生かしていくのか、さまざまな視点から検討することをめざして編集されました。詳しくは、巻頭の「『新編武蔵風土記稿』への誘い」を御覧ください。

この企画を最初に提案されたのは、本書の出版元さきたま出版会の星野和央社長（現会長）でした。もう四〇年ほど前になるそうですが、埼玉での最初のお仕事、『埼玉ふるさと散歩』シリーズの編集で、御自宅に伝えられた和本の『新編武蔵風土記稿』がたいへん参考になったそうです。ついては、この本を現代の人々にわかりやすく紹介し、広く利用していただく方法はないであろうか、という趣旨でした。それから二年、星野さんと、かつて埼玉県立文書館で一緒に仕事をした編者二人とで、何度も検討をくり返し、ようやく本書の構成がまとまりました。

『風土記稿』が対象とするのは、現在の埼玉県全域と、東京都から神奈川県の一部に及ぶ広大な地域です。しかも内容は、各村の立地・支配・産業など行政的なデータはもとより、寺社や地域に伝世された文化財、河川や山岳などの自然と、極めて広範囲にわたっています。幸いにも、地域の博物館活動や自治体史編纂などに関わっている各分野の専門研究者の方々に御協力をいただき、どうにか一書としてまとめることができました。短期間に充実した原稿をお寄せいただきました執筆者の皆さまに、厚く御礼を申し上げます。

『風土記稿』の膨大な内容からすれば、本書で紹介できたのはほんの一部にすぎません。この本を手に取った方々が、それぞれの視点から、身近な歴史の宝庫であるこの『風土記稿』の世界に分け入っていただきたいと念願しています。とりわけ豊富な挿図については、全目録を収録しましたので、さまざまな分野で利用されることを期待しています。

本書をまとめるにあたりましては、調査・執筆や図版掲載などに関して、実に多くの方々のご協力をいただきました。この本の性格上、御名前は割愛させていただきましたが、心から御礼を申し上げます。

執筆者のお一人であります飯野頼治氏におかれましては、本書の刊行を待たずに御逝去されました。謹んで御冥福をお祈りいたします。

最後になりましたが、終始適切なアドバイスをいただきました、さきたま出版会の岩淵均社長および編集担当の春田髙志氏に感謝いたします。

編者

掲載頁	名称	出典史料名·所有者·所在地など
222	称名寺境内図(２面続)	『新編武蔵風土記稿』巻75
223	高尾山図	『新編武蔵風土記稿』巻102下
223	御嶽山図	『新編武蔵風土記稿』巻114
224	勝願寺境内図	『新編武蔵風土記稿』巻148
225	常楽寺境内之図(河越氏館跡)	『新編武蔵風土記稿』巻181
225	岩殿観音図(坂東札所十番)	『新編武蔵風土記稿』巻191
226	慈光山観音図(坂東札所九番)	『新編武蔵風土記稿』巻192
226	観音境内図(坂東札所十一番)	『新編武蔵風土記稿』巻197
227	御嶽山図(権現社)	『新編武蔵風土記稿』巻242
227	子権現境内之図	『新編武蔵風土記稿』巻247
228	六所社地並府中宿之図	『新編武蔵風土記稿』巻92
228	八王子宿	『新編武蔵風土記稿』巻101
229	岩槻城並町図	『新編武蔵風土記稿』巻200
229	忍城後背図(皿尾村より望む)	『新編武蔵風土記稿』巻216
230	原村温泉図	『新編武蔵風土記稿』巻115
230	阿弥陀堂境内蒲桜図	『新編武蔵風土記稿』巻151
231	玉川上水堰図	『新編武蔵風土記稿』巻118
232	伊佐沼図	『新編武蔵風土記稿』巻163
232	都幾川大堰図	『新編武蔵風土記稿』巻192
233	深沢荒川落合図	『新編武蔵風土記稿』巻223
233	姿見池之図	『新編武蔵風土記稿』巻254
234	多峰主山之図	『新編武蔵風土記稿』巻178
234	阿須ケ崖之図	『新編武蔵風土記稿』巻179
235	陣見平眺望図	『新編武蔵風土記稿』巻237
235	高麗秩父堺鎌倉峠	『新編武蔵風土記稿』巻247
236	城峰山眺望図	『新編武蔵風土記稿』巻260
237	逆井渡船場眺望図	『新編武蔵風土記稿』巻28
237	千住大橋	『新編武蔵風土記稿』巻136
238	石灰焼釜ノ図	『新編武蔵風土記稿』巻117
238	石灰焼之図	『新編武蔵風土記稿』巻177
239	飯能縄市之図(街並)	『新編武蔵風土記稿』巻178
239	飯能縄市之図　縄筵売買之図	『新編武蔵風土記稿』巻178
240	奥沢村之図	『新編武蔵風土記稿』巻250
240	カツザアシ小屋(紙漉)	『新編武蔵風土記稿』巻250
241	紙漉之図	『新編武蔵風土記稿』巻250
241	有馬大淵へ農民血脉ヲ沈テ雨ヲ乞図	『新編武蔵風土記稿』巻248
242	浦山村土人風俗之図	『新編武蔵風土記稿』巻263
242	小菅御殿古図	『新編武蔵風土記稿』巻22
243	小机城蹟図	『新編武蔵風土記稿』巻68
244	滝山城跡	『新編武蔵風土記稿』巻107
244	伊奈熊蔵陣屋図	『新編武蔵風土記稿』巻146
245	苦林野古戦場図	『新編武蔵風土記稿』巻172
245	女影古戦場之図	『新編武蔵風土記稿』巻183
246	将軍塚之図(利仁将軍社)	『新編武蔵風土記稿』巻193
246	観音寺境内望古城図(松山城跡)	『新編武蔵風土記稿』巻195
247	万福寺[畠山]重忠墓図	『新編武蔵風土記稿』巻224
247	氷雨塚之図	『新編武蔵風土記稿』巻257
248	太田道灌木像(静勝寺)	『新編武蔵風土記稿』巻17
248	龍頭骨、象骨(宝仙寺)	『新編武蔵風土記稿』巻124

掲載頁	名称	出典史料名・所有者・所在地など
150	栗橋宿　房川渡場図	『新編武蔵風土記稿』巻38
151	現在の栃本関所	
152	古大滝村　栃本関所之図	『新編武蔵風土記稿』巻264
153	現在の栃本関所	
154	埼玉古墳群の現況航空写真	埼玉県立さきたま史跡の博物館所蔵
155	埼玉村　忍城之図(丸墓山、将軍塚(山)古墳)	『新編武蔵風土記稿』巻216
156	埼玉村　埼玉沼並尾崎沼辺之図	『新編武蔵風土記稿』巻216
157	小埼沼の図	川島清実氏所有『増補忍名所図会』、行田市郷土博物館所蔵
158	小埼沼の現況写真	
160	菅谷村　古城蹟眺望図(菅谷館跡)	『新編武蔵風土記稿』巻195
162	白岩村　鉢形城蹟眺望図	『新編武蔵風土記稿』巻223
163	元八王子村　古城跡図(八王子城跡)	『新編武蔵風土記稿』巻104
165	町場村大聖院　毘沙門堂の本尊毘沙門天立像	『新編武蔵風土記稿』巻213
167	安房清澄寺銅鐘	千葉県鴨川市　清澄寺
168	赤浜村三島社　鰐口	『新編武蔵風土記稿』巻224
169	三嶋宮鰐口	寄居町　三嶋神社
170	新堀村大宮社「太刀」	『新編武蔵風土記稿』巻184
172	久喜町甘棠院　兜図と胴図	『新編武蔵風土記稿』巻211
172	久喜町甘棠院　篭手図と鎗図	『新編武蔵風土記稿』巻211
173	縹糸威最上胴丸具足	埼玉県立歴史と民俗の博物館所蔵
175	康永3年銘六角塔婆(石造法華経供養塔)	大聖寺所蔵
176	下里村大聖寺　六面塔と大聖寺の本文	『新編武蔵風土記稿』巻193
177	貞和5年銘宝篋印塔	大聖寺所蔵
178	下里村　大聖寺境内図(部分)	『新編武蔵風土記稿』巻193
180	『風土記稿』「武州文書」「諸州古文書」の収録点数	
182	北条氏印判状の原文書	埼玉県立文書館所蔵　浦和宿本陣文書 1
182	「武州文書」の影写本	国立公文書館蔵「武州文書」
182	『風土記稿』浄書稿本の影写	『新編武蔵風土記稿』巻142
183	上田野村　亀吉所蔵古文書箱	『新編武蔵風土記稿』巻262
187	東京大空襲で焼失した不動院本尊不動明王	
188	高鼻村　氷川社図(男体社・女体社・簸王子社)	『新編武蔵風土記稿』巻153
189	現在の一の鳥居附近	
189	高鼻村　氷川社図(一の鳥居付近)	『新編武蔵風土記稿』巻153
190	現在の氷川神社本殿と拝殿	
191	見学者を案内する根岸友憲氏	
192	根岸邸の長屋門	
193	根岸武香の肖像画	根岸友憲氏所蔵
198	『多摩のあゆみ』85号表紙	
199	『新編武蔵風土記稿索引 多摩の部』表紙	
205	足立風土記シリーズ	
207	大宮郷　大宮町之図	『新編武蔵風土記稿』巻255
208	古大滝村　三峰山之図	『新編武蔵風土記稿』巻265
209	旧正丸峠をウォーキング	
212	忍城水攻合戦の記述	『新編武蔵風土記稿』巻216
213	埼玉村　忍城之図	『新編武蔵風土記稿』巻216
214	小・中・高校の歴史学習と『風土記稿』の活用例	
216	武蔵国絵図全図	『新編武蔵風土記稿』巻1
217	滝野川村　金剛寺松橋弁天図	『新編武蔵風土記稿』巻18
218	秩父郡　元禄年中改定図	『新編武蔵風土記稿』巻247
218	久那村　荒川回流図	『新編武蔵風土記稿』巻256
218	白岩村　鉢形城蹟眺望図	『新編武蔵風土記稿』巻223
219	酒巻村　利根川堤上眺望図	『新編武蔵風土記稿』巻217
219	小向村　江戸川堤上眺望図	『新編武蔵風土記稿』巻32
220	舘村　伊呂波樋図	『新編武蔵風土記稿』巻132

掲載頁	名称	出典史料名·所有者·所在地など
85	薄上郷出原の集落	
86	薄村　両神山之図	『新編武蔵風土記稿』巻261
87	薬師堂	
91	浄書稿本の川越小仙波村の御宮図(東照宮)	『新編武蔵風土記稿』巻163
91	明治17年刊本の川越小仙波村　御宮(東照宮)	埼玉県立文書館所蔵　小室家文書2823、『新編武蔵風土記稿』巻163
93	『風土記稿』掲載挿図の郡別·主題別一覧	
98	上木下川村　薬師堂境内図	『新編武蔵風土記稿』巻23
99	明治43年発行　1万分の1地形図の浄光寺	
100	大正5年発行　1万分の1地形図の浄光寺	
100	大正12年発行　1万分の1地形図の浄光寺	
101	現在の浄光寺	
103	野火止宿　平林寺景観図	『新編武蔵風土記稿』巻131
104	野火止宿　平林寺境内図	『新編武蔵風土記稿』巻131
105	空から見た平林寺	『さきたま文庫44　平林寺』(さきたま出版会)より転載
108	氷川女體神社正面	
109	氷川女體神社社殿	
110	三室村　女躰社地図	『新編武蔵風土記稿』巻143
111	『風土記稿』に掲載する神宝の図	『新編武蔵風土記稿』巻143
111	現存する飾り鉾、三鱗文兵庫鎖太刀、銅馬像	氷川女體神社所蔵
114	妻沼村　聖天社図	『新編武蔵風土記稿』巻229
115	現在の聖天堂	
116	絵図に描かれた建築途上の聖天堂	岩国徴古館所蔵　武州上利根川御普請御手伝所地図(1117000089)「上利根川通妻沼村絵図」
119	栃谷村　一番観音境内図	『新編武蔵風土記稿』巻253
119	下影森村　二十六番岩井堂之図	『新編武蔵風土記稿』巻256
119	上影森村　二十八番観音堂図	『新編武蔵風土記稿』巻256
121	般若村　三拾二番観音	『新編武蔵風土記稿』巻262
121	三十二番観音境内絵馬	法性寺所蔵
123	稲付村　相生松(部分)	『新編武蔵風土記稿』巻17
125	杉田村　杉田梅林図	『新編武蔵風土記稿』巻79
125	妙法寺山門の古木の梅	
126	王子村　飛鳥山眺望図	『新編武蔵風土記稿』巻18
126	中野村　桃園	『新編武蔵風土記稿』巻124
129	金沢八景浮世絵(武陽金沢八景略図)	『横浜市歴史博物館常設展示案内』(横浜市歴史博物館)より転載
130	谷津村　能見堂眺望図	『新編武蔵風土記稿』巻76
131	社家分村　四望亭眺望図	『新編武蔵風土記稿』巻74
134	別所村　薬師堂之図	『新編武蔵風土記稿』巻96
134	現在の八王子市別所周辺	
135	百草村　清涼台眺望図	『新編武蔵風土記稿』巻99
135	現在の多摩市一ノ宮周辺	
138	白石山越しに北東から両神山を望む	埼玉県立自然の博物館所蔵
139	薄村　両神山之図	『新編武蔵風土記稿』巻261より加筆転載
140	秩父地域の地質図	
140	付加体の岩石の生成場所と海洋プレートによる移動	
140	秩父ミューズパークの展望台から東方、秩父市街地方面を望む	
141	久那村　荒川回流図	『新編武蔵風土記稿』巻256より加筆転載
142	巴川の攻撃斜面(U)と滑走斜面(S)	埼玉県立自然の博物館所蔵
144	大吉村　古利根川堤上眺望図	『新編武蔵風土記稿』巻206
144	松伏村　松伏溜井図	『新編武蔵風土記稿』巻34
145	柴山村　元荒川伏越樋図	『新編武蔵風土記稿』巻210
146	上瓦葺村　綾瀬川掛樋図	『新編武蔵風土記稿』巻145
147	北大桑村　島川門樋図	『新編武蔵風土記稿』巻214

写真・図表一覧

〈凡例〉
・本表は、本文に掲載した図版・表・写真などの出典・所有者などについてまとめたものである。
・キャプション欄は、表現を一部省略したものもある。
・出典となっている『新編武蔵風土記稿』は、国立公文書館所蔵浄書稿本『新編武蔵風土記稿』である。
・埼玉県立文書館収蔵の古文書などについては、請求番号を付した。

掲載頁	名称	出典史料名･所有者･所在地など
6	武蔵国郡名	『旧高旧領取調帳　関東編』(近藤出版社、一九六九)　一部改変
13	崋山藩祖を調査	『訪瓺録』、埼玉県立文書館県史編さん史料CH696-1、原本熊谷市三ケ尻龍泉寺
15	花井庄右衛門墓石	所沢市　無量寺
16	朝日近次宝篋印塔	本庄市　真福寺
16	朝日氏6代近明と二男近方の墓	本庄市　真福寺
17	おあちゃ稲荷	本庄市　関根家
20	『風土記稿』浄書稿本 巻之一　表紙	『新編武蔵風土記稿』巻1
24	新編武蔵風土記　久良岐郡本牧領　清書校合本	横浜開港資料館所蔵　石井文庫
25	武蔵国絵図全図	『新編武蔵風土記稿』巻1
28	小室元長らの作成した『風土記稿』の写本	埼玉県立文書館所蔵　小室家文書2914～2917
28	『風土記稿』写本について伝える芳川恭助書状	埼玉県立文書館所蔵　小室家文書1128
28	埼玉県庁所蔵『風土記稿』目録	埼玉県立文書館所蔵　小室家文書53「親友帖」綴込
30	『風土記稿』予約広告	埼玉県立文書館所蔵　小室家文書1259
31	『風土記稿』の予約･配本についての根岸武香書状	埼玉県立文書館所蔵　小室家文書1260
32	配本された和装刊本	埼玉県立文書館所蔵　小室家文書2768～2847
38	「地誌御調書上帳」の雛形	埼玉県立文書館所蔵　持田英家文書338
40	現在の居木橋付近	
41	『風土記稿』本文　居木橋村「五社明神社」	『新編武蔵風土記稿』巻53
42	正保年中改定図(荏原郡)	『新編武蔵風土記稿』巻39
43	元禄10年居木橋村検地帳(部分)	個人所蔵
45	権現堂桜堤と菜の花畑	
47	大正時代の権現堂川	浜田得一氏撮影、幸手市教育委員会提供
48	権現堂村付近で大きく曲流する利根川	『明治前期測量　2万分の1　フランス式彩色地図　―第一軍管地方二万分の一迅速測圖原圖復刻版―』(日本地図センター)より加筆転載
51	吉田新田の空撮写真(吉田新田風景変化模型)	『横浜市歴史博物館常設展示案内』(横浜市歴史博物館)より転載
52	横浜村　弁天社地眺望図	『新編武蔵風土記稿』巻77
56	廻り田新田村絵図	斉藤文雄氏所有　斉藤家文書V-2　「(村絵図)」文化11年正月
57	武蔵国多摩郡廻田新田検地帳	斉藤文雄氏所有　斉藤家文書A-1-2　「武蔵国多摩郡廻田新田検地帳」元文元年12月
58	川崎平右衛門肖像画(複製)	府中市郷土の森博物館所蔵
59	下小金井新田　上水桜堤図	『新編武蔵風土記稿』巻128
61	浦和宿市場定杭	
62	正保年中の足立郡図(部分)	『新編武蔵風土記稿』巻135
64	大門宿本陣会田家表門	
66	河越城下町図	『新編武蔵風土記稿』巻162
68	川越城下の町割と寺院の移動	
72	亀窪村　武蔵野図	『新編武蔵風土記稿』巻164
72	武蔵野原之全図	国立公文書館所蔵　『川越松山巡覧図誌』
74	丘陵の集落俯瞰	『近世鳩山図誌』(鳩山町)より加筆転載
75	延宝5年石坂野開発絵図(石坂区有文書)	『近世鳩山図誌』(鳩山町)より転載
77	寛文5年赤沼村絵図(赤沼村行政文書)	『近世鳩山図誌』(鳩山町)より加筆転載
79	吉田市右衛門宗敏肖像画	浜館貞吉『吉田家五世の事蹟一斑』より転載
83	吉田家の「地誌調御用御宿書留」	国文学研究資料館所蔵　武蔵国幡羅郡下奈良村吉田家文書26R/69　「武蔵国幡羅郡地誌調書上」
83	集福寺にある吉田市右衛門宗敏墓	

執筆者一覧（五十音順）

＊＝編者

青木義脩	（あおき・ぎしゅう）	元埼玉県文化財保護審議会委員
秋山伸一	（あきやま・しんいち）	豊島区立郷土資料館学芸員
浅野晴樹	（あさの・はるき）	埼玉県教育局生涯学習文化財課課付職員
飯塚　好	（いいづか・みよし）	元埼玉県立歴史と民俗の博物館
飯野頼治	（いいの・よりじ）	日本山岳会・山村民俗の会・山岳地理研究家
太田富康	（おおた・とみやす）	埼玉県教育局生涯学習文化財課主幹
大舘右喜	（おおだち・うき）	元帝京大学教授
大野政己	（おおの・まさみ）	元川越市立博物館長
岡田辰男	（おかだ・たつお）	根岸友山・武香顕彰会顧問
織本重道	（おりもと・しげみち）	大宮郷土史研究会
兼子　順	（かねこ・じゅん）	埼玉県立文書館主任専門員兼学芸員
栗原健一	（くりばら・けんいち）	熊谷市教育委員会市史編さん室嘱託職員
児玉典久	（こだま・のりひさ）	加須市立加須東中学校長
斉藤　司	（さいとう・つかさ）	横浜市歴史博物館学芸員
重田正夫＊	（しげた・まさお）	元埼玉県立文書館副館長
清水裕介	（しみず・ゆうすけ）	中央大学人文科学研究所客員研究員
白井哲哉＊	（しらい・てつや）	筑波大学教授
杉山正司	（すぎやま・まさし）	埼玉県立歴史と民俗の博物館副館長
多田文夫	（ただ・ふみお）	足立区立郷土博物館学芸員
中島洋一	（なかじま・よういち）	行田市教育委員会文化財保護課長
中山正則	（なかやま・まさのり）	越谷市立大沢北小学校
橋本直子	（はしもと・なおこ）	葛飾区郷土と天文の博物館学芸員
林　宏一	（はやし・こういち）	元埼玉県立博物館長
原　太平	（はら・だいへい）	幸手市教育委員会
平野　恵	（ひらの・けい）	台東区立中央図書館郷土・資料調査室専門員
藤井孝文	（ふじい・たかふみ）	新座市生涯学習センター副館長
保坂一房	（ほさか・かずふさ）	（公財）たましん地域文化財団歴史資料室長
本間岳史	（ほんま・たけし）	元埼玉県立自然の博物館長
三野行徳	（みの・ゆきのり）	国文学研究資料館プロジェクト研究員
諸岡　勝	（もろおか・まさる）	埼玉県立文書館主任専門員兼学芸員
渡辺　一	（わたなべ・はじめ）	大東文化大学非常勤講師

［2014年12月現在］

『新《しん》編《ぺん》武《む》蔵《さし》風《ふ》土《ど》記《き》稿《こう》』を読《よ》む

二〇一五年一月十五日　初版第一刷発行

編　者　重田《しげた》正夫《まさお》・白井《しらい》哲哉《てつや》

発行所　株式会社　さきたま出版会
〒330－0063
さいたま市浦和区高砂2－4－6
電話048－822－1223
振替00150－9－40787

印刷・製本　関東図書株式会社

 ISBN978-4-87891-415-7 C0021